프로 일잘러의
슬기로운
노션 활용법

◆20가지 노션 템플릿과 함께하는◆

프로 일잘러의
슬기로운
노션 활용법

이석현 지음

천그루숲

　프로 일잘러는 남들보다 최소 2배에서 많게는 10배 이상 더 빨리 일을 처리합니다. 속도만 빠른 게 아니라 결과물도 남들과 비교할 수 없을 정도로 탁월합니다. 그들의 생산성은 그야말로 무시무시할 정도입니다.

　탁월한 속도와 더불어 뛰어난 생산성까지, 그들이 프로 일잘러가 될 수밖에 없는 이유는 생산성 도구Tool라는 스마트 비서를 옆에 두고 있기 때문입니다. 그렇다면 프로 일잘러들이 사용하는 최고의 생산성 도구는 대체 무엇일까요? 그것은 요즘 잘나가는 힙스터들의 최강 무기 '노션^{Notion}'입니다.

여러분은 생산성 도구 따위는 나하고 전혀 상관없는 것이라고 애써 외면하고 있지는 않나요? 여전히 그렇게 아날로그형 인간에 머물러 있지는 않은가요? 여기서 한 가지 사례를 살펴보겠습니다. 여러분의 주위에서 지금 당장 일어날지도 모르는 상황입니다.

칸막이 너머에서 꾸벅꾸벅 졸기만 하던 김 과장이 돌연 퇴사했다. 이유를 들어보고는 깜짝 놀라고 말았다. 그저 평범한 동료인 줄만 알았던 김 과장이 책을 한 권 출간하고, 게다가 온라인에서 꽤 유명한 강사가 되었다는 것이다.

회사에서 별다른 존재감 없이 조용히 자기 일만 하던 김 과장이 언제 그렇게 유명해진 걸까? 요즘 노션을 쓰는 사람 중에 김 과장을 모르는 사람이 없을 정도라고 하니 어이가 없을 지경이다.

김 과장이 노션 최고 인기 강사라니! 그에게 노션을 소개해 준 사람이 바로 나인데 말이다. 어떻게 이런 일이 일어날 수 있단 말인가. 억울해서 미치겠다.

그의 온라인 강의를 몰래 들여다봤다. 그는 노션을 마치

비서처럼 모든 일에 활용하고 있었다. 그건 뭐, 나도 이미 그렇게 하고 있다. 그런데 김 과장과 나의 차이가 뭘까? 회의록 작성, 일정관리, 프로젝트 관리, 원고 작성, 독서관리, 모임관리, N잡러 활동까지…. 그는 회사 업무뿐 아니라 개인적인 일까지 다방면에 노션을 활용하고 있었다. 놀라웠다. 더구나 여러 데이터를 관계형 데이터베이스 기능으로 묶어 아예 프로그램처럼 구축해 사용하고 있었다.

나도 개발자인데 왜 이런 기능을 이용하지 않았을까? 무지한 게 가장 무섭다더니, 세상이 어떻게 돌아가고 있는지 너무 모르고 살았다. 누구는 월 천만 원 버는 강사가 되고, 누구는 여전히 월요일마다 울상을 지으며 출근 전선에 나서고 있다. 아, 경제적 자유는 너무나 멀기만 하다.

노션? 대체 노션이 뭘까요? MZ세대들은 누구나 쓴다는 올인원 워크스페이스. 노션을 쓰면 힙스터도 되고 프로 일잘러도 될 수 있는 걸까요? 지금까지 직장에서 겪은 온갖 설움과 울분을 한꺼번에 날려버릴 수 있을까요?

애석하게도 아무나 프로 일잘러가 될 수 있는 것은 아닙니다. 일잘러 정도는 어렵지 않겠지만 프로 일잘러의 경지에 이르기는 쉽지 않습니다. 하지만 어디에나 희망은 있습니다. 어떤 일이라도 고비를 넘어서면 어느 순간 임계점에 도달하게 됩니다. 그 임계점이 언제 찾아올지는 누구도 알 수 없지만 어쨌든 경험이 쌓이면 자신만의 노하우가 생기게 마련입니다.

프로 일잘러가 되려는 사람들에게 노션은 올라운드 플레이어입니다. 언제 어디서든 필요한 내용을 저장할 수 있고, 데이터베이스 기능 덕분에 API를 쓰지 않아도 데이터를 체계적으로 저장할 수 있습니다. 노션은 또 사용자의 요구사항을 반영하여 매일 업데이트를 해줍니다. 게다가 마치 디자이너가 작업한 것처럼 예쁜 화면도 만들어 줍니다. 어떤 환경에서도 뚝딱뚝딱 만들어 내는 도깨비방망이가 아닐 수 없습니다. 꾸준히 기록하는 습관을 들이고, 늘 곁에 두고 활용해 보시기를 추천드립니다.

저는 직장에 다닌 지 25년이 넘은 개발자입니다. 환갑 때까지 개발자로 일하는 삶을 꿈꿔 왔고 지금까지 그 꿈을 실현하고 있습니다. 낮에는 직장인으로, 밤에는 작가와 강사로 다양한 삶을 펼쳐나가고 있습니다. 이처럼 회사 안팎의 일을 동시에 처리할 수 있는 비결은 바로 최고의 생산성 도구인

'노선'과 함께하기 때문입니다. 이제 노선 없는 세상은 생각할 수도 없습니다. 메타버스 시대라는데 어쩌면 노션은 메타버스 그 자체, 아니 그 이상입니다.

모든 일에 노션을 활용하면 여러분도 일잘러를 넘어 프로 일잘러로 다시 태어날 수 있습니다. 이 책에서 저는 프로 일잘러가 어떻게 노션을 활용하는지 실무적인 부분 위주로 설명할 것입니다. 이제 저와 함께 노션의 신세계로 들어가 보시죠.

이석현

노션을 사용하면
누구나 프로 일잘러가 될 수 있습니다.
단, 치열하고 고된 과정을 거치며
임계점까지 달려야 합니다.

쉽지 않은 일이지만 노션이 도와줄 겁니다.

노션은 단순한 메모 툴이 아닙니다.
여러분의 생산성을 극대화시켜 주는 툴입니다.
노션이라는 올라운드 플레이어,
거대한 신세계에 오신 것을 환영합니다.

여러분은 곧 프로 일잘러로
다시 태어날 것입니다.

Notion

 Notion

오리엔테이션. 우리는 왜
노션을
써야 하는가?

Part 3. 프로 일잘러의
성장시스템
만들기

Part 4. 자동으로 일하는
업무시스템
만들기

Part 5. 나를 더욱 성장시키는 시스템으로 확장하기

일러두기

1. 이 책은 노션 사용 설명서가 아니라 활용서입니다.

2. 본문의 '따라하기'를 함께해 보기 위해서는 다음의 템플릿을 미리 다운로드받아 두기 바랍니다.
   〈똑똑한 노션 활용 템플릿〉 https://bit.ly/3Jwkrip

3. 노션에 템플릿을 복제하는 방법은 다음과 같습니다.

• PC : 〈똑똑한 노션 활용 템플릿〉 페이지에 접속한 후 원하는 템플릿의 페이지를 선택합니다. 여기서 화면 오른쪽 상단의 [복제]를 클릭하면 나의 노션으로 옮길 수 있습니다.

지속 가능한 성장 시스템 만들기

- 모바일 : 템플릿 링크를 클릭한 후 화면 오른쪽 상단의 [···]을 클릭하면
  메뉴 화면이 나옵니다. 여기서 [페이지 복제]를 선택하면 나의 노션으로
  옮길 수 있습니다.

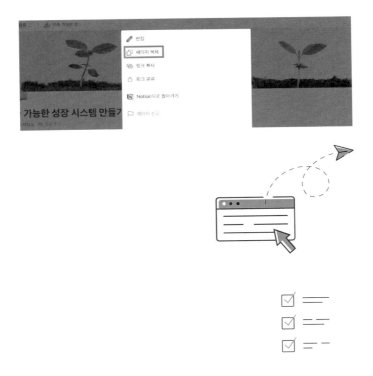

똑똑한 노션 활용 템플릿

템플릿 1.
커리어 비전 보드로 정체성 점검하기 https://bit.ly/3rNna0T

템플릿 2.
만다라트로 정체성 찾아내기 https://bit.ly/3JrwAF2

템플릿 3.
프로 일잘러 자가진단 https://bit.ly/3oL6071

템플릿 4.
지속가능한 성장시스템 만들기 https://bit.ly/3BlyUuI

템플릿 5.
커리어 계획표 만들기 https://bit.ly/34zh9fs

템플릿 6.
미래 커리어 조합하기 https://bit.ly/36gmb0t

템플릿 7.
할 일을 구조화하기 https://bit.ly/3HNk7vd

템플릿 8.
스마트 스케줄러 만들기 https://bit.ly/3JmGfNe

템플릿 9.
Habit Tracker 만들기 https://bit.ly/3HQqI7V

템플릿 10.
칸반보드 만들기 https://bit.ly/360Vn4m

템플릿 11.
포트폴리오 홈페이지 만들기 https://bit.ly/3sKuoSC

템플릿 12.
OKR로 목표 설정하기 https://bit.ly/3LumchD

템플릿 13.
칭찬받는 회의록 만들기 https://bit.ly/3JnGnMr

템플릿 14.
데일리 리포트 만들기 https://bit.ly/3oMhja2

템플릿 15.
다이어트 페이지 만들기 https://bit.ly/3rKP2T4

템플릿 16.
아이디어 노트 만들기 https://bit.ly/3rMvHkx

템플릿 17.
독서노트 만들기 https://bit.ly/3gGL0ov

템플릿 18.
프레젠테이션 간편하게 하기 https://bit.ly/34ReD3N

템플릿 19.
가계부 똑똑하게 입력하기 https://bit.ly/3rODoa1

템플릿 20.
작심천일 습관 쌓기 https://bit.ly/3gKZluA

똑똑한 노션 활용 템플릿

온라인에서 독서와 글쓰기 관련 모임을 안내하고 신청을 받는데 관련 정보를 보기 쉽게 제공하기가 쉽지 않았습니다. 하지만 노션의 데이터베이스 블록인 보드를 적용하여 현재 모집 중인 과정, 진행 중인 과정, 항상 열려있는 모임을 한눈에 정리할 수 있었습니다. 해당 보드를 클릭하면 상세한 안내 페이지 링크가 나옵니다. 또한 포트폴리오 홈페이지를 통해 작가 소개, 글쓰기 강의 이력, 출간 도서를 책 표지와 함께 한눈에 볼 수 있습니다. 이렇게 깔끔한 포트폴리오를 몇 시간 만에 만들 수 있는데, 어떻게 노션의 매력에서 벗어날 수 있을까요?

– 브런치 작가 일과삶

노션을 만나기 전에는 업무용 자료는 원노트에서, 일정관리와 개인자료는 구글에서 관리했습니다. 그러고도 뭔가 부족하다 싶을 때면 새로운 생산성 툴을 기웃거리곤 했죠. 결국 10년 동안 여기저기 왔다 갔다 하다 보니 소중한 자료들이 흩어져 버렸어요. 그렇게 저장강박증 노마드로 방황하다 이석현 저자님을 통해 안식처를 찾았습니다. 이제 저는 노션으로 업무자료와 일정관리부터 갤러리까지 다양하게 활용하고 있어요. 노션은 저렴하면서 심지어 예쁘기까지 해요. 똥손이어도 금손 저자님의 템플릿만 잘 활용하면 바로 자신의 워크스테이션이 풍성해지는 경험을 느껴보실 수 있을 겁니다.

– 공무원 유영

 저는 노션도 홍수처럼 쏟아져 나오는 비슷비슷한 생산성 앱 중 하나라고만 생각했어요. 그런데 이게 웬걸, 파워 계획형 인간으로서 이렇게 유용할 데가 없습니다. 회사 업무는 물론 개인 일정까지 제 취향대로 정리하고 관리할 수 있습니다. 모든 운영체제에서 호환이 잘되고 용량도 가벼운데, 핵심적인 기능은 다 들어가 있어요. 여러 명과 함께 공유가 가능하다는 점도 마음에 들고요. 요즘 다이어리 꾸미기가 유행이라고들 하죠? 조금만 신경 쓰면 그 니즈도 완벽하게 충족된 답니다! 정말이지 놀랍게도, 노션 하나로 모든 게 해결이 가능해요. 기록을 사랑하시는 분들께 적극적으로 추천합니다.

– N잡러를 꿈꾸는 5년 차 디자이너 요나

 하고 싶은 것도 많고 되고 싶은 것도 많고 가지고 싶은 것도 많은 꼬마 아이가 어느새 40대, 세 딸의 엄마로 살고 있습니다. 우연히 이석현 저자님과 온라인상 인연이 되어 일잘러들의 필수품 노션을 알게 되었습니다. 이제껏 집에서 읽었던 책들을 노션을 통해 정리하고, 지금 하고 있는 일과 가정에서의 일, 앞으로의 계획을 노션으로 정리하고 있습니다. 그리고 취업에도 성공해 가정에서도 일잘러, 직장에서도 일잘러가 될 꿈에 부풀어 있습니다. 앞으로 노션과 함께 그 꿈을 이루어 가려 합니다.

– 전업주부에서 전방위 N업주부로 변화 중인 꿀꿀이

오리엔테이션.

우리는 왜
노션을
써야 하는가?

프로 일잘러는 노선을
어떻게 쓰고 있을까?

프로 일잘러는 단순히 일을 잘하는 것이 아니라 다른 사람들보다 뛰어난 결과물을 만들어 낸다. 특히 그들은 남들보다 기록에 능한 편인데, 그들의 옆에서 스마트한 관리를 도와주는 것이 바로 노선과 같은 생산성 툴이다. 프로 일잘러는 늘 노선을 활용하여 무엇이든 남보다 빨리 뛰어난 성과를 낸다. 여러 가지 일을 한꺼번에 하면서도 속도에서 뒤처지지 않는 비결이 바로 노선에 있다.

노선을 제대로 활용하면 10시간 이상 걸리던 업무를 1시간 이내에 처리할 수 있다. 안 써본 사람들은 믿지 못하겠지만 경험해 본 사람들은 충분히 공감할 것이다. 그러니 의심하지 말고 일단 쓰고 볼 일이다. 어떻게 써야 할지 막막하다면 프로 일잘러가 노션을 어떻게 활용하는지를 먼저 살펴보자. 모든 배움은 '따라하기'에서 시작되니 말이다.

노션은 올인원 생산성 툴이다. 노션 하나로 프로젝트 관리, 일정관리, 문서 작성, 파일 공유, 위키백과, 대시보드, 독서관리, 금전관리, 협업 기능까지 가능하다. 지원하지 않는 기능을 찾기가 더 쉬울 정도다. 정말 막강한 툴이다. 하지만 써보지 않으면 그 가치를 절대 알지 못한다.

노션을 알았다면 다른 생산성 툴에 눈을 돌리지 않아도 된다. 노션 하나로 거의 모든 것을 충족할 수 있다. 그럼 이제 프로 일잘러들이 어떻게 노션을 활용하고 있는지 구체적인 사례를 통해 살펴보자.

SNS처럼 꾸민 개인 홈페이지

조이Joey의 강성철 님은 노션을 복고풍의 싸이월드 화면처럼 꾸몄다. 단을 3개로 나누고 좌측은 자신의 캐릭터와 음악 위젯, 가운데는 게시판과 갤러리, 우측에는 태그를 배치했다. 하단에는 댓글을 달 수 있도록 만들었다. 이처럼 노션은 여러 단으로 나눠 화면을 배치할 수 있다. 노션을 싸이월드처럼 운영하고 싶다면 노션월드 화면을 참고해 보자.

싸이월드처럼 꾸민 노션월드

노션 프로젝트 페이지

라이너LINER에서 COS^{Chief of Staff}로 일하는 조던 님은 프로젝트 관리 툴인 지라JIRA 대신 노션으로 사내 업무시스템을 만들었다. 그는 노션의 데이터베이스로 칸반보드 지원, 팀 프로젝트와 개인 업무 연결의 2가지를 간단하게 구현할 수 있었다.

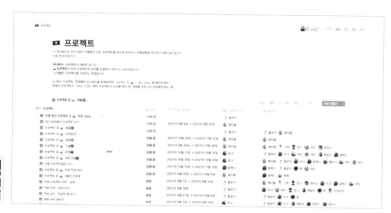

 노션으로 구축한 사내 업무시스템

리크루팅 페이지, 연구노트 활용

조이에서는 넷플릭스 드라마 〈오징어 게임〉 콘셉트로 리크루팅 사이트를 만들어 템플릿을 제공했다. 구노GOONO는 IT 개발자에게 필요한 전자연구노트 솔루션을 개발했다. 노션을 활용하여 작성한 개발 관련 진행상황 등을 PDF 파일로 추출하여 구노에 업로드하면 노션 페이지 자체를 법령에서 요구하는 연구노트로 인정받을 수 있으며, 깃허브Github와의 연동을 통해 깃허브에서 작업한 내용이 연구노트로 자동 생성되어 업무에 효율적으로 적용이 가능하다.

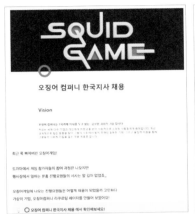

리크루팅 페이지(왼쪽), 연구노트 활용(오른쪽)

기업과 개인 홈페이지

지역 상거래로 인기를 끌고 있는 당근마켓은 노션으로 직원을 위한 온보딩 시스템을 만들어 커뮤니케이션을 진행하고 있다. 팀 위키시스템에 접속하면 회사의 비전, 방향, 기업문화를 접할 수 있다. 또한 코로나19 시대에 비대면 업무를 위한 회의록을 노션으로 공유한다.

공대생 기획자 FameLee는 노션을 개인 홈페이지로 만들어 포트폴리오로 활용하고 있다. FameLee가 만든 노션

오리엔테이션. 우리는 왜 노션을 써야 하는가?

포트폴리오에는 자신의 정체성, 능력과 재능, 미래 비전, 추구하는 가치 그리고 자신이 보유한 콘텐츠가 체계적으로 정리되어 있다. 포트폴리오를 작성하려는 사람들에게 큰 도움이 될 것이다.

Ⓝ 당근마켓 팀 대시보드(왼쪽), 공대생 기획자 FameLee 홈페이지(오른쪽)

이력서 및 포트폴리오

프로 일잘러들이 노션으로 가장 많이 활용하는 것은 '이력서 만들기'다. 7년 차 개발자로 스타트업에서 웹과 앱 서비스의 개발 및 배포·운영을 맡고 있는 워니 님은 노션으로 이력서를 만들어 공개한 후 수많은 강의 제안과 이력서 작성

방법에 대한 질문, 이력서 피드백 요청을 받고 있다. 그리고 이 내용을 정리해 이력서 작성에 대한 온라인 강의도 준비 중이다.

Wonny | 데이터로 일하는 개발자

6년 차, 데이터로 일하는 개발자 정원희입니다.

Contact.
Email. wonny727@gmail.com
Phone. 010-0000-0000
Channel.
Blog. https://wonny.space/
Brunch. https://brunch.co.kr/@hee072794
GitHub. https://github.com/wonny-log

Introduce.

6년 차 개발자로 스타트업에서 웹과 앱 서비스를 기획/개발/배포/운영하였습니다. 주로 웹 서비스 개발을 담당했으며 필요에 따라 PO(Product Owner) 역할을 겸하였습니다. 작은 규모의 팀에 첫 번째 개발자로 입사하여 50억 투자를 유치하고 40명 규모의 팀으로 성장할 때까지 필요한 기술 역량을 책임졌던 경험이 있습니다.

🄽 개발자 워니 님의 노션으로 만든 이력서

프로 일잘러가 되는 비결은 '기록'이라고 소개한 마케터 정혜윤 님은 노션으로 자신의 능력을 한눈에 보여주는 포트폴리오 홈페이지를 운영하고 있다. 포트폴리오 홈페이지 상단 메뉴에서는 마케터이자 작가이자 여행가로서의 다재다능한 능력과 경력을 한눈에 보여주고 있다. 하단 메뉴에서는 마케터로서 대외활동, 주요 작업, 작가 활동, 여행가 활동, 강

오리엔테이션. 우리는 왜 노션을 써야 하는가?

연, 인터뷰, 그리고 어떤 일들을 주로 했는지 자신의 강점을 보여준다.

정혜윤 Ashley

🫖 **안녕하세요. 마케터이자 작가, 여행가인 정혜윤(Ashley)입니다. 한곳에 고정되지 않은 채로 따로 또 같이 자유롭게, 그러나 책임감 있게 일합니다. 좋아하는 게 많습니다.**

∧ 궁금한 부분을 누르시면 해당 내용으로 이동합니다

✉ hyeyoon.ashley@gmail.com

✎ brunch / Facebook / Instagram / YouTube / LinkedIn

∧ 여기서 저를 찾을 수 있어요. 재밌는 제안 환영합니다 +

🔎 한눈에 보기

🏛 **현재** 2020~

- 팀포지티브제로 TPZ 브랜딩/PR 파트너
- SIDE PROJECT 사이트 및 뉴스레터 운영
- 클래스101 회사 안에서도 밖에서도 나를 브랜딩하며 독립적으로 일하는 법
- 일매 나만의 플레이리스트 만들기 리추얼 메이커
- 바이브 영감 플레이리스트 큐레이터

📑 **지난 경력** ~2020

- 스페이스오디티 브랜드 마케터 2017-2020
- 올윈 프로모터/마케터 2015-2016
- 앱리프트 APAC 마케팅 매니저 2014-2015
- 바이널아이 브랜드 매니저 2014
- 프레인글로벌 AE 겸 전략비서 2011-2013
- 뉴욕 광고회사 AdAsia 카피라이터 2010-2011

🌱 **저는 이런 사람이에요**

- 🌍 미국 45개주, 28개국을 여행했어요
- 🎪 글래스톤베리에 2번, 버닝맨에 2번 다녀왔어요
- 📖 <퇴사는 여행> 출간
- 📓 <브랜드 마케터들의 이야기> 공저
- ✍ 브런치에 꾸준히 글을 씁니다
- 📔 종종 독립출판물을 만듭니다
- 🏠 집 겸 작업실 #웅지트 주인입니다
- 🎶 뭔가에 푹 빠져있는 사람들, 편견을 부수는 사람들과의 대화를 즐깁니다
- 🎵 음악, 우주, 여행, 오래된 것을 좋아합니다
- 🐻 별명은 "웅", 영어 이름은 "애슐리"

Ⓝ 마케터 정혜윤 님의 포트폴리오 홈페이지

웹사이트 및 유튜브 채널

뉴미디어 채널 씨리얼의 '용돈 없는 청소년' 프로젝트에서는 노선을 활용해 청소년 관계망을 구축했다. 그들은 아무도 알려주는 곳이 없어서 청소년을 위한 네트워크 가이드를 직접 만들었다고 한다. 앞으로 무엇을 해야 할지, 어떤 꿈을 가져야 할지 모르는 청소년들을 위해 주제별·지역별 정보를 분류했다. 다양한 세상을 경험해 보고 싶은 청소년들에게 도움이 될 것이다.

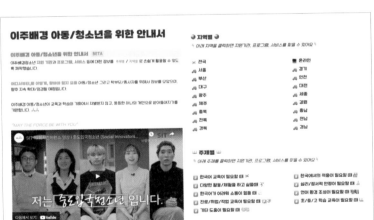

씨리얼의 '이주배경 아동/청소년을 위한 안내서'

딥택트러닝은 유튜브 채널을 통해 노션에서 활용할 수 있는 습관일기, 감정일기, 할 일 목록, 서재관리, 프로젝트 관리 기능을 소개하고 있다. 노션 템플릿 소개뿐 아니라, 템플릿 설계의 원칙을 영상으로 설명한다. 이외에도 노션 기초부터 데이터베이스에 이르는 노션 기능 학습영상도 제공하고 있다.

[N] 딥택트러닝의 유튜브 채널

LottieFiles 영업 매니저 모니카 님은 노션과 더불어 다양한 툴을 사용하는 워킹맘이다. 그녀는 유튜브 채널 '모니카 가이드'에서 노션으로 세컨드브레인 설계, 제안서 만드는 법, 저널링, 동기화 블록 사용법 등을 소개하고 있다.

유튜버 도르미 님은 노션을 활용한 독서노트 기록법과 템플릿을 공유하고 있다. 유튜브 영상에서는 책 표지 넣기, 아이콘 바꾸기와 책 페이지 스캔하는 법 등을 소개한다.

N 도르미 님의 독서기록 템플릿

웹페이지 및 랜딩페이지

비범한츈 님은 노션으로 레트로 분위기의 금성사(LG전
자의 전신) 웹페이지를 제작하고, 이미지 중심의 설문 기능,
댓글, 방문자 카운터 위젯까지 추가했다. 이루리(이룰) 님은
노션으로 랜딩페이지를 제작했다. 인스타그램에서는 보통
링크트리로 프로필 링크를 여러 개 만드는데, 노션을 사용하
면 랜딩 페이지를 아주 쉽게 만들 수 있다. 긴 링크는 비틀리
bitly.com를 이용해 간단하게 줄이면 된다.

Ⓝ 레트로 분위기의 금성사 홈페이지(왼쪽), 이루리(이룰) 님의 노션 랜딩 페이지(오른쪽)

생활 편의 서비스

이메일 뉴스레터 서비스 스티비^{stibee} 또한 노션을 잘 사용하는 회사 중 하나이다. 스티비에서 발행하는 뉴스레터 'BE. LETTER'는 매주 금요일 새로운 뉴스레터를 소개하고 있으며, 연말에는 그동안 소개한 뉴스레터들을 모아 뉴스레터 편성표를 제작하고 배포한다.

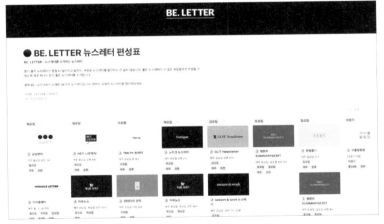

스티비 'BE.LETTER' 뉴스레터 편성표

자취하기 좋은 동네를 노션으로 소개하는 사이트도 있

다. 동네를 맥세권(맥도날드 인근), 스세권(스타벅스 인근), 편세권(편의점 인근)으로 나누어 점수를 매겼다. 동네별로 내 주변에 필요한 정보가 있는지 확인할 수 있다.

N 자취하기 좋은 동네 소개 사이트

노션에
날개를 달아주자

우피 서비스(노션 기능 확장)

노션 확장 솔루션인 우피⁰ᵒᵖʸ를 이용하면 노션 페이지를
전문가가 작업한 웹사이트처럼 만들 수 있다. 자신이 원하는
도메인 주소로 노션 주소를 연결하는 링크 기능, 노션에서
불가능했던 상단 내비게이터, 위로 가기, 페이지 뷰 보기, 폰
트 변경, HTML 수정하기, 검색엔진 최적화하기 등의 기능
을 지원한다.

오리엔테이션. 우리는 왜 노션을 써야 하는가?

현재 왓챠, 직방, 배민, 프립, 매스프레소 등이 '노션 + 우피'를 활용해 회사소개 페이지를 서비스하고 있다.

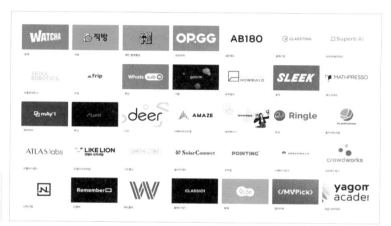

N 노션 확장 솔루션 '우피'를 활용한 회사소개 페이지

템플릿 활용하기

노션을 처음 접한 사람들은 노션을 어떻게 사용해야 할지 갈피를 잡지 못한다. 노션은 다른 생산성 앱보다 학습곡선이 비교적 높은 편이기 때문이다. 특히 기능이 너무 많아

혼란스럽기도 하다. 그래서 우선 다른 사람들이 만들어 놓은 다양한 템플릿을 활용해 노션을 사용해 볼 것을 추천한다. 노션에서 새 페이지를 추가하여 '템플릿 바로가기'를 이용할 수 있고, 레딧reddit.com의 노션 페이지에서 다른 사용자가 올린 템플릿을 활용할 수도 있다.

템플릿으로 노션 생산성 올리기(왼쪽), 레딧 홈페이지 활용하기(오른쪽)

위젯 활용하기

노션은 임베드embed 기능으로 다른 웹사이트를 끼워 넣을 수 있다. 위젯은 날씨, 인생 그래프, 방문자 카운터, 구글 캘

오리엔테이션. 우리는 왜 노션을 써야 하는가?

린더, 멋진 문장 등을 노선 페이지에 추가하는 기능이다. 인디파이indify.co를 이용해 코딩을 전혀 하지 않고 특별한 위젯을 노선 페이지에 설치할 수 있다. 위젯의 링크를 노선에 붙여넣기만 하면 노선에 날개를 달아주는 셈이다.

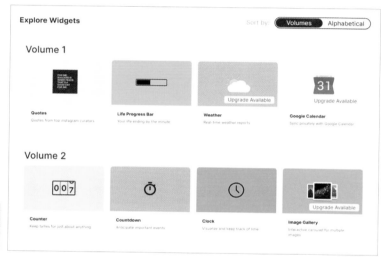

N 인디파이를 활용한 위젯 서비스

캔바로 프레젠테이션하기

캔바 솔루션을 이용하면 노션에서 프레젠테이션을 바로

진행할 수 있다. 캔바에서 만든 웹페이지 링크를 노션에 임베드하기만 하면 된다.

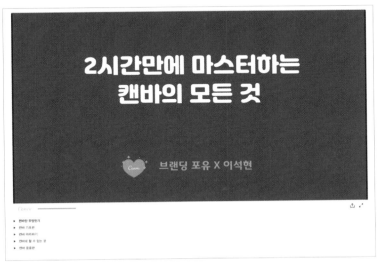

캔바 프레젠테이션 노션 임베드

설문조사하기

탤리Tally는 구글 설문지를 대체할 수 있는 무료 설문 작성 서비스이다. 메뉴가 직관적이어서 설문 항목을 작성하기도 쉽다. 노션과 꽤 유사한 인터페이스를 제공하고 있어 노션에

오리엔테이션. 우리는 왜 노션을 써야 하는가?

익숙한 사람이라면 탤리도 비교적 무난하게 사용할 수 있다. 게다가 무료다.

코딩하지 않고 폼 빌더의 양식을 노션에 추가할 수도 있다. 탤리와 같이 임베드로 붙이는 방법도 있지만 설문 항목이 길어질 경우 임베드된 화면 크기가 제한적이어서 전체를 한꺼번에 보지 못한다. 이때 코모션Commotion 폼 빌더를 사용하면 단계별로 설문 항목을 볼 수 있고, 질문과 댓글, 설문조사, 피드백 등에 활용하기 편하다.

🇳 탤리로 설문조사하기(왼쪽), 코모션 폼 빌더 활용하기(오른쪽)

나는 노선으로
스마트하게 일한다

여러분은 현재 노션을 어떻게 활용하고 있는지 궁금하다. 데이터를 보관하는 용도로 쓰고 있는지? 아니면 나의 브랜드를 홍보하기 위한 포트폴리오 홈페이지로 사용하는지? 그것도 아니라면 단순히 화면이 예뻐서 쓰고 있는지? 어쩌면 노션을 제대로 활용해 보고 싶은데 어떻게 해야 할지 몰라 가입만 해놓고 내버려두고 있는지도 모르겠다.

현직 개발자로 활동하고 있는 나는 글을 쓰는 작가이자 커뮤니티 운영자, 강사라는 부캐로 다양한 커리어를 쌓아가고 있다. 직장생활을 하며 이렇게 N잡러로 활동할 수 있는 것은 다름 아닌 노션과 같은 생산성 툴 덕분이다.

나는 노션을 크게 3가지 용도로 활용하고 있다. 첫째는 회사에서 수행하는 모든 업무를 노션에 기록하고 관리한다. 예를 들어 순간순간 떠오르는 아이디어를 메모하고, 프로젝트 일정, 회의록, 할 일 목록, 소스 코드 등을 관리한다. 둘째는 내가 운영하는 '공대생의 심야서재' 커뮤니티와 관련된 모임 영상 콘텐츠와 개인 코칭 이력 데이터를 보관하고, 회원 마일리지, 모임 아이디어, 오픈채팅방 공지사항 등을 관리한다. 셋째는 또 다른 부캐인 작가 활동을 지원하는 용도로 출판 원고, 줌 강의 영상, 전자책 등을 관리한다.

이제부터 내가 노션을 어떻게 활용하고 있는지 하나씩 소개해 보겠다. 우선 첫 페이지는 데이터의 중심지이자 관문으로 허브 역할을 맡는다. 모든 데이터는 '디지털 허브' 페이지를 거치도록 설계해 놓았고, 대시보드 형태로 구성되어 있다.

이때 서로 다른 분야의 데이터들을 모아 하나의 페이지에 구성할 때는 데이터 간의 유기적인 흐름을 놓치기 쉽다. 단순히 여러 페이지의 바로가기를 모아놓는 것이 아니라 스마트하게 연결해야 한다. 각각의 페이지에 흩어진 데이터들을 어떻게 연결할 것인지를 중심으로 첫 화면을 꾸며야 한다.

Ⓝ 커뮤니티의 첫 페이지, 디지털 허브

    각각의 페이지에서 만든 데이터가 모두 통합된 '디지털 허브'에서는 가장 최근에 작성된 데이터와 핵심적인 데이터를 한눈에 볼 수 있다. 캘린더는 그날그날의 행사들을 한눈에 보여준다. 왼쪽 사이드바에는 오늘의 주요 행사, 오늘의 미팅, 지출 현황, 독서 현황, 그리고 중요 페이지로 이동하기 위한 '바로가기'가 정리되어 있다. 자주 쓰는 기능과 데이터를 한눈에 볼 수 있도록 '디지털 허브'에 정리한 것이다.

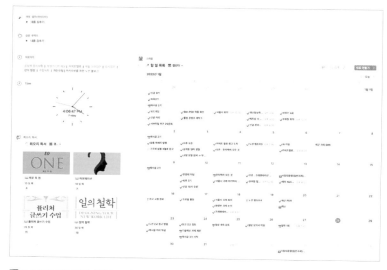

N 그날그날의 주요 행사 보기

    노션의 '링크된 데이터베이스' 기능을 이용하면 다른 페이지에 기록된 데이터베이스를 자동으로 끌어올 수 있다. '디지털 허브' 하단 '데이터베이스 라이브러리'에는 각각의 데이터가 갤러리 보기 형식으로 배치되어 있다. 여기에는 내가 만든 모든 콘텐츠, 아이디어, 독서 진척관리, 뉴스레터와 브런치에 발행한 글, 회사 업무, 원고, 모임 공지 등 모든 정보가 모여 있다.

N 데이터베이스 라이브러리

N 스마트 스케줄러와 포트폴리오 홈페이지

오리엔테이션. 우리는 왜 노션을 써야 하는가?

스마트 스케줄러에는 주 단위로 해야 할 일들을 기록한다. 함수 기능을 이용해 다양한 속성을 쉽게 파악할 수 있도록 한 줄로 표기했다. 리마인더 기능으로 알림을 등록하면 해당 스케줄을 모바일로 알려준다. 수입과 지출을 관리하는 금전관리는 관계형 데이터베이스 기능을 추가해 지출과 수입을 자동으로 집계할 수 있다.

포트폴리오 홈페이지는 작가로서 활동을 보여주는 공간이다. 내가 운영하고 있는 SNS 채널, 이력서, 자기소개, 주요 커리어, 커뮤니티 소식, 모임 정보를 담았다.

N 독서 진척관리

독서 진척관리에는 어떤 분야의 책을 읽었는지, 언제 읽기 시작해서 언제 끝났는지, 별점이 몇 점인지 등의 정보를 표시해 두었다. 책 제목을 클릭하면 밑줄 친 내용을 한눈에 볼 수 있다.

스마트하게 일하려면 먼저 나의 업무 패턴을 면밀하게 추적해야 한다. 우선 현재 진행 중인 모든 일을 체계적으로 정리해야 하는데, 올인원이라는 철학과 무한한 페이지 확장 그리고 관계형 데이터베이스를 탑재한 노션을 사용하면 충분히 가능하다. 그럼 이제부터 다양한 요구사항을 모아서 정리하는 것이 노션에서는 얼마나 쉬운 일인지 직접 경험해 보자.

Part 1.

노션은
최고의
자기계발 도구다

우리는 왜 프로 일잘러처럼
일하지 못할까?

나는 어떻게 일하고 있는가?

일잘러와 일못할러의 근본적인 차이점은 무엇일까? '지금 무엇을 해야 하는지'와 '무엇을 하지 말아야 하는지'를 명확하게 구분하지 못한다는 것이다. 어떻게 하면 '일잘러'가 될 수 있을지 생각하기 전에, 당신이 어떤 사람인지부터 먼저 분석해 보자.

A4 한 장을 반으로 접어 왼쪽에는 '현재 진행 중인 모든

일'을 쓰고, 오른쪽에는 그 일과 관련된 '모든 리소스'를 적은 다음 왼쪽과 오른쪽 항목을 서로 연결한다. 중요한 것이든 그렇지 않은 것이든 일단 떠오르는 대로 모두 적는다. 시간이 얼마나 걸리든 상관없다. 모든 일을 찾아내는 것이 중요하다.

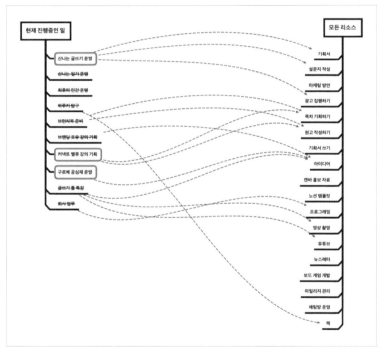

 현재 진행 중인 일과 리소스

모두 적었다면 왼쪽의 '현재 진행 중인 일'의 목록에서 중요하지 않은 일들을 차례차례 지운다. 우선순위가 아닌 것들을 골라내는 작업이다. 지울 수 있을 때까지 계속 지워나간다. 무리하게 욕심 낸 일, 차일피일 미루기만 하던 일, 생산성을 올리지 못하는 일, 호기심 때문에 시작했으나 꾸준히 진행하지 못하는 일, 내 업무와 상관없는 일 등을 가차 없이 지워버린다. 그리고 최종적으로 3개 정도만 남겨둔다. 모두 지우고 단 하나만 남았다면 대성공이다. 당신은 포기를 선택함으로써 꼭 필요한 하나에 집중할 수 있는 기회를 얻었다.

일잘러가 되지 못하는 이유

이제는 기회비용 측면에서 고려해 볼 것이다. 쏟아지는 업무들을 완벽하게 처리하거나 동시에 수행하는 데 소요되는 시간을 생각해 보자. 모든 일을 다 처리할 수는 없다. 무언가를 포기하면 더 중요한 일에 우리의 소중한 시간을 보탤 수 있다. 포기를 하는 선택이 시간을 사는 일인 셈이다.

우리는 러시아 정벌에 실패한 나폴레옹이 되지 말자. 나폴레옹은 할 수 있는 것과 그렇지 못한 것을 구분하지 못했기에 몰락하고 말았다. 당신도 가끔 나폴레옹처럼 무모한 도전을 펼치지 않는가? 호기심과 열정으로 온갖 일들에 자신 있게 도전했지만 대부분 실패하지 않았는가? 단 하나도 제대로 끝내지 못하고 말이다.

'일잘러'는 모든 일을 잘 해내는 사람이 아니라 포기할 줄 아는 사람이다. 포기함으로써 새로운 기회에 눈을 뜨는 것이다. 포기를 하려면 '현재 해야 할 일'의 우선순위를 파악해야 한다. 앞에서 A4 한 장에 진행 중인 일들을 모두 나열하고 그중 몇 가지 혹은 몇십 가지를 지워버렸다. A4 반쪽은 어쩌면 너덜너덜해졌을지 모른다. 하지만 가장 중요한 일만 남겼으니 절대 손해는 아니다.

이제 한두 가지 일에 집중하면 된다. 그 일을 어떻게 실행할지, 내가 가진 에너지의 몇 퍼센트를 투자할지, 얼만큼의 시간을 들여 얼마나 해낼 수 있을지 등 구체적인 전략을 짜보자. 물론 누군가 옆에서 코치처럼 조언을 해주거나 도움을 주면 좋을 것이다. 하지만 다른 사람들 역시 바쁘다. 그들도 어딘가에서 열심히 일하며 인정받아야 할 테니까.

그러니 당신 스스로 해내야 한다. 일잘러가 되기 위해서는 집중해야 할 일과 포기해야 할 일을 구분하는 능력이 절대적으로 필요하다. 머릿속을 정리하면 생각의 시야가 넓어지기 때문이다.

　오늘부터 과감하게 버리는 결단을 내려보자. 우선순위 바깥에 있는 일이나 부담만 안겨주는 일들을 포기하면 중요한 일을 판별하는 능력이 생긴다. 몸과 마음이 가벼울수록 일을 빨리 처리할 수 있다. 많은 것을 기억하지 않아도 되니 뇌의 부담을 덜어 집중하기도 쉽다. 하나에만 집중하면 세밀한 부분까지 살펴볼 여력이 생긴다. 버릴 것은 버리고 취할 것은 취하는 것, 아주 단순하지만 일못할러들은 결코 실천하지 못하는 전략이다. 버리는 것을 시작으로 일잘러의 바다로 함께 항해를 떠나보자.

바뀌지 않는
나만의 정체성 만드는 법

노션을 쓰기 전에 나의 본캐, 부캐부터 찾아보자

그럼 이제 당신의 정체성을 점검하는 시간을 가져보자. 일종의 선언문을 발표하며 마음을 다지는 시간이다. 이 책 '일러두기'에서 소개한 〈똑똑한 노션 활용 템플릿〉 중에서 첫 번째 '커리어 비전 보드로 정체성 점검하기' 템플릿을 나의 노션으로 복제하자. 그리고 총 7가지의 질문에 답하며 앞으로 나의 커리어를 어떻게 만들어 나갈지 고민해 보자.

N [템플릿 1] 커리어 비전 보드로 정체성 점검하기(https://bit.ly/3rNna0T)

1) 나의 부캐 설정 : 미래의 목표 커리어, 내 정체성을 담은 핵심적인 닉네임

2) 나의 장점과 단점(단점을 극복할 구체적인 아이디어 기록)

3) 나의 커리어 최종 목표 : 최종적으로 되고 싶은 사람

4) 3번의 커리어를 충족하기 위한 나의 모험과 도전 설정 : 배움, 공모전, 자격증 등의 목표를 기간별로 설정
   - 1년 내에 실행할 것들
   - 3년 내에 실행할 것들
   - 5년 내에 실행할 것들

5) 실행하는 과정에서 필요한 것과 준비해야 할 것들

6) 나에게 도움을 줄 수 있는 사람들

7) 나의 불편함과 그것을 개선하는 방법

이러한 것들을 미리 설정해야 하는 이유는 목표가 흔들리지 않아야 커리어를 체계적으로 쌓을 수 있기 때문이다. 정체성은 뿌리를 단단하게 내려야 세워진다. 그래야 미래로 죽죽 뻗어나갈 수 있다. 목표가 명확하지 않으면 한정된 시간을 여기저기 소모할 수밖에 없다.

만다라트로 정체성 쉽게 찾기

커리어 비전 보드로 정체성을 정리해 봤다면 이번에는 구체적인 방향을 설정해 보자.

우리는 나 자신이 누구인지 설명할 줄 알아야 한다. 누구도 나를 대신 설명해 줄 수 없다. 답은 스스로 찾아야 한다. 나는 이럴 때 '만다라트Mandal-Art' 기법을 추천한다.

만다라트는 연꽃을 연상시키는 불교의 그림 '만다라'와 '아트'를 합성한 단어로서, 핵심 아이디어 한 가지와 그것을 둘러싼 세부적인 아이디어 8가지로 확장하여 문제해결 방법을 찾는 것이다. 인간은 추상적인 사고에 익숙하기 때문에 한 가지 단어를 제시해도 그것과 연관된 다른 단어를 쉽게 찾아낸다.

만다라트의 핵심주제를 '나' 또는 '나의 부캐'로 설정한다. 그리고 미래를 위해 개발해야 할 8가지 세부주제를 다음과 같이 정리해 보자.

1) 전문성 : 주로 직업과 연관된 것, 전문가로 인정받는 것

2) 취미 : 좋아하는 것, 딴짓, 관심사

3) 나의 강점 : 능력, 재능

4) 나의 역사 : 어떤 일을 주로 했는가, 연대기 정리

5) 내 삶의 목표 : 내가 원하는 삶의 모습

6) 콘텐츠 : 앞으로 개발해야 할 아이템

7) 단점 : 문제점과 극복방법

8) 타인이 겪는 불편 : 타인의 불편사항, 나는 그들의 불편을 어떻게 덜어줄 수 있는가?

8가지 주제는 내가 누구인지 탐색하기 위한 내용이다. 8가지 세부주제가 설정되면 동일한 절차를 반복한다. 그렇게 정리된 만다라트의 모습은 다음과 같다.

Part 1. 노션은 최고의 자기계발 도구다

글쓰기	강의	Tool	걷기	음악 듣기	모임 만들기	자기계발	글 잘 쓰고 싶다	콘텐츠 만들고 싶다
꾸준함	전문성	프로그래밍	캘리그라피	취미	딴짓	월급 독립	타인의 불편	업무 능력 향상
아이디어 기획	실행력	멘티프로세싱	독서	영화 보기	월급 외 수익 올리기	힐링	건강	단순하게 살고싶다
생산성이 뛰어나다	뭘 때까지 도전한다	목소리가 좋다	전문성	취미	타인의 불편	흥미를 쉽게 잃는다	아쉬운 소리를 못한다	예민하다
모방을잘한다	강점(재능)	오래간다	강점	공대생의 심야서재	단점	내성적이다	단점	생각이 많다
아이디어가 많다	생각이깊다	정보에강하다	나의 역사	내 삶의목표	콘텐츠	멘탈이 약하다	자기검열이 심하다	끔꼼하지 못하다
열등감	커뮤니티 리더	미부길 좋아했다	10쇄 출간 작가	1인 기업가 코칭	글쓰기 코칭	1인 기업가 컨설팅	책 기획 및 출간	일간 공심 감성 에세이
게임에 미쳤다	나의 역사	스타트업 창업했다	노후 대비 (일하지 않고 월 1,000벌기)	내 삶의 목표	10만 유튜버 되기	등단시인	콘텐츠	낭독 내 글 읽어주기
개발자 기획자	그럭저럭 잘 버텼다	책을 두 권 출간했다	회사 완전히 퇴사하기	콘텐츠 기획 전문가	커뮤니티 성장	커뮤니티 프로그램 차별화	강의 영상	공심 라디오

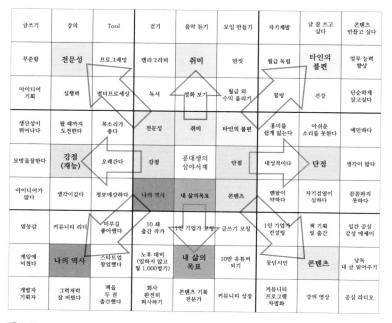

Ⓝ '나' 또는 '나의 부캐'를 주제로 한 만다라트의 모습

    이렇게 힘든 여정을 거치는 이유는 내 안의 가능성을 모두 끌어내기 위해서다. 살다 보면 단순히 머릿속 생각으로만 그치는 일들이 많다. 하지만 개념적인 것들을 도식화하면서 구체적으로 파고들수록 더욱 명료해진다. 말하자면 뭉툭한 것을 아주 예리하게 바꾸는 과정이 바로 만다라트다.

    이렇게 정리된 만다라트는 당신의 거울이 된다. 한눈에

자신이 누구인지 알 수 있다. 이를 통해 어떤 분야에 집중적으로 매진해야 할지 비로소 알게 된다.

 [따라하기] 만다라트로 내 정체성 모두 찾아내기

이제 노션으로 위의 과정을 조금 더 간편하게 입력해 보자. 〈똑똑한 노션 활용 템플릿〉에서 '만다라트로 정체성 찾아내기' 템플릿을 나의 노션으로 복제하자.

[템플릿 2] 만다라트로 정체성 찾아내기 (https://bit.ly/3JrwAF2)

템플릿에 있는 9가지 기초 데이터베이스를 입력해 보자.
각 항목을 수정하기만 하면 만다라트가 자동으로 완성된다.

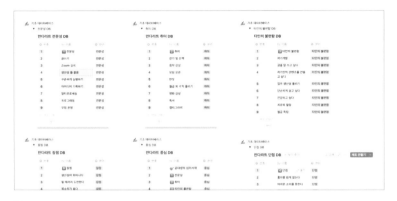

N 만다라트 입력 화면

N 노션으로 완성한 만다라트

왜 지금 당장
노선을 써야 하는가?

툴은 그저 거들 뿐

"여러분, 노선 쓰지 마세요."

내가 노선 특강에서 제일 먼저 던지는 화두다. 자기계발 차원에서 노선 좀 배워보겠다고 참석한 사람들에게 노선을 쓰지 말라고 하니 어리둥절할 것이다. 나는 기존에 다른 툴을 잘 쓰고 있다면 그것을 더 잘 쓰는 것이 낫다고 권하는 편이다. 사람들은 어디서 새로운 유행이 시작됐다고 하면 너도 나도 그쪽으로 달려가는 경향이 강하다. 취향도 유행처럼 쉽게 퍼져나가 금세 전염되기 때문이다.

내가 던지는 충격적인 첫마디에는 하나의 전제가 숨겨져 있다. 그것은 바로 '철학 없이'라는 말이다. 내가 왜 노션을 쓰는지, 내 업무에 노션을 어떻게 적용할지 철학을 먼저 정립하고 나서 써도 늦지 않다는 것이다. 다른 사람의 취향을 따라 하지 말고 나만의 스타일을 찾는 것이 더 중요하다.

툴은 언제든 다른 것으로 대체할 수 있다. 자기계발이 먼저이지, 툴이 앞서는 것은 곤란하다. 과거 에버노트 유저가 노션으로 대량 유입됐듯이, 노션도 언젠가 다른 툴에게 자리를 내줄 수 있다. 툴에 지나치게 의지하면 내 업무의 본질을

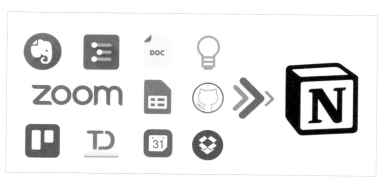

Ⓝ 노션의 올인원 기능

잃어버리게 되고, 노션이 가진 막강한 기능에만 얽매이게 된다. 다시 한 번 말하지만 기능은 부차적인 것이다.

노션은 완벽한 자기계발 환경을 제공한다

왜 노션에 자기계발이라는 단어를 붙일까? 예를 들어 노션으로 할 수 있는 자기계발 요소들은 다음과 같다.

1) 문서 작업(워드프로세서 대체)

2) 독서 진척관리(스프레드시트 대체)

3) 아이디어 메모(노트 앱, 에버노트 대체)

4) 일기 쓰기(블로그 대체)

5) 할 일 목록 관리(Todolist 대체)

6) 칸반보드 기반의 프로젝트 관리(트렐로 대체)

7) 위키백과 구축(나무위키 대체)

8) 스케줄 관리(구글캘린더 대체)

9) 개발자 코드관리(깃허브 대체)

10) 파일 업로드(프로 버전 이상)

11) 북마크 관리 및 모음(웹브라우저 북마크 대체)

12) 포트폴리오 홈페이지 구축

13) 포토 갤러리 구축

14) 동영상 스트리밍 사이트 구축

15) 금전관리시스템 구축(가계부)

16) 관계형 데이터베이스 기반의 프로그램 구축(재고관리, 구매관리, 고객관리 프로그램)

17) 모임 공지사항 관리

18) 콘텐츠 관리시스템 구축(줌 영상관리)

19) 칸반보드 기반의 원고 진척관리(공동 매거진 협업)

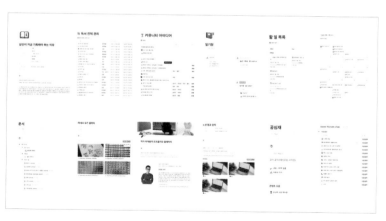

N 노션의 완벽한 자기계발 환경

자기계발은 통합적인 형태로 이루어지는 것이 중요하다. 개별적인 기능들이 유기적으로 맞물려 돌아가야 효율적이라는 것이다. 그러려면 전체적인 흐름을 한눈에 볼 수 있어야 한다. 노션은 자기계발에 필요한 다양한 기능을 지원하면서도 그것들을 통합할 수 있는 체계를 갖추고 있다. 노션이 물샐 틈 없는 완벽한 자기계발 환경을 제공한다는 것이다.

N [따라하기] 체크리스트로 자가진단하기

〈똑똑한 노션 활용 템플릿〉에서 '프로 일잘러 자가진단' 템플릿을 나의 노션으로 복제하자.

N [템플릿 3] 프로 일잘러 자가진단(https://bit.ly/3oL6O71)

먼저 체크리스트 목록을 천천히 읽어본다. 그리고 화면 아래쪽 '자가진단 결과' 표에서 '새로 만들기'를 클릭하고 항목을 추가한다. 이름과 날짜를 입력하고 '체크리스트'를 클릭하면 항목을 볼 수 있다. 여기서 나에게 해당되는 항목을 전부 선택하면 자가진단 결과가 나타난다. 결과 지수가 4점 이상이면 당신은 지금 당장 자기계발이 필요하다.

프로일잘러 자가진단

체크리스트
- 평소에 게으른 편이다.
- 재미를 잘 느끼지 못한다.
- 미루는 게 취미다.
- 변명이 많다.
- 실천을 잘 못한다.
- 뭘 해야 하는지 잘 모른다.
- 잘 하는 게 없다.
- 좋아하는 것도 딱히 없다.
- 자주 투덜거린다(짜증)
- 안 될 이유를 먼저 생각한다.
- 일의 우선 순위 정하기가 힘들다.
- 돈을 남에게 자주 기부한다.

```
if(prop("체크 갯수") >= 9, "프로일못잘러", if(prop("체크 갯수") >= 6, "일
못잘러", if(prop("체크 갯수") >= 4, "그냥일러", if(prop("체크 갯수") >=
2, "일잘러", if(prop("체크 갯수") >= 1, "프로일잘러", "")))))
```

false

구문
    false

예시
    false ? "yes" : "no" == "no"

자가진단 결과   + 보기 추가   검색   새로 만들기

이름	날짜	체크리스트	체크 갯수	자가진단 결과
프로일잘러 자가진단 1	2021년 7월 26일	안 될 이유를 먼저 생각한다.	1	프로일잘러

Ⓝ 프로 일잘러 자가진단

진단 결과는 다음 그림을 참고하면 된다. 표의 '자가진단 결과' 수식을 통해서도 결과를 확인할 수 있다.

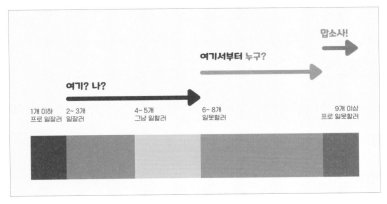

지금 우리는 '프로 일잘러 자가진단'을 통해 왜 자기계발을 하려고 하는지, 노션이 자기계발에 어떤 효과가 있는지부터 진단해 보았다. 이 책을 읽고 있다면 아마도 자신의 커리어를 관리하는 데 노션을 활용하고 싶을 것이다. 노션의 데이터 허브 역할을 기대하면서 말이다. 그리고 최종적으로는 '프로 일잘러'로 거듭나고 싶을 것이다. 업무 생산성을 끌어올리고 남들보다 더 많은 일을 빨리 해내고 싶다면 지금 올

바른 선택을 한 것이다.

　노션은 자동적으로 자기계발에 매진하도록 지원한다. 무엇을 해야 할지 고민하지 않아도 될 만큼 올인원 기능과 당장 적용가능한 템플릿도 제공한다. 이제 노션으로 무엇을 해야 할지, 자기계발을 위해서는 왜 노션을 써야 하는지 자세히 알아볼 것이다.

Part 2.

똑똑한
일잘러의
데이터 관리법

그동안 모은 데이터는 어디로 사라졌을까?

데이터 쓰레기, 신박한 정리가 필요하다

　데이터가 매일 홍수처럼 쏟아지다 못해 범람하는 시대다. 여러분은 데이터 쓰나미 시대에 소중한 데이터를 어디에 어떤 방식으로 보관하고 있는가? 하드디스크에 저장하는가? 아니면 비싼 사용료를 지불하며 클라우드에 매일 업로드하는가?

　어디든 열심히 데이터를 저장하고, 나름 체계적으로 관리하고 있다고 하자. 그렇다면 기하급수적으로 늘어나는 데이터를 다시 꺼내서 활용해 본 적이 얼마나 있었는가? '언젠가 써먹을 날이 오겠지' 하며 일단 저장해 두었는가?

나는 데이터 저장에 신경을 곤두세우는 사람이었다. 몇 테라바이트 외장하드에 연도별로 데이터를 차곡차곡 모아놓곤 했다. '언젠가 요긴하게 쓰일 거야' 하면서 말이다.

연도별, 프로젝트별, 담당자별 폴더 등 나름의 분류체계를 만들어 검색하지 않고도 원하는 데이터를 바로 찾을 수 있었다. 인덱싱이 잘되어 있다는 얘기다. 여기서 인덱싱이란 자료를 찾기 쉽게 목차를 분류하는 방식을 말한다. 데이터는 분류만 잘해 놓아도 곧바로 찾을 수 있다.

N 인덱싱 구조

노션은 데이터 관리에 최적의 툴이다

노션이 데이터 관리용으로 적합한 이유는 바로 관계형 데이터베이스 때문이다. 텍스트와 이미지를 저장하는 노트 방식도 지원하지만 노션의 장점은 바로 데이터베이스, 즉 표 기능이다. 하나의 데이터베이스를 표, 캘린더, 갤러리, 리스트, 보드, 타임라인처럼 사용자 입맛에 따라 보기 형식을 바꿀 수 있다. 원본 데이터는 그대로 유지한 채 여러 가지 양식으로 보여주니 별도로 만들 필요가 없다.

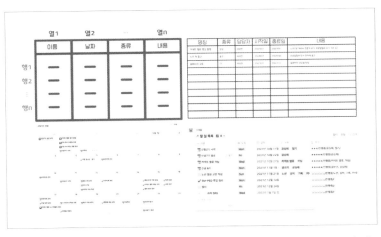

🄽 노션의 데이터베이스 보기 기능

어느 날 대표님이 당신에게 '2023년 사업계획서'를 가져오라고 지시했다. 당신의 폴더는 어떻게 분류되어 있는가? 연도별 또는 문서, 이미지, 영상 등 자료 형태별로 나눠져 있는가?

이 폴더 저 폴더 열어보면서 찾고 있지는 않은가? 심지어 이름조차 제대로 입력하지 않아 문서를 열어보기 전에는 무슨 내용이 들어 있는지도 알 수 없는가? 즉흥적으로 아무 데나 데이터를 보관했을 때의 위험성이 바로 이런 것이다.

미션 : '2023년 사업계획서' 찾기

N 사업계획서 파일 찾기

당신은 일단 바탕화면부터 살펴볼 것이다. 바탕화면에 폴더 하나만 있다면 당신은 이미 정리의 달인이다. 하지만 당신의 바탕화면에는 아이콘이며 폴더들이 덕지덕지 붙어 있을 확률이 높다. 대부분은 일정한 체계와 기준도 없이 그때그때 대충 정리해 놓았을 것이다.

이때 만약 노션에 해당 파일을 넣어 두었다면 쉽게 찾을 수 있다. 노션은 당신의 데이터를 한눈에 보여주기 때문이다. 또한 메인 페이지에 모든 페이지의 바로가기와 링크된 데이터베이스를 만들어 언제든 쉽게 이동할 수 있다. 노션의 장점이 바로 모든 페이지들을 즐겨찾기 개념과 바로가기로 묶을 수 있다는 것이다.

⊞ 표			
배포 파일			
Aa 이름	⊙ 생성 일시	▤ 릴리즈 날짜	∅ 파일
🔒 시설물 적용 V1.1	2023년 1월 20일 오전 8:50	2023년 1월 20일	99_BINARY.ZIP
🔒 시설물 적용 V1	2023년 1월 16일 오전 9:20	2023년 1월 16일	99_BINARY.ZIP
🔒 개선(자동)	2023년 1월 5일 오후 10:41	2023년 1월 5일	99_BINARY.ZIP
글자 크기 수정	2023년 1월 3일 오후 2:03	2023년 1월 3일	SM_PED.zip
MQTT 수신	2022년 12월 20일 오후 1:24	2022년 12월 20일	SM_PED.zip
🔒 도면 엑셀 파일 일괄 등록 변경	2022년 12월 15일 오후 4:45	2022년 12월 15일	99_BINARY.ZIP
개별 상태평가(엑셀 일괄 등록)	2022년 12월 13일 오전 11:34	2022년 12월 13일	99_BINARY.ZIP

Ⓝ 노션에서 데이터 관리하기

노션이 데이터 관리에 최적화된 이유는 다음과 같다.

1) 블록 단위로 데이터베이스를 만들고 필요에 따라 재조

립할 수 있다.

2) 템플릿 기능으로 반복되는 페이지를 간편하게 입력할 수 있다.

3) 데이터 종류별로 고유의 속성을 지원한다(날짜, 숫자, URL, 이메일 주소, 태그).

4) 다양한 보기 형식을 지원한다(표, 보드, 갤러리, 캘린더, 리스트, 타임라인).

5) 한 번 입력한 데이터를 다시 꺼내서 활용하기 쉽다(링크된 데이터베이스, 중복 방지).

6) 키워드 검색으로 필요한 데이터를 1초 만에 찾을 수 있다.

7) 위키백과처럼 구조적인 페이지 관리를 지원한다.

8) 거의 무한대의 저장공간을 지원한다(프로 버전).

9) 수정 히스토리가 보관된다.

사람은 여러 가지 일을 동시에 처리할 수 없다. 사람의 뇌는 싱글 태스킹single tasking을 하도록 설계되어 있기 때문이다. 하지만 노션은 다르다. 노션은 멀티태스킹이 가능한 올라운드 플레이어다. 노션은 프로 일잘러가 되고자 하는 당신의 욕망을 채워줄 것이다. 당신의 데이터를 잃어버리지 않도록 살뜰하게 챙겨줄 것이다.

노션으로
데이터 정리 전문가 되기

노션 갤러리만 있으면 정리 끝

휴가 기간에 그동안 미루어 두었던 버리기를 실천하는 중이다. 일단 침대 2개를 내다 팔 예정이다(리싸이클시티에서 가구는 수거하러 온다). 나머지 오래된 원목 소파, 거실장, 그냥 예뻐서 산 작은 책상, 그리고 몇 년 동안 거의 켜지 않은 47인치 TV까지 쓰지 않는 물건들을 처분하기로 했다.

버리거나 내다 파는 기준은 아주 간단하다. 더 이상 설레지 않는 것, 몇 년 동안 한 번도 쓰지 않았던 것, 유물 발굴하듯 갑자기 튀어나온 물건, 그냥 싫증 난 물건 등, 이 기준에 하나라도 부합하는 물건은 더 이상 나에게 가치가 없다.

다음 사진은 아주 오래전 첫 직장에서 직접 개발한 MP3 플레이어다. 메모리는 기가도 아닌 32메가, 8곡 정도 들어간다. 아끼는 물건이었지만 사진 한 장 찍어두고 버리기로 결정했다.

N 버리기 전에 사진 찍어두기

이처럼 아쉬운 물건은 사진을 찍어두고 갤러리에 저장해둔다. 사진은 어디에 보관할까? 바로 정리의 대가, 노션이다.

노션 페이지에 갤러리를 하나 만들고 탐색기에서 사진이든 영상이든 드래그&드롭만 하면 된다.

쓸모 있는 것들만 남겨둘 것

데이터는 일관된 방법으로 저장해야 한다. 비슷한 형식의 자료끼리 모아 놓아야 한 가지 자료를 찾으면서 나머지도 열람할 수 있다. 물론 필요 없는 자료는 오래된 물건을 정리하듯 과감하게 버린다.

필요한 데이터와 그렇지 않은 데이터는 분류하는 과정에서 정리된다. 여기서 분류기준은 내가 얼마나 애정을 갖고 있느냐이다. 내가 첫 직장에서 개발한 MP3 플레이어에 애착을 가지듯 그런 데이터가 있다. 하지만 냉정하게 생각해 보면 과거의 데이터는 거의 쓸모가 없다. 언제 쓸지도 모르는 데이터를 쌓아둘 필요는 없다. 데이터가 우리의 삶을 더 복잡하게 만들 뿐이다.

데이터는 저장공간만 차지하는 것이 아니라 우리의 일상까지 어지럽힌다. 일상이 어지러워지면 커리어의 방향성도 모호해지고 데이터베이스의 일관성도 무너진다.

확실한 주장과 단호한 결정은 단순함에서 나온다. 복잡한 데이터는 우리의 머릿속을 혼란스럽게 만들 뿐이다. 철학은 별거 아니다. 인생이 단순하게 흘러가도록 길을 터주는 것이 바로 철학의 직무다. 깊이는 흩어진 데이터에서 나오는 것이 아니라 하나의 주제가 쌓여서 나오는 것이다.

현실적으로 나에게 필요한 것들만 남겨두자. 몇 년 동안 열어보지 않은 자료는 차라리 외장하드에 백업해 두고 봉합하자. 노션에는 현재 사용하고 있는 데이터만 쌓아두자. 당신의 커리어와 연관성이 있는 것들만 들고 다니자.

N [따라하기] 갤러리로 이미지 관리하기

'/갤러리' 입력 후 '/갤러리 데이터베이스 – 인라인'을 선택하면 갤러리가 생성된다. 미리 만들어진 3개의 카드는 삭제한다. 탐색기에서 원하는 파일을 선택하고 갤러리로 드래그&드롭을 하면 이미지가 복사된다. 한 번에 올릴 수 있는 파일 개수는 50개 내외다. 카드 크기를 조절하고 싶다면 [속성] 메뉴에서 카드 크기를 [작게] [중간] [크게] 중 하나로 설정하면 된다.

탐색기에서 사진을 드래그하여
노션 갤러리로 드롭

 이미지를 한꺼번에 노션 갤러리로 보내기

 [따라하기] 페이지 백업하기

페이지 우측 상단의 […]을 선택한 후 팝업 메뉴에서 [내보내기]를 선택한다. 내보내기 형식은 [PDF], 포함된 콘텐츠는 [모든 콘텐츠]로 설정한 후 [내보내기]를 클릭해서 현재 페이지를 하드디스크에 저장한다.

백업은 주기적으로 하는 것이 좋다. 별도의 폴더를 만들어 놓고 적어도 일주일에 한 번 정도는 백업해 두자.

PDF로 내보내기

탄탄한 데이터베이스 설계하기

데이터는 기록보다 활용이 중요하다

이메일, 보고서, 제안서, 사진, 메모, 회의록, 아이디어, 독서 밑줄, 일기 등 우리의 일상에는 기록해야 할 데이터가 넘쳐난다. 이때 넘쳐나는 데이터를 바로바로 기록하는 것도 중요하지만 서로 중복되는 데이터는 없는지, 실제로 활용하는지, 쉽게 찾을 수 있도록 분류되어 있는지 분석하는 것이 중요하다. 저장만 반복하는 사람은 저장강박증에 빠진 환자와

다를 바 없다. 다시 사용하지 않는 데이터는 자칫 쓰레기가 될 수 있다.

그렇다면 필요한 데이터와 그렇지 않은 데이터를 어떻게 구분할 수 있을까? 데이터베이스의 개념만 익히면 될까? 아니다. 무수한 실패를 경험하면서 직접 해봐야 필요한 것과 그렇지 않은 것을 구별하는 능력이 생긴다. 경험 없이는 문제점을 진단할 수도, 개선할 수도 없다.

나 역시 일못할러 시절에는 일단 순차적으로 데이터를 쌓는 데만 주력했다. 1차적인 대상은 업무에서 발생하는 문서 파일이었다. 보고서, 제안서, 기안서, 회의록 등 자주 사용하는 문서를 하드디스크에 저장했다.

예를 들어 문서 파일은 '도큐멘트'라는 폴더를 만들어 관리했다. Business → Resource → 회사 이름 → 견적, 경비, 과제, 공정 산출물, 기획, 기안, 기술문서 폴더로 세분화했다. 하위 폴더로 내려갈수록 더 자세한 형식의 자료를 저장하는 것으로 나름의 분류체계를 세웠다.

하지만 하드디스크에 파일을 저장하는 것은 실용적인 측면에서 조금 아쉬웠다. 파일을 검색해서 찾는 데 시간도 많이 걸리고 정확하지도 않았다. 그래서 하드디스크에 쌓인 폴더와 파일들을 데이터베이스라고 부를 수 없는 것이다.

모든 기록을 데이터베이스화하다

데이터베이스란 행과 열로 이루어진 데이터의 집합체로, 열을 중심으로 데이터의 속성을 정의하는 것이다. 우리가 자주 사용하는 엑셀도 구조적으로는 데이터베이스의 한 형태다. 예를 들어 프로젝트 데이터베이스를 생각해 보자. '명칭' '종류' '담당자' '시작일' '종료일' '수주금액' '내용' 등이 나열될 것이다. 그리고 각각의 항목은 고유의 속성을 지닌다. 어떤 항목은 텍스트, 어떤 항목은 날짜, 어떤 항목은 금액으로 저장된다.

명칭	종류	담당자	시작일	종료일	내용
커넥트 벨류 영상 촬영	영상	이석현	21/07/01	21/07/31	노션으로 거리어 전달가 되기, 프로일잘러 담기 기초 콘스
노션 책 출간	출간	이석현	21/08/01	21/09/30	프로일잘러 담기 전자책 출간
홈페이지 구축	IT	이석현	21/07/01	21/07/31	홈페이지 리뉴얼 작업
―	―				
―	―				
―	―				
―	―				
―	―				
―	―				
―	―				
―	―				

N 데이터베이스 예

노션은 기본적으로 '표' 형식으로 데이터베이스를 지원한다. 엑셀에서는 불가능한, 각 열의 속성을 구체적으로 지정할 수 있다. 단순한 텍스트인지, 금액인지, 날짜인지, 심지어 해시태그인지 정할 수 있다. 또한 각 열의 정보를 계산할 수 있는 수식까지 지원한다. 실제로 데이터베이스 프로그램을 짜는 것과 유사한 환경을 제공하는 것이다.

N 노션의 데이터베이스 속성

노션에서 데이터베이스는 내 커리어를 담을 수 있는 큰 무대장치다. 무대장치는 탄탄하게 설치해야 허물어지지 않는다. 하지만 경험이 먼저다. 반복적으로 시도하고 실패하고 개선하는 과정에서 의미 있는 데이터베이스가 구축된다. 이 때 데이터베이스는 내 업무를 중심에 두고 한 분야에서 여러 분야로 확장해 나가면서 구축하는 것이 좋다.

　물론 데이터를 체계적인 데이터베이스 형태로 저장하는 것은 기술적인 영역이다. 당연히 이런 것들은 처음부터 숙달되지 않는다. 엑셀이든 노션이든 아니면 하드디스크이든 일단 데이터를 저장하는 경험을 해봐야 더 나은 방식으로 눈을 돌릴 수 있다.

　노션 데이터베이스의 장점은 일단 한곳에 데이터를 기록해 놓으면 갤러리, 보드, 리스트, 타임라인, 심지어 캘린더에 이르기까지 사용자가 원하는 형식으로 볼 수 있다는 것이다. 일단 열심히 기록만 해놓으면 노션의 '보기' 기능을 사용해 원하는 형식으로 나타낼 수 있다.

N [따라하기] 데이터베이스 구축하기

　'프로젝트 데이터베이스'를 만들어 보자. '/표'를 입력하고 '/표 – 데이터베이스 인라인'을 선택한다. 표가 만들어지

면 노선의 데이터베이스 항목에 열을 추가하여 다음 내용을
입력해 보자.

- 명칭 : 프로젝트 이름
- 종류 : 선택
- 담당자 : 선택
- 시작일 : 날짜
- 종료일 : 날짜
- 내용 : 텍스트

프로젝트 데이터베이스

데이터베이스 ⊞ 기본 보기 ∨

Aa 명칭	⊙ 종류	⊙ 담당자	📅 시작일	📅 종료일	☰ 내용
🏛 커넥트밸류 영상 촬영	영상	이석현	2022년 1월 1일	2022년 1월 31일	노션으로 커리어 전문가 되기 코스
🎤 노션 책 출간	출간	이석현	2022년 2월 1일	2022년 2월 28일	프로일잘러 전자책 출간
🖌 홈페이지 구축	IT	이석현	2022년 3월 1일	2022년 3월 31일	홈페이지 리뉴얼 작업

🄽 데이터베이스 항목 입력

데이터베이스를 만들었다면 보드, 갤러리, 타임라인, 캘
린더의 4가지 보기를 추가하자. 처음 '표'에 입력했던 내용이
다른 보기 형식으로도 나타난다.

보기 데이터베이스 ⑦

검색어를 입력하세요

⠿ ⊞ 기본 보기 ⋯

⠿ ⊞ 표 보기 ⋯

⠿ ⊞ 보드 보기 ⋯

⠿ 🗓 캘린더 보기 ⋯

⠿ 🎵 타임라인 보기 ⋯

⠿ ⊞ 갤러리 보기 ⋯

╋ 보기 추가

Ⓝ 다양한 보기 선택

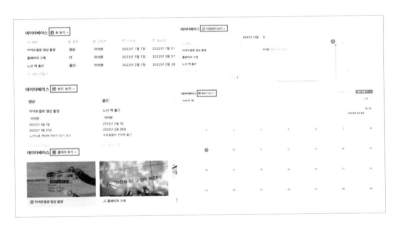

Ⓝ 다양한 보기 결과

Part 2. 똑똑한 일잘러의 데이터 관리법

Part 3.

프로 일잘러의
성장시스템
만들기

지속가능한
성장시스템 만들기

전문성을 키울 수 있는 한 가지 분야를 정하자

나는 어제보다 더 나은 사람이 되었는가? 지금보다 더 성장하려면 구체적으로 어떤 노력을 해야 할까? 이런저런 질문지가 우리 앞에 있다. 우리는 성장을 위해 전문가를 찾아 배우고 익히는 것을 마다하지 않는다. 필요하다면 월급의 50%가 넘는 비용을 지출하기도 한다. 내일은 조금이라도 더 달라지지 않을까 기대하면서….

문제는 계획 없이 즉흥적으로 한다는 것이다. 용하다는 점쟁이를 찾아다니는 것과 목표 없는 노력이 무엇이 다를까? 성장하려면 분명한 목표가 있어야 한다. 목표가 흔들리면 성장도 흔들릴 수밖에 없다. 작은 것을 꾸준히 실천하는 것은 물론 중요하다. 다만 그 작은 실천들이 하나의 목표를 향해 흔들림 없이 나아가야 한다.

25년 동안 회사생활을 하고 있지만 나는 그 어떤 직장에도 만족하지 못했다. 거의 모든 직장에는 잘못된 시스템이 존재했고 그런 시스템을 바꾸기는 더욱 어려웠다. 그것이 나를 좌절하게 만들었다. 개인이 아무리 노력해도 환경은 좀처럼 바뀌지 않는다. 그래서 우리는 회사를 떠나는 것이다. 좋지 않은 환경에서 실망을 거듭하다 보면 자기계발은커녕 무기력에 빠져든다.

이런 악조건 속에서 어떻게 정체되지 않고 성장의 기틀을 마련할 수 있을까? 지속적으로 성장하는 시스템은 직장에 있는 것이 아니다. 성장은 내가 주도하는 것이다. 지금 괜찮은 연봉과 복지를 제공하는 회사에 다닌다고 해서 그것이 영원히 보장될까? 그렇다고 대답할 수 있다면 그 직장에 평생 몸과 마음을 바쳐도 된다.

하지만 그런 직장은 거의 없다. 그래서 직장이라는 간판보다는 개인에게 집중할 필요가 있다. 구체적으로는 개인의 전문성을 높이는 것이다. 직장과 상관없이 커리어 생애주기 동안 한 가지 분야에서 지속적으로 활동할 수 있도록 말이다.

목표는 기록하는 것에서 시작된다

지속적으로 커리어를 펼쳐나갈 전문분야가 명확하게 정해지면 우리의 노력을 거기에 집중하면 된다. 쓸모없이 분산되어 있던 비용과 시간을 오직 하나의 목표를 향해 쏟아붓는 것이다.

지속가능한 성장시스템을 만드는 비결은 앞으로 모든 노력을 쏟아부어야 할 목표를 구체적으로 기록하는 것이다. 노션과 같은 툴에 목표를 기록해 두고 수시로 확인하자. 그리고 목표를 이루기 위해 내가 어떠한 과정을 밟아나가야 할지 작은 조각으로 나눈다. 큰 목표를 보다 작은 목표들로 세분화하는 과정이다. 앞에서 만들어 본 만다라트를 다시 떠올려보자.

이러한 과정을 반복하다 보면 추상적인 목표가 점점 구체적인 실천방안으로 나눠진다. 그것을 어떻게 달성할지 짧게는 주 단위, 길게는 몇 년 단위로 계획을 세운다. 그리고 매주 토요일마다 성찰의 시간을 가진다. 계획을 제대로 실천했는지 돌이켜보고 미진한 것들은 어떻게 보완할지 방안을 찾는 것이다. 이 모든 것들은 당신이 설정한 목표를 향해 나아가는 과정이다.

[따라하기] 지속가능한 성장시스템 만들기

지속가능한 성장시스템의 바탕이 되는 것은 관찰과 기록이다. 〈똑똑한 노션 활용 템플릿〉에서 '지속가능한 성장시스템 만들기' 템플릿을 나의 노션으로 복제하자.

[템플릿 4] 지속가능한 성장시스템 만들기(https://bit.ly/3BIyUul)

첫 번째 줄에 나의 목표를 한 문장으로 적는다. '직장인이 아닌 1인 기업가로서 경제적 자유 획득'과 같은 선언문을 작성하는 것이다. 그 아래에는 목표를 달성하는 데 필요한 활동을 구체적으로 적는다. 그리고 월요일부터 금요일까지 계획한 일정을 진행하면서 실행 여부를 확인하고 하루 동안 진행한 것들을 돌아보며 일기를 쓴다. 일기는 매일 잠들기 전에 쓰는 것이 좋다.

토요일에는 한 주를 돌아보고 '성찰 다이어리'를 써서 반성하는 시간을 갖는다. 우선 한 주 동안 실행한 일들을 돌아보고, 실수했거나 부족한 점이 있다면 어떻게 보완할지를 생각해 본다. 그리고 다음 20가지의 질문 중 3가지 정도를 골라 답해 보자. 마지막으로 성찰일기를 쓰고, 다음 주에 실행할 새로운 계획을 세운다.

[성찰 다이어리를 위한 20가지 질문에 답하기]

	질문
1	나는 오늘(이번 주) ~~~을 해서 기분이 좋았다.
2	나는 오늘(이번 주) ~~~을 아주 잘했다.
3	나는 오늘(이번 주) ~~~를 하면서 내가 사랑스럽다고 느꼈다.

4	나는 오늘(이번 주) ~~~을 몰입해서 진행했다.
5	나는 오늘(이번 주) ~~~을 해서 성취감을 느꼈다.
6	나는 오늘(이번 주) 사람들과 일할 때 ~~~을 해서 최고의 성과를 냈다.
7	나는 오늘(이번 주) 자기계발을 위해 ~~~을 열심히 했다.
8	나는 오늘(이번 주) ~~~을 하는 데 ~~~을 투자했다.
9	나는 오늘(이번 주) 변화를 위해 ~~~한 노력을 펼쳤다.
10	나는 오늘(이번 주) ~~~ 때문에 두려웠고 ~~~을 처리했다.
11	나는 오늘(이번 주) ~~~ 때문에 걱정이 되어 ~~~을 처리했다.
12	나는 오늘(이번 주) ~~~때문에 분노했고 ~~~을 처리했다.
13	나는 오늘(이번 주) 부족한 점은 ~~~이었고, 이것을 개선하기 위해 ~~~을 하기로 했다.
14	나는 오늘(이번 주) ~~~ 때문에 감사했다.
15	나는 오늘(이번 주) ~~~한 경험을 했다.
16	나는 오늘(이번 주) ~~~을 새롭게 배웠다.
17	나는 오늘(이번 주) ~~~을 하다가 새로운 영감을 얻었다.
18	나는 오늘(이번 주) ~~~에 대한 새로운 비전을 꿈꿨다.

19	나는 오늘(이번 주) 인생의 중요한 목적을 위해 ~~~한 결정을 했다.
20	나는 오늘(이번 주) 자기계발을 위해 ~~~을 배우기로 했다.

1. 성찰 다이어리 쓰기
   - 매일 밤 잠들기 전 혼자만의 시간을 갖자
   - 한 주를 성찰하고 다음 주를 새롭게 계획하자
2. 자기 성찰, 자기 되새김, 자기 평가의 시간 갖기
   - 하루에 진행한 행사 돌아보기
   - 하루 회고하기
   - 부족한 점을 줄이는 구체적인 실천 방법 떠올리기
3. 질문에 답하기
   a. 나는 이번 주 원고를 5,000자 써서 기분이 좋았다
   b. 나는 이번 주 모임 피드백을 아주 잘했대
   c. 나는 이번 주 신나는 글쓰기 모임을 몰입해서 진행했다
   d. 나는 공모전에 원고를 출품해서 성취감을 느꼈다
4. 종합 성찰 일기 쓰기

동하다,
사전적인 의미는
'어떤 욕구나 감정 또는 기운이 일어나다'라는 뜻.

동한다,
움직인다,
마음에서 무언가가 끓어오른다.

나는 누군가의 마음에서 일렁이는
알 수 없지만 어떤 기류에 합류하기 위해
글을 쓴다.

N 성찰 다이어리 쓰기

커리어 계획표
디자인하기

계획표는 실행표다

계획 세우기가 취미인 사람이 있다. 이런 사람들은 계획표 짜기에서 그 누구보다 앞서 있다. 그야말로 완벽한 계획 세우기 전문가다. 그런데 계획을 실행하는 데는 도통 재주가 없다. 열심히 계획을 세우기는 하는데, 더 이상 나아가지 못한다. 계획을 세우는 데 지나치게 많은 에너지를 쏟아부은 탓이다. 이들은 어차피 계획한 대로 되지 않으니 계획표를 만드는 데 의미를 둔다.

계획은 왜 실행하기 어려운 걸까? 그 이유는 매우 단순하다. 예측하지 못한 상황에서 갑자기 나타난 돌발변수 때문이다. 이것이 계획을 망치는 주범이다. 프로젝트를 하다 보면 계획에도 없던 업무들이 종종 끼어든다. 선배가 지시한 보고서, 고객 클레임에 대한 이메일 답변, 긴급을 요하는 TF팀 제안서 등 특급과 긴급을 내세운 돌발변수들이 튀어나온다. 그런 일들에 하나하나 대응하다 보면 계획한 일은 시작도 하지 못하고 막을 내린다.

그럼에도 우리는 계획을 무시할 수 없다. 그때그때 기분에 따라 즉흥적으로 살지 않기 위해서는 일단 계획을 세워야 한다. 계획은 과거를 성찰하고, 현재 어떤 일에 집중하며, 미래라는 정원에 담을 내 가치의 씨앗을 심는 행위다. 과거, 현재, 미래, 즉 인생의 전반을 진지하게 돌아보는 시간을 갖는 것이 계획의 핵심 철학이다.

그러니 계획을 세우는 것에 그치더라도 실망하지 말자. 계획표에 목록을 적어두는 것만으로도 어느 정도는 실행한 것이나 마찬가지다. 일단 기록하면 거기에 신경 쓸 수밖에 없기 때문이다.

구체적인 목표 세우기

예를 들어 노션의 '타임라인' 기능으로 커리어 타임라인을 그린다고 해보자. 노션은 데이터베이스만 있으면 다양한 '보기'로 쉽게 전환할 수 있는데, 타임라인은 미래의 계획을 세우는 데 최적화되어 있다. 노션의 페이지에 미션을 적고 본문에 앞으로 달성해야 할 구체적인 목표를 다음과 같이 하나하나 적어보자.

- 내 이름으로 책 출간하기
- 평생학습관에서 노션 강의하기
- 오전 4시 30분에 기상하기
- 모임 만들기
- 파이썬 마스터하기
- 경찰 공무원 시험 합격하기
- 정보처리기사 자격증 따기

목표는 구체적이고 일관성이 있어야 한다. 목표가 추상적이면 행동으로 이어지지 않는다. 커리어를 쌓으려면 구체적으로 실행해야 할 항목들이 서로 연관되어 있어야 한다. 5년 내에 달성하고자 하는 목표가 '공기업 입사'라고 하면, 이를 위해 5년 동안 투입해야 할 많은 리소스가 있을 것이다. 그렇다면 이중에서 영어 공부, 공기업 정보 익히기, 기출문제 풀어보기, 공기업에 재직 중인 선배 만나기, 학원 수강 등 1년부터 5년까지 해야 할 일의 구체적인 목표를 세분화한다.

각각의 목표를 실행하는 데 어느 정도의 시간과 비용이 들어가는지도 꼼꼼히 적어본다. 세분화된 목표들은 노션 타임라인에 시간대별로 기록한 다음 웹페이지 첫 화면에 띄워놓고 매일 확인한다. 그리고 오늘은 어떤 실행을 했는지 일기를 쓰듯 기록해 둔다.

Ⓝ 노션 타임라인으로 구현한 '목표 세우기'

커리어 타임라인에 설정해야 할 구체적인 항목들은 다음과 같다. 항목의 속성은 개별적으로 설정한다.

계획	항목	비고
1. 마감일	마감(데드라인) 설정	
2. 제목	구체적일 것	
3. 전문분야	내가 되고 싶은 사람, 어떤 업무 분야에서 전문가가 될 것인가?	전문가, 공기업 직원
4. 직장	어디에서 일하고 싶은가?	공기업, 대기업
5. 액션 플랜	어떻게 들어갈 수 있을까?	구체적인 액션 플랜, 습관 (04:30 기상, 토익 900점)
6. 도전 분야	필요한 경험	경력과 연결, 관련 직무
7. 역량	내가 가진 능력, 재능, 장점	앞으로 키워나가야 할 분야
8. 희망 연봉	얼마를 받고 싶은가?	연봉
9. 비용	나를 위해 얼마나 쓸 것인가?	투자비용

이렇게 목표를 기록하는 노력은 어떤 의미가 있을까? 비록 지금은 달성할 가능성이 낮아 보이더라도 일단 계획을 세워 볼 것을 추천한다. 커리어 타임라인을 짜다 보면 나의 계획이 생각 속에만 머물지 않고 밖으로 표현된다. 목표가 지

나치게 높은지, 그저 희망사항에 불과한 것인지, 동기부여가 충분한지, 내 적성에 맞는지, 정말 꾸준히 실천할 수 있는지 등의 질문에 답해 보자. 노션의 타임라인에 설정된 목표의 마감시간은 주기적으로 통보될 것이다. 날짜가 임박할수록 우리의 감각은 깨어나고 그것을 어떻게 실행할 것인지 방법을 찾게 된다. 그리고 결국은 실행하게 된다.

실행하지 못한 계획들이 있다면 과감하게 버린다. 피터 드러커도 목표 달성에 도움이 되지 않는 계획들은 과감히 버리라고 말했다. 우리에게 주어진 시간은 한정적이다. 목표를 설정하는 데 시간을 충분히 투자했다면 이제는 실행하는 데 초점을 맞춰야 한다. 계획이 실행으로 이어져야 목표를 달성할 수 있다. 실행이 포함되지 않은 계획은 아무 의미가 없다. 계획과 실행을 반복하다 보면 당신은 언젠가 계획 전문가가 아닌 실행력이 뛰어난 전문가가 되어 있을 것이다.

Ⓝ [따라하기] 전문분야의 커리어 쌓아가기

〈똑똑한 노션 활용 템플릿〉에서 '커리어 계획표 만들기' 템플릿을 나의 노션으로 복제하자.

[N] **[템플릿 5] 커리어 계획표 만들기**(https://bit.ly/34zh9fs)

커리어 계획표에서는 액션 플랜 DB, 역량 DB, 전문분야 DB의 3가지 데이터베이스를 설정해 두었다. 액션 플랜에는 계획과 관련해 실행해야 할 것들을 설정하고, 역량에는 내가 강점을 가진 분야를 입력한다. 그리고 전문분야에는 현재 나의 직무와 연관 있는 내용을 정리한다.

입력이 끝나면 아래쪽 '커리어 계획표 목표1'에 달성해야 할 목표를 입력한다. '제목'에는 '내 이름으로 책 출간하기'처럼 구체적으로 입력하고, '도전분야'에는 목표가 어떤 분야인지 입력한다. 그리고 '분야' '기간' '비용'에 관한 내용을 입력한다.

　그리고 앞에서 설정한 '액션 플랜' '역량' '전문분야'를 연결한다. '액션 플랜' 항목을 선택하면 관계형 데이터베이스로 묶인 '액션 플랜 DB'의 항목을 선택할 수 있다. 목표와 관련된 모든 항목을 선택하면 '액션 플랜 개수'가 자동으로 계산된다. 마찬가지로 '역량'과 '전문분야'도 똑같은 방식으로 입력한다.

N 커리어 계획표 목표 설정

　입력이 끝나면 [표] - [보기 추가]를 클릭하여 '타임라인 보기'를 추가한다. '타임라인 보기'를 이용하면 일정을 한눈에 파악할 수 있고 변경하기도 쉽다. 일정을 변경하고 싶다면 [제목 바]의 크기를 조절(왼쪽과 오른쪽에서 크기 조절)하거나 [제목 바]의 위치를 끌어서 이동하면 된다.

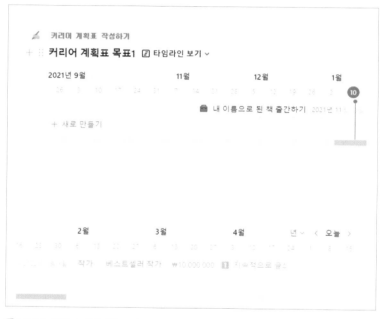

N 커리어 계획표 타임라인 보기

매트릭스로
미래 커리어 조합하기

매트릭스로 새로운 아이템 만들기

당신 앞에 2가지의 선택이 놓여 있다고 하자. 첫 번째는 '좋아하는 것', 즉 돈을 버는 것과 상관없이 순수하게 뛰어들 수 있는 취미나 회사 밖에서 하는 딴짓, 두 번째는 '잘하는 것'으로 직업과 관련된 전문적인 일이다.

2가지 중에서 어느 쪽으로 기울어지는지에 따라 미래의 커리어가 달라진다. 2가지 모두 잘하면 가장 좋겠지만 쉽지 않은 일이다. 그래서 언제나 우리는 선택을 해야 한다. 전문성을 살릴 것인가, 돈은 포기하더라도 좋아하는 일에 인생을 투자할 것인가?

하지만 한쪽을 선택한다고 해서 반대쪽을 완전히 포기해야 하는 것은 아니다. 시간을 적절히 배분하고 선택해야 할 항목들을 서로 조합하면 된다. 선택은 나머지를 포기하는 문제가 아니라 새로운 창조를 만드는 것이다.

예를 들어 당신에게 탄산수와 커피, 2가지 독립된 아이템이 있다. 탄산수를 마시려니 아아(아이스 아메리카노)가 아쉽고 아아를 한 모금 하려니 탄산수가 당긴다. 둘 다 포기하고 싶지 않다. 그럴 때는 절충안으로 2가지를 조합해 보자. 물 대신 탄산수를 넣어서 탄산 아이스 아메리카노를 창조하는 것이다.

전혀 다른 영역에 있는 것들을 조합할수록 새로운 성능을 발휘한다. 낯선 주제의 조합이 바로 창조이다. 기존에 없던 새로운 모델이 탄생하는 것이다. 여기서 니체의 사상을 잠시 살펴보자. 니체는 위버멘쉬라는 단어를 만들었다. 위버über는 독일어로 '뛰어넘는다', 멘쉬mensch는 '사람'이라는 뜻이다. 2가지를 합하면 '뛰어넘는 사람'(초인)이 된다. 니체의 초인은 스스로 만든 한계를 뛰어넘는 인간을 말한다. 초인이 되기 위해서는 기존의 흐름에서 벗어나 새로운 질서와 가치를 창조해야 한다.

좋아하는 것과 잘하는 것의 접점

노션의 '표 기능'을 이용하면 최적의 아이템을 조합하는 매트릭스를 쉽게 만들 수 있다. 먼저 조합해야 할 주제를 정한다. '좋아하는 것'과 '잘하는 것'이라는 2가지 주제를 선정해 간단하게 매트릭스를 짜보자. 매트릭스에는 가로축과 세로축이 있다. 가로축에는 '잘하는 일'을 나열하고, 세로축에는 '좋아하는 일'을 나열한다.

매트릭스는 각각의 축을 정리하고 끝내는 것이 아니다. 가로축과 세로축이 교차하는 셀을 주의 깊게 관찰해야 한다. 예를 들어 잘하는 일의 '강의'와 좋아하는 일의 '글쓰기'가 교차하는 셀을 보자. 2가지가 조합되어 '글쓰기 강의'라는 주제가 만들어진다. 각각의 축을 연결해 보면 새로운 아이템이 계속 탄생한다. 이렇게 분야별로 다양한 주제들을 분류하고 그것들을 서로 조합해 보자. 생각지도 못한 통찰력을 얻을 수 있을 것이다.

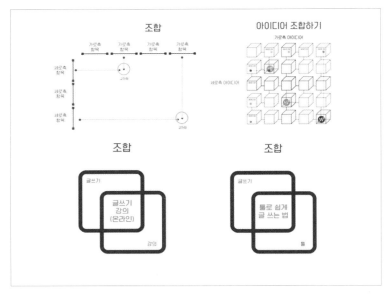

매트릭스를 짜보면 전혀 상관없어 보이는 2가지 일에서도 접점을 발견할 수 있다. 다만 내가 원하는 미래의 길을 찾기까지 생각보다 오래 걸릴 수 있다. 그래서 다양한 주제들을 조합해 가면서 침착하게 자신을 들여다보고 원하는 방향을 찾아야 한다.

우리는 미래를 어떻게 대비해야 할까? 끊임없이 새로운 분야에 도전하다 보면 내가 원하는 미래가 펼쳐질까? 그동안 해보지 못한 일에 도전하는 것은 좋다. 작은 실패를 경험하며 성공을 위한 예열과정을 거치는 것도 나쁘지 않다. 하지만 우선 내가 속한 영역 안에서 해야 할 일을 찾아야 한다. 낯선 분야라도 나에게 익숙한 주제들과 조합할 수 있는 것이라면 리스크가 훨씬 줄어들 것이다.

커리어는 우리의 직업을 펼쳐놓은 것이다. 직업과 밀착된 주제와 그것과 멀리 떨어진 주제를 서로 조합해 보자. 나에게 익숙한 것과 낯선 것을 조합할 때 커리어와 연관된 새로운 아이템이 나타난다. 그것이 바로 커리어를 성장시키는 비결이며, 안정과 위험이 나란히 갈 수 있는 방법이다.

Ⓝ [따라하기] 매트릭스로 미래 커리어 조합하기

전설적인 카피라이터 제임스 웹 영은 기발한 아이디어에 대해 "무에서 유를 창조하는 것이 아니라, 문제의 본질을 정확히 꿰뚫어 본 후에 기존의 다양한 아이디어들을 조합하고 연결해 문제에 딱 맞는 해결책을 마련하는 것이다. 그리고 그 실마리는 종종 엉뚱한 곳에 있다."라고 말했다. 우리도 당장 기발한 아이디어를 떠올려보자.

〈똑똑한 노션 활용 템플릿〉에서 '미래 커리어 조합하기' 템플릿을 나의 노션으로 복제하자.

Ⓝ [템플릿 6] 미래 커리어 조합하기(https://bit.ly/36gmbOt)

'만다라트로 정체성 쉽게 찾아내기'에서 설정한 8가지 항목인 '전문성' '취미' '나의 강점' '나의 역사' '내 삶의 목표' '콘텐츠' '단점' '타인의 불편'을 매트릭스의 가로축과 세로축에 배치하고 단계별로 조합한다.

1단계에서는 다음 화면처럼 '전문성' 항목을 가로축에,

'강점' 항목을 세로축에 나열한다. 그리고 가로축과 세로축이 교차하는 접점에서 새로운 아이디어를 만들어 낸다.

N 매트릭스 조합하기

1단계에서 조합된 새로운 아이디어를 만다라트의 '나의 역사'와 다시 조합한다. 가로축에는 1단계 조합 결과를, 세로축에는 '나의 역사'를 나열한다. 조합된 결과는 다음과 같다.

N 매트릭스 조합하기(계속)

나머지 항목도 동일한 방법으로 계속 반복한다. 다음은
마지막 단계까지 조합한 모습이다.

Ⓝ 매트릭스 조합하기(계속)

마지막으로 3가지만 남기고 모두 지운다. 이렇게 매트릭
스 기법으로 기존의 아이디어와 낯선 아이디어를 조합하는
과정을 거치다 보면 마지막에는 앞으로 개발해야 할 중요한
아이디어만 남는다.

N 매트릭스 조합하기(계속)

Part 3. 프로 일잘러의 성장시스템 만들기

Part 4.

자동으로 일하는 업무시스템 만들기

여러 가지 일을
골고루 잘하는 방법

시스템이 일하게 하라

현재 진행하고 있는 일만으로도 벅찬데, 다른 일들이 중간중간 끼어들면 짜증이 솟구친다. 하지만 대표의 지시사항이니 하지 않을 수도 없다. 일단 진행 중인 일은 잠시 미뤄두고 지시받은 일에 몰두한다. 그럭저럭 하다 보니 일을 끝낼 수 있었다. 그런데 원래 하던 일을 어디까지 처리했는지 도통 기억이 나지 않는다.

단언컨대 여러 가지 일을 모두 다 잘하는 사람은 없다. 당신이 그런 편이라고 해도 겉으로만 그렇게 보일 뿐이다. 허울은 걷히게 마련이고 지금은 다재다능한 사람처럼 보이더라도 오랫동안 인정받기는 쉽지 않다.

이때 노션과 같은 똑똑한 툴을 이용하면 여러 가지 일을 동시에 처리할 수 있다. 이런 생산성 툴을 활용해 시스템이 일하는 환경을 만들어 두면 여러 가지 일을 모두 다 잘하는 사람이 될 수 있다. 모든 업무를 자동화하는 것이 가장 이상적이겠지만, 파이썬과 같은 개발언어를 자유자재로 다룰 줄 아는 것이 아니라면 노션으로 만족하자.

Ⓝ [따라하기] 해야 할 일 빠짐없이 실행하기

큰 덩어리의 일을 시간 단위까지 쪼개보자. 일을 작게 쪼갤수록 추상적인 내용이 구체적으로 변한다. 일이 막연하게 느껴지는 이유는 명확하지 않기 때문이다. 머릿속으로만 정리하면 얼마나 많은 일들을 어떻게 처리해야 할지 명확하게 알 수 없다. 그래서 기록이 중요하다고 강조하는 것이다.

〈똑똑한 노션 활용 템플릿〉에서 '할 일을 구조화하기' 템

[템플릿 7] 할 일을 구조화하기(https://bit.ly/3HNk7vd)

플릿을 나의 노션으로 복제하자.

템플릿 페이지는 '글머리 기호 목록' 블록을 활용해 업무를 구조화했다. 여기에서는 '노션 프로 일잘러 강의 교안'이라는 업무를 아주 작은 단위까지 쪼개봤다.

이것은 '해야 할 일'을 구조화하는 작업이다. 단순히 목록을 적기만 해도 부모-자식, 즉 계층적으로 구조화된다. 이렇게 업무를 구조화하면 내가 할 수 있는 것과 할 수 없는 것을 시각적으로 확인할 수 있다.

할 일을 구조화하면 체계적인 일정 수립도 가능하다. 당장 처리해야 할 일들은 '특급'으로 입력하고, 여유가 있는 일들은 '보통'으로 입력해 놓으면 된다. 글자 색을 바꾸거나 텍스트 옆에 날짜를 입력해 리마인더를 설정할 수도 있다. 그 다음에는 지속적으로 모니터링하는 것이다.

처음에는 구조화하기가 번거롭고 어려울 수 있다. 하지만 반복할수록 간단하고 쉬워진다. 머릿속에 들어 있던 생각을 노션에 기록하기만 하면 된다. 밖으로 끄집어내서 기록하면 머릿속에서 뭔가를 찾으려고 더듬거리느라 시간을 허비하지 않아도 된다. 정리하는 방식에 익숙해질수록 자신도 모르게 여러 가지 일을 두루두루 잘하는 사람이 될 것이다.

🅽 리마인더 설정하기

빈틈없는 시간관리를 위한
스마트 스케줄러 만들기

프로 스케줄러는 시간을 앞서간다

당신은 시간에 끌려가는 편인가, 아니면 시간을 앞서가는 편인가? 애석하게도 우리 대부분은 시간에 끌려 다닌다. 그래서 시간이 너무 없다고, 하루에 단 1시간만이라도 더 주어지면 좋겠다고 푸념을 늘어 놓는다.

물론 시간은 고무줄처럼 늘리거나 줄일 수 없다. 시간은 모두에게 공평하다. 당신에게만 하루 24시간보다 적게 주어지는 것이 아니다. 그러니 이제 더 이상 분노하지 말고 시간을 끌어 모아야 한다. 시간의 지배자가 되지 않아도 상관없다. 지금까지 시간을 효과적으로 활용하지 못했다는 사실을 인지하기만 해도 삶은 얼마든지 달라질 수 있다.

프로 일잘러의 스케줄 관리방법은 굉장히 단순하다. 자주 보면서 실행했는지 확인하는 것이 전부다. 우선 웹브라우저 첫 페이지부터 스케줄러로 바꾸자. 첫 화면이 '네이버'라면 반성할 필요가 있다. 굳이 생각하지 않아도 '반사적'으로 스케줄을 실행하는 환경을 만들어 놓자.

N [따라하기] 스마트 스케줄러 만들기

〈똑똑한 노션 활용 템플릿〉에서 '스마트 스케줄러 만들기' 템플릿을 나의 노션으로 복제하자.

스마트 스케줄러의 핵심은 일주일 단위로 스케줄을 관리하는 것이다. 월요일부터 일요일까지 한 주가 시작되기 전에 앞으로 진행할 스케줄을 미리 입력해 놓자. 구체적인 날짜와 시간, 일의 내용을 간략하게 입력한다.

잠든 의식을 깨우는 것이 '첫 화면이 부리는 마법'이다.

빈틈없는 시간관리를 위한 스마트 스케줄러

[템플릿 8] 스마트 스케줄러 만들기(https://bit.ly/3JmGfNe)

강제적으로 입력할 수밖에 없는 환경을 꾸며보자. 페이지는 '빨리 추가하기' '마일스톤' '할 일 목록'의 3가지 화면으로 나누어져 있다.

'빨리 추가하기'는 자주 쓰는 기능을 '템플릿 버튼' 블록으로 묶은 것이다. '모임 오픈' '고객 미팅' '개인 코칭' '회의' 등 필요한 내용을 입력하면 해당 항목이 추가된다. 추가된 항목은 아래쪽 '할 일 목록'으로 끌어서 원하는 요일에 넣으면 된다. 항목 수정을 하려면 [템플릿 버튼]에 마우스를 가져다 대면 나타나는 [템플릿 구성] 이모지를 클릭해 변경할 내용을 입력한다.

'마일스톤'에는 스케줄 내용은 아니지만 꾸준히 모니터

링하는 일을 등록한다. '보통' '높음' '특급' 항목에서 '새로 만들기'를 클릭하고 추가한다. '마일스톤'은 3개 내외로 관리하는 것이 좋다.

N 스마트 스케줄러 입력화면

'할 일 목록'은 '보드 데이터베이스 - 인라인'으로 만들어졌다. 월요일부터 일요일까지 요일별로 스케줄 항목을 나누어 관리한다. 새로운 스케줄을 등록하려면 보드 아래쪽에서 '새로 만들기'를 클릭한다. 제목을 입력하고 카드를 클릭하면 자세한 내용을 입력할 수 있다. 날짜, 진행상황, 내용, 장소, 중요도를 입력한다.

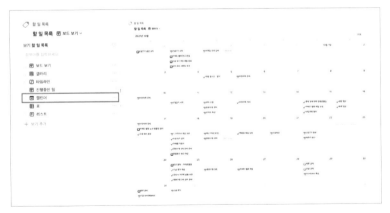

N 할 일 목록 등록

'할 일 목록'에서 [보드 보기]를 클릭하면 언제든지 보기 형태를 바꾸거나 추가할 수 있다. 목록에서 '캘린더' 보기를 선택해 보자. 캘린더가 화면의 대부분을 차지해 스케줄을 한 눈에 확인할 수 있다.

N 캘린더 보기

스케줄을 알려주는 똑똑한 비서

스마트한 스케줄러를 만드는 방법이란, 노션에 캘린더를 추가하고 충실하게 현재 진행 중인 일과 앞으로 진행해야 할 일들을 차근차근 기록하는 것이다. 스마트해지려면 일단 내 일상을 기록해 봐야 한다.

처음에는 캘린더가 휑할 것이다. 하지만 캘린더에 스케줄 등록을 하는 것이 습관이 되면 나중에는 빈 여백이 신경 쓰이기 시작한다. 그때부터는 의식적으로 빈칸을 채우게 된다. 즉흥적으로 처리하는 습관에서 벗어나 체계가 생기는 것이다.

물론 너무 세세한 것들까지 일일이 기록할 필요는 없다. 중요한 것들 위주로 적으면 된다. 아무리 스케줄을 자세히 등록하고 치밀하게 계획을 세워놓아도 대부분의 사람들은 그것을 다 실행하지 못한다. 하지만 기록과 실행은 다른 이야기다. 실행하지 못하더라도 실망하지 말고 일단 기록부터 해두자. 기록해 놓으면 어쨌든 의식하게 될 테니까.

'리마인더 기능'을 사용해 스케줄에 알림 기능을 설정해 보자. 하루 전, 이틀 전, 혹은 몇 시간 전에 스케줄을 통지하도록 설정하면 스마트폰으로 알림이 도착한다. 스케줄을 등록해 놓고 잊어버리더라도 똑똑한 비서가 알려주도록 만드는 것이다.

캘린더에 스케줄과 리마인더를 기록하는 아주 작은 시작이 위대한 가능성의 길로 이끌어준다. 그러니 의심하지 말고 스케줄부터 등록하자.

캘린더를 만들 시간조차 없다고 불평할 것인가? 점심 먹고 커피 마시고 낮잠 잘 시간을 쪼개서라도 만들어야 한다. 철학자 세네카는 "우리는 수명이 짧은 것이 아니라 많은 시간을 낭비하는 것이다"라고 말했다. 작은 스케줄들이 스택처럼 쌓여갈수록 시간이 늘어나는 효과가 나타날 것이다.

지속가능한 실행력을 위한 습관관리 시스템 만들기

노션, 악마의 습관을 물리치는 도구

습관에는 천사와 악마가 존재한다. 미루고 실행하지 못하도록 지속적으로 방해하는 악마, 사소한 것에도 의미를 부여하는 천사, 당신은 지금 어느 쪽의 지배를 받고 있는가? 하루를 마감할 때 보람과 기쁨을 느낀다면 천사, 패배주의와 절망에 사로잡힌다면 악마의 지배를 받는 것이다.

선택은 우리 스스로 내린 것이다. 그 누구도 강요한 적이 없다. 지금까지는 습관을 기록하지 않아도 별문제 없이 잘 살아왔다. 하지만 '프로가 될 것이냐, 아마추어에 머물 것이냐' 하는 기로에 서 있다면 습관을 다른 관점으로 바라봐야 한다.

습관을 다진다는 것은 악마의 지배에서 벗어난다는 의미다. 충격적인 사건을 경험하지 않는 한 당신은 계속 악마의 습관에 붙들려 있을 것이다. 습관을 바꾸기로 마음먹는 것은 자신을 성찰하는 과정에서 시작된다. 결국 습관은 고정관념을 뜯어고치는 일이다.

습관은 무의식적인 실행의 반복으로 만들어진다. 이러한 사실을 잘 알면서도 실행하기가 쉽지 않다. 아무리 의식적으로 하려고 해도 또다시 악마가 불쑥 끼어들어서 방해한다.

악마의 습관에 종지부를 찍고 싶다면 습관 목록을 작성해 보자. 인간은 생각하는 것보다 바깥으로 표출할 때 각오도 단단해지고 실행하고자 하는 동기부여도 생긴다. 목록을 작성하는 것은 습관을 실행하기 위한 기초작업이다.

Ⓝ [따라하기] 습관관리 시스템 만들기

〈똑똑한 노션 활용 템플릿〉에서 'Habit Tracker 만들

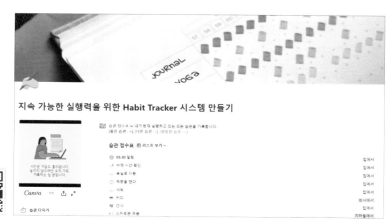

N [템플릿 9] Habit Tracker 만들기(https://bit.ly/3HQql7V)

기' 템플릿을 나의 노션으로 복제하자.

'해빗 트래커Habit Tracker 시스템'은 하루 동안 실행하는 습관을 기록하는 것이다. 습관은 계획하는 것보다 실행하는 것이 더 중요하다. 기록을 통해 습관을 매일 측정하고 성찰하는 시간을 가져보자.

먼저 '습관 점수표'를 작성한다. 습관 점수표에 하루 동안 실행하는 모든 습관을 기록한다. 좋은 습관, 나쁜 습관, 평범한 습관으로 나누고, 각각 '+' '-' '=' 부호를 설정한다.

📊 습관 점수표 ⇒ 내가 현재 실행하고 있는 모든 습관을 기록합니다. [좋은 습관 : +], [나쁜 습관 : -], [평범한 습관 : =]				
습관 점수표 田 표 ∨				
Aa 이름	◎ 언제	☰ 어디서	◎ 행동	# 시간(분)
⏰ 05:30 알람	아침에	집에서	05:30 알람이 울리면 5초내에 일어난다	1

Ⓝ 습관 점수표 만들기

'언제' '어디서' '어떤 행동'을 '얼마나 많은 시간 동안' 실행했는지도 중요하다. 예를 들어 오전 5시 30분 기상은 '아침에' '집에서' '05:30 알람이 울리면 5초 이내에 일어난다'와 같이 세분화한다. 이 습관을 1분 동안 실행한다면 '나는 05:30 알람이 울리면 5초 이내에 일어나기를 1분 이내에 마치도록 한다'와 같이 구체적으로 설정할 수 있다.

05:30 알람

◎ 언제	아침에
☰ 어디서	집에서
↗ 습관 쌓기 (습관1)에 …	⏰ 아침
◎ 습관 초월	+
# 시간(분)	1
◎ 행동	05:30 알람이 울리면 5초내에 일어난다
Σ 결과	나는 아침에 집에서 05:30 알람이 울리면 5초내에 일어난다 : 1분 이내에

Ⓝ 알람 설정하기

이런 방식으로 모든 습관을 나열한 후에는 '습관 쌓기' 단계로 넘어간다. 이것은 '습관 점수표'에서 설정한 습관들을 서로 묶는 것이다. '아침에 알람 소리를 듣고 일어나 스마트폰으로 날씨를 확인하고 수면시간을 확인한 후 체중을 재고 욕실로 이동'하는 과정처럼 서로 연관된 습관을 묶는 작업이다. 이렇게 습관 쌓기를 하면 좋은 습관, 나쁜 습관, 평범한 습관들이 뒤섞이게 된다.

N 습관 쌓기

'습관 쌓기' 데이터베이스에서 '습관 쌓기 총점'을 참고하자. 여기에서는 쌓아놓은 전체 습관이 얼마나 긍정적인지 수치로 보여준다. 값이 클수록 좋은 습관이 많이 포함됐다는 뜻이다.

아침

↗ 습관 쌓기　　🕐 05:30 알람　🔋 스마트폰 확인　💤 수면 시간 확인　⭕ 체중을 잰다
　　　　　　　　🚿 욕실로 이동　🚽 샤워　🏢 출근

Q 습관 쌓기 총점　　7

　　마지막으로 '간단 습관 기록표'를 입력해 보자. 매일 반복
해야 할 습관 중에 필수적인 습관을 추적하는 것이다. 계획
한 습관들을 실행했는지 성공률을 그래프로 보여주고 매달
실천한 습관의 전체 성공률을 집계해 준다.

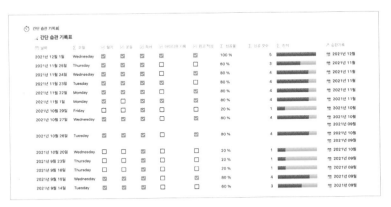

습관 기록 집계		
Aa 이름	Q 성공	∑ 성공율
📅 2021년 09월	15	50 %
📅 2021년 10월	4	13 %
📅 2021년 11월	5	17 %
📅 2021년 12월	1	3 %

N 습관 기록 집계

습관도 시스템이다

습관을 실행했는지 매일 확인하고 일주일이 지나면 성찰의 시간을 가져보자. 습관을 실행하지 못한 이유를 적고 다음 주 습관계획을 다시 세운다. 이때 무리하게 세운 습관들은 과감하게 지운다. 처음에는 간단하게 실행할 수 있는 습관들부터 시작해 성공 경험을 쌓는 것이 좋다.

작은 습관이라도 꾸준하게 실행하면 우리의 뇌는 긍정적인 신호를 받는다. 습관은 어쩌면 뇌를 잠시 속이는 것이다. 어떤 습관을 무의식적으로 반복할 수 있도록 말이다. 그러려면 부정적인 의식을 떨쳐버려야 한다. 뇌의 방어적 태도와 오래도록 굳어진 생각, 나는 못할 거라는 마인드를 깨부수어야 실행할 수 있다.

가즈오 이시구로의 소설 ≪남아 있는 나날≫의 주인공 스티븐슨은 자신의 일을 의식하지 않고 실행한다. 질문하지도 않으며 의문을 갖지도 않는다. 그냥 고민하지 않고 매일 같은 일을 습관적으로 실행한다.

하지만 무의식적으로 반복하는 것이 과연 좋을까? 왜 그런 습관을 가져야 하는지, 새로운 습관이 앞으로의 커리어에 어떤 도움이 될지 생각해 보자. 의식의 개입 없이 실행해야 한다고 했지만, 왜 그런 습관을 들여야 하는지는 정확히 알고 있어야 한다. 습관에도 목적이 필요하다. 스티븐슨처럼 맹목적으로 실행만 하는 사람이 되어서는 안 된다.

칸반보드로 프로젝트 흐름 한눈에 파악하기

기획 없는 프로젝트는 실패한다

새로운 프로젝트는 아무것도 없는 상태에서 시작된다. 그것을 바라보는 자신만 있을 뿐이다. 텅 비어 있다는 것은 가능성을 뜻한다. 우리가 추구하는 프로젝트의 궁극적인 목표는 '완벽함'이다. 아무것도 없는 것에서 완벽한 체계와 완벽한 형태를 만들어 가는 것이 프로젝트의 지향점이다.

하루키는 "완벽한 문장이 존재하지 않는 것처럼 완벽한 절망도 존재하지 않는다"고 말했다. 프로젝트의 시작은 완벽함과는 거리가 멀다. 하지만 그렇다고 조급하게 생각할 필요는 없다. 프로젝트는 얼마든지 완벽한 모습으로 바뀌나갈 수 있다.

프로젝트는 텅 빈 공간을 채워나가는 활동이다. 물론 그 활동을 펼치는 것은 사람이다. 실행은 결국 사람이 하는 것이다. 프로젝트의 시작은 오직 가능성만을 내포하고 있다. 다듬어지지 않은 원석처럼 표면은 거칠고 불순물이 가득하다. 그것을 깎아서 아름다운 보석으로 가공하는 것은 프로젝트에 참여하는 사람들의 몫이다. 얼마나 많은 시간과 노력이 투입되어야 할지 예측할 수 없다.

당신은 프로젝트에서 어떤 비전을 기대하는가? 목표는 무엇이고 완성될 시점은 언제쯤일까? 실행하는 것이 중요하다고 했는데 당장 무엇을 해야 하는가? 당신은 프로젝트의 게스트가 아니라 주최자이자 텅 빈 공간을 채우는 사람이다.

Ⓝ [따라하기] 프로젝트 흐름 한눈에 파악하기

〈똑똑한 노션 활용 템플릿〉에서 '칸반보드 만들기' 템플릿을 나의 노션으로 복제하자.

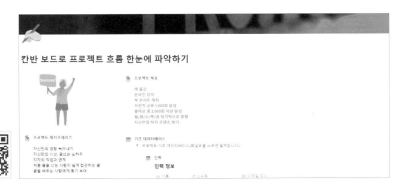

🔃 [템플릿 10] 칸반보드 만들기(https://bit.ly/360Vn4m)

이 템플릿은 프로젝트의 흐름을 한눈에 파악하기 위한
것이다. 프로젝트는 '공저 출판'이다. 여러 명의 작가가 각자
원고를 준비해 한 권의 책으로 묶어서 출판하는 것이다.

공저 출판 프로젝트는 '아이디어 기획 → 원고 작성 →
발행 완료 → 보류 → 보관'의 단계를 거치는데, 이러한 5단
계 과정을 칸반보드로 표현할 수 있다. 칸반보드는 프로젝트
에 필요한 모든 기능, 즉 '업무요소'들을 한눈에 보여주는 것
이다. 노션에서는 '보드'로 칸반보드를 표현할 수 있다.

먼저 프로젝트의 목표를 명확하게 설정한다. 그다음 단
계에서는 공저 출판 프로젝트에 참여하는 저자들의 기초 데
이터베이스를 입력한다. 그들이 소속된 팀과 이름, 이메일

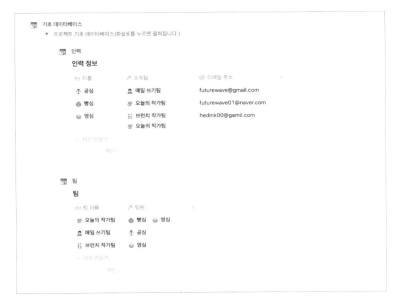

기초 데이터베이스

▼ 프로젝트 기초 데이터베이스(화살표를 누르면 펼쳐집니다.)

인력

인력 정보

이름	소속팀	이메일 주소
공심	매일 쓰기팀	futurewave@gmail.com
빵심	오늘의 작가팀	futurewave01@naver.com
영심	브런치 작가팀	hedink00@gamil.com
	오늘의 작가팀	

팀

팀

팀 이름	팀원
오늘의 작가팀	빵심 영심
매일 쓰기팀	공심
브런치 작가팀	영심

N 기초 데이터베이스 설정

주소를 입력한다.

'프로젝트'에는 프로젝트 이름을 입력하고 '참여 인력'을 설정한다. '참여 인력'은 관계형 데이터베이스로 묶여 있기 때문에 항목에서 저자의 이름을 선택하면 자동으로 팀이 이루어진다. 중요도, 시작일, 종료일 등의 정보를 추가로 입력한다.

Part 4. 자동으로 일하는 업무시스템 만들기

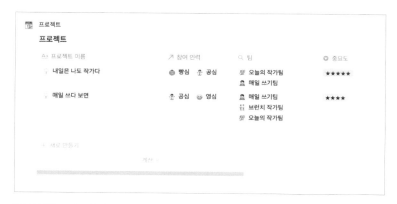

N 프로젝트 정보 등록

　칸반보드에는 실제 투입되는 작업, 즉 5단계 중 현재 진행 중인 단계에서 수행할 작업을 입력한다. 입력된 작업은 끌어다 원하는 단계로 옮길 수 있다.

N 칸반보드 보기

자세한 작업내용을 입력하고 싶다면 작업카드를 클릭하고 입력한다.

당신이 블로그부터 시작해야 하는 이유

> 글도 사람처럼 혼자서는 살 수 없다. 사적인 공간에서만 쓰면 성장할 수 없다. 글도 사람이랑 복잡다. 세상에 나와 부딪히고 넘어져야 글도 성장한다. 블로그에 일기를 한 장 쓰고 비밀글로 처리하면 글이 안 는다. – <채널 예스>, 은유, "비밀글만 쓰면 글은 늘지 않는다"
>
> 글은 쓰냐 쓰다보면 어디에 쓰는 게 좋을까? 워드에 쓸까? 아니면 한글에 쓸까? 대부분 워드나프로세서를 떠올릴지도 모른다. 여기서 어디란 프로그램이 아니라 공간을 의미한다. 블로그처럼 다수의 사람이 보는 인터넷의 오픈된 공간을 말하는 것이다. 어떤 사람은 엑소를 지음에서 어떻게 반응할지도 모른다.
>
> "천 아직 준비가 안 되어서요. 저만 보는 공간에서 쓸게요. 혼자 있고 싶어요. 여기서 나가 주세요..."
> 혼자 쓰는 방법이 나쁘다는 건 아니지만, 당신의 작품은 노트북의 문서다운먼트 폴더에 저장되나 하드디스크의 사망과 더불어 영원히 남아갈 확률이 더 높다. 따라서 그리 안전한롤솔직한 방법은 아니다.
> 나는 공적인 공간에 글을 쓰라고 자주 강조한다. 처음 글을 쓰는 거라면 "블로그 하나 만드세요" 이렇게 말한다. 글 다른 질문이 빈격을 게시한다.

작업은 먼저 우선순위별로 정리한다. '중요한 작업'과 '사소한 작업'으로 나누어야 어떤 것부터 실행할지 결정할 수 있다. 칸반보드는 마치 화이트보드에 포스트잇을 붙여놓은 모습과 같은데, 칸반보드 하나에는 현재 진행 중인 공저 출판 프로젝트의 작은 작업까지 기록한다.

아이디어 기획   2

요일별 발행 순서 결정	왜 이 시기에 쓰는가?
빵심	빵심
매일 쓰다 보면	매일 쓰다 보면
★★★	★★★
일반 기획	원고 기획
예상 종료일 : 2021년 11월 3일	예상 종료일 : 2021년 11월 3일

노션에서 데이터베이스를 생성하면 다양한 '보기'로 관리할 수 있는데, 보드(칸반보드)를 추가하기만 하면 된다. 칸반보드는 '계획' '진행 중' '완료' 3개 칸으로 나뉜다. 제일 먼저 개발이 진행될 업무를 '계획' 칸에 추가한다. 프로젝트를 시작하기 전에 팀원들이 모여서 브레인스토밍을 통해 어떤 업무에 어떤 인력을 배치할지 계획을 세운다. 그 과정에서 '계획' 칸에 추가될 담당자, 일정, 비용 등 작업목록을 도출한다. 적어도 2~3일 안에 끝낼 수 있는 작은 단위로 쪼개는 것이 좋다.

　　프로젝트가 시작되어 '계획' 칸에 있던 작업이 '진행 중' 칸으로 옮겨지면 누군가 그 작업에 돌입했다는 신호로 받아들이면 된다. 노션으로 만든 칸반 페이지는 웹으로 공유할 수 있다. 링크만 있으면 누구나 칸반 페이지에 접속해 진행 상황을 파악할 수 있다.

　　'진행 중' 칸에 있던 작업이 종료되면 '완료' 칸으로 옮긴다. 해당 작업이 최종적으로 마무리된 것이다. 계획된 일정보다 기간이 단축됐다면 종료 날짜를 변경한다. 이처럼 계획과 실제 진행상황을 별도로 관리하면 어떤 프로젝트의 개발이 중단되거나 시간이 더 소요되는 것과 같은 돌발변수도 한눈에 확인할 수 있다.

프로젝트 진척 관리				
진척 관리 ⊞ 표 보기 ∨			🔍 검색 ✎ ⋯	**새로 만들기** ∨
☰ 이름	⊙ 상태	↗ 담당자	↗ 프로젝트팀	⊞
🔳 당신이 블로그부터 시작해야 하는 이유	원고 작성중	🌀 뱅심	↘ 매일 쓰다 보면	20
🔳 왜 이 시기에 쓰는가?	아이디어 기획	🌀 뱅심	↘ 매일 쓰다 보면	20
🔳 당신이 지금 기록해야 하는 이유	보류	🌀 영심	↘ 매일 쓰다 보면	20
🔳 요일별 발행 순서 결정	아이디어 기획	🌀 뱅심	↘ 매일 쓰다 보면	20
🔳 키워드 정리	발행 완료	🌀 뱅심	↘ 매일 쓰다 보면	20
🔳 기획의도 방향 논의	보관	🌀 뱅심	↘ 매일 쓰다 보면	20
🔳 글은 반드시 책이 된다	발행 완료	🌀 공심	↘ 매일 쓰다 보면	20
＋ 새로 만들기				

Ⓝ **프로젝트 – 표 보기**

    칸반보드의 목적은 프로젝트 진행상황과 작업을 쉽게 변경하고 담당자뿐만 아니라 누구나 프로젝트 현황을 열람하기 위한 것이다. 그동안 즉흥적으로 프로젝트를 관리했다면 이제 칸반보드를 프로젝트에 도입해 보자. 텅 빈 공간이 완벽하게 채워질 것이다.

커리어 관리,
노선 하나로 끝내기

포트폴리오를 큐레이션하다

포트폴리오 홈페이지는 당신만의 메타버스 세계로 들어가는 관문이다. 당신의 모든 삶을 포트폴리오 홈페이지에 담으면 된다. 어떻게 꾸밀지는 나중 문제다. 무엇을 담을 것인지부터 고민해 보자. 그리고 누구나 쉽게 볼 수 있도록 문을 활짝 열어두자. 당신의 모든 정보가 담겨 있지만, 최대한 단순하게 꾸미는 것도 잊지 말자.

포트폴리오 홈페이지는 큐레이션의 묶음이다. 당신의 삶 자체가 예술작품이 되는 것이다. 지금까지 쌓아온 커리어와 미래의 방향까지 담는 공간이다. 포트폴리오 홈페이지에는 이메일, 연락처, SNS, 프로필 사진(최대한 멋지게 나온 것), 언론사 인터뷰, 프로젝트 경험, 전문분야, 강점과 역량, 대외활동, 기고, 저서, 교육 경력, 특허, 실적 등이 담긴다. 그러므로 포트폴리오는 많은 정보를 한꺼번에 보여줄 수 있도록 디자인되어야 한다. 이때 '사용자가 어떤 경험을 누리게 할 것인가' 하는 동선까지 고려해야 한다.

노션에서는 누구나 디자이너처럼 홈페이지를 꾸밀 수 있다. 노션의 캘린더, 갤러리, 테이블, 보드, 타임라인 블록을 활용하면 사용자에게 당신의 정보를 보다 직관적인 형태로 제공할 수 있다. 이미지와 텍스트를 대충 넣기만 해도 마치 디자이너가 만든 것처럼 보여진다. 게다가 [웹에서 공유] – [검색엔진 인덱싱] 옵션을 켜놓으면 사람들이 검색엔진을 통해 당신의 포트폴리오 홈페이지로 들어올 수 있다.

물론 포트폴리오 홈페이지는 겉모습보다 그 안에 담길 내용이 더 중요하다. 여기저기 흩어진 당신의 이력들을 모으고 그것을 어떻게 포장하고 어떻게 배치할지 고민해야 한다.

포트폴리오 홈페이지에서 명심해야 할 것은 지속적인 업

데이트다. 커리어 데이터가 몇 년 전에 머물러 있다면 사용
자는 당신의 삶이 업데이트되지 않는다고 생각할 것이다. 커
리어 관리는 무엇을 만드느냐보다 어떻게 유지하느냐가 더
중요하다는 사실을 명심하자.

[따라하기] 나만의 포트폴리오 만들기

〈똑똑한 노션 활용 템플릿〉에서 '포트폴리오 홈페이지
만들기' 템플릿을 나의 노션으로 복제하자.

[N] [템플릿 11] 포트폴리오 홈페이지 만들기(https://bit.ly/3sKuoSC)

먼저 포트폴리오 홈페이지의 전체적인 구성을 기획해야 한다. 구조와 메뉴를 결정하고 시안을 빠르게 제작해 본다. 마음에 드는 포트폴리오 홈페이지를 벤치마킹하여 디자인 (손으로 대충 스케치)한 다음 주위 사람들에게 보여주고 피드백을 받아보는 것도 좋은 방법이다.

앞의 화면처럼 상단의 '바로가기'에는 SNS 링크와 나를 드러낼 수 있는 다양한 자료들을 배치한다. 그다음 내가 누구인지 간략하게 보여준다. 멋진 프로필 사진, 나를 대표하는 캐치프레이즈, 한 문단 정도의 간략한 소개, 그리고 대표 SNS 링크를 배치한다.

🅽 간단한 자기소개

Part 4. 자동으로 일하는 업무시스템 만들기

'저는 이런 일을 하고 있어요'에는 현재 수행 중인 주요 경력사항을 입력한다. 나는 작가로서의 경력을 강조하기 위해 단을 두 개로 나눠 '출판 경력' '강의 경력'을 위주로 경력사항을 정리했다.

N 저는 이런 일을 하고 있어요

'자세한 내용이 궁금하신 분은 아래 상세 페이지를 확인해 주세요'에는 '이력서' '소개서' '역량' '작가 경험' '커뮤니티 소식' '모임 소개' 등 개별 페이지를 구성하여 더 자세한 내용을 담았다.

이처럼 포트폴리오 홈페이지에는 어떤 내용을 담을지 최대한 고민하여 축적된 데이터를 끌어 모아야 한다. 프로젝트 경험, 언론 기고, 저술, 해외 연수 등 커리어를 알리는 데 도움이 되는 자료를 모두 찾아보자.

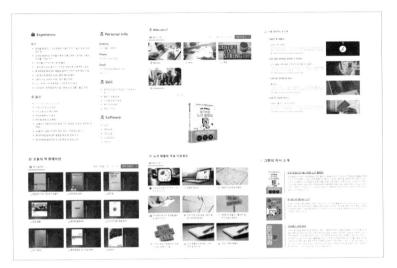

포트폴리오 상세 페이지 묶음

Part 5.

나를 더욱
성장시키는
시스템으로
확장하기

OKR로 나의 목표 명확하게 설정하기

보이지 않는 성과, 한눈에 보여주기

커리어를 쌓아나가기 위해 우리는 어떤 목표를 세워야할까? 목표를 실행하기 위한 구체적인 액션 플랜이 있는가? 단순히 '성공하겠다' '어떤 분야의 일인자가 되겠다'와 같이 모호한 목표가 아닌지 점검해 볼 때다.

구글은 추상적인 성과지향시스템을 보완하기 위해 OKR^{Objective and Key Results}이라는 기법을 만들었다. OKR은 목표를 정하고 그것을 달성하기 위한 구체적인 핵심지표를 설정하는 것이다.

OKR을 노션 첫 화면에 둬라

OKR의 의미를 찬찬히 살펴보자. O^{Objective}는 목표를 말한다. 어떤 책에서는 정량적인 수치보다 추상적이면서 감성적인 언어로 목표를 설정하는 것이 좋다고 하지만 내 생각은 다르다. 당장 도태될지도 모를 판국에 감성적인 단어로 머뭇거릴 시간이 없다. 백일장에 나가는 것이 목표는 아니지 않은가. 가슴이 뛸 정도로 거창한 목표도 좋지만 남들에게 과시하려는 것이 아니다. 우리는 지금 전쟁 중이다. 전쟁에서 이기려면 수단과 방법을 가리지 않고 싸워야 한다. 그래서 나는 2가지를 절충하여 감성적인 언어와 구체적인 언어를 모두 사용할 것을 추천한다.

KR$^{Key\ Results}$는 O^{Objective} 실행을 위한 구체적인 수단이다. O^{Objective}가 다소 감성적이라면 KR$^{Key\ Results}$에서는 구체적인 수치를 제시해야 한다. 숫자로 증명될 수 있는 가치를 입력해 보자.

 [따라하기] OKR로 나의 목표 명확하게 설정하기

〈똑똑한 노션 활용 템플릿〉에서 'OKR로 목표 설정하기' 템플릿을 나의 노션으로 복제하자.

[템플릿 12] OKR로 목표 설정하기(https://bit.ly/3LumchD)

위의 화면처럼 나는 목표^{Objective}를 3가지로 정했다. 목표를 문학적이면서도 구체적인, 즉 감성적인 면과 진보적인 의미까지 담은 표현으로 설정해 보자.

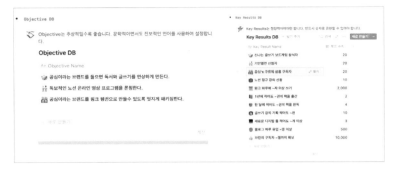

目標Objective와 핵심결과Key Results

목표가 많다고 좋은 것은 아니다. 관리하기 쉽게 3개 내외가 적당하다. 목표 설정이 끝나면 성과지표인 KR^Key Results 을 입력한다. 목표와 연관된 항목을 모두 도출하는 것에 초점을 맞추자. 위의 화면처럼 연관된 모든 항목을 적고, 각 항목에는 반드시 목표수치가 포함되어야 한다.

예를 들어 '공심's 구르메 살롱 구독자를 몇 명 모집한 것인가?'라는 질문에 답하려면 달성가능한 구독자 수가 필요하다. 달성하기 너무 쉬워도, 너무 어려워도 안 된다. 충분히 도전할 만한 숫자로 설정한다.

그리고 KR에는 목표를 달성하기 위한 구체적인 전략과 전술, 목표수치를 입력한다. '공심이라는 브랜드를 들으면 독서와 글쓰기를 연상하게 만든다'라는 목표를 달성하기 위한 전략, 그리고 구체적인 성과지표는 무엇일까? 예를 들면 다음과 같다.

1) 일주일에 2 ~ 3편, 1년 동안 꾸준히 발행하기
2) 매년 책 1권 이상 출간하기
3) 모임과 강의에서 브런치 작가임을 적극적으로 알리기

목표와 그것을 이루기 위한 성과지표를 정리하면 내가 나아가야 할 방향과 이뤄야 할 꿈이 명확해진다. 추상적인 것들이 구체적으로 변하는 것이다. 어려운 관문(목표)을 하나씩 통과해 나가다 보면 어느새 능력이 길러진다. 불가능할 거라고 생각했던 것이 큰 착각이었음을 스스로 증명해 내는 것이다.

이제 '노션 데이터베이스 기능'을 이용해 실제 이뤄낸 성과를 측정해 보자. 다음과 같이 3가지 '핵심결과'의 성과를 측정한다. 3개월에 한 번씩 '실제 달성한 수치'를 입력하고, 처음에 설정한 목표수치와 비교한다. 노션 수식을 사용하면 목표 달성 여부가 자동으로 보여진다.

Ⓝ 분기 목표 달성 확인

　　목표와 성과지표는 노션 첫 페이지 상단에 배치해 언제
든 열어보고 진행상황을 확인한다. 그러면 게으름을 피우지
도 않고, 목표의식에서 벗어나지 않으며, 건강한 정신을 유
지할 수 있다. 목표를 정하고 성과지표에 몰입하면 성과를
거둘 수밖에 없다. 구체적인 숫자가 우리의 행동을 이끌 테
니, 당신은 그것을 입증하기만 하면 된다.

디지털 허브 페이지 상단 OKR 확인 메뉴

칭찬받는
회의록 관리법

키워드 하나로 금방 찾는 회의록

회의록은 회사에서 어떤 주제에 대해 주고받은 의견들을 기록하는 것이다. 그렇다면 회의에서 오가는 내용을 100% 기록하는 것이 중요할까? 자칫 기록에만 치중하다 보면 회의 흐름을 놓치기 쉬우니, 이야기를 듣고 핵심내용을 뽑아내는 능력이 있어야 한다. 회의록은 A4 한 장 정도로 정리한다.

회의록은 보통 팀장이나 대표가 열람하는 경우가 많은데,

회의에서 오간 모든 내용을 기술한다면 맥락을 파악하는 데 꽤 많은 시간이 소요될 것이다. 바쁜 임원들이 그 많은 내용을 정독할 시간이 없다. 따라서 주요 내용을 단 한 줄로 압축할 수 있어야 한다.

요약을 잘하려면 맥락을 파악할 줄 알아야 한다. 중요하지도 않은 내용에 초점을 맞춰서는 곤란하다. 핵심을 파악하고 그와 관련된 내용에 집중해야 한다. 그러려면 발언을 많이 하는 것보다 사람들의 이야기를 잘 들어야 한다. 사람들의 대화에서 핵심을 파악할 수만 있다면 회의록 작성은 전혀 어려운 작업이 아니다.

회의록에 들어가야 할 내용은 사실 뻔하다. 날짜, 주제, 참석자, 주요 논제, 그리고 내용 요약이다. 노션에 날짜별로 회의 내용을 기록해 두면 언제든 쉽게 찾아볼 수 있다. 번거롭게 인쇄하거나 두껍게 철해 둔 자료를 뒤적거릴 필요가 없다.

Ⓝ [따라하기] 스마트하게 회의록 관리하기

〈똑똑한 노션 활용 템플릿〉에서 '칭찬받는 회의록 만들기' 템플릿을 나의 노션으로 복제하자.

N [템플릿 13] 칭찬받는 회의록 만들기(https://bit.ly/3JnGnMr)

페이지 상단의 '동기화 블록'에 공지사항을 입력해 놓으면 [블록 링크 복사] 기능을 통해 다른 페이지와 내용을 공유할 수 있다. 다른 페이지에 붙여넣기를 하면 두 페이지가 서로 실시간 동기화된다. '동기화 블록'은 전체 페이지를 공유하지 않고 특정 블록만 공유할 때 사용한다.

N 동기화 블록을 사용한 공지사항 관리

'기초 데이터베이스 테이블'에는 담당자와 소속 팀 정보를 설정한다. '담당자 DB'와 '팀 DB'는 서로 관계형 데이터베이스로 묶여 있으니 '담당자 DB' 내용을 입력할 때 소속 팀도 같이 설정한다.

N 팀원 및 소속 팀 정보 등록

기초 데이터베이스의 설정이 끝나면 이제 회의록을 입력한다. [새로 만들기]를 클릭해서 이름을 입력하고 관계형 데이터베이스로 묶인 '담당자'를 선택한다. '담당자'를 선택하면 자동으로 소속된 팀이 입력된다. 그리고 날짜와 장소도 같이 입력한다.

N 회의록 등록

Part 5. 나를 더욱 성장시키는 시스템으로 확장하기

이름을 클릭하면 상세한 내용을 입력할 수 있다. 회의록에는 주제와 담당자, 이메일, 처리해야 할 기한, 완료 여부를 입력하고, 자세한 회의 내용을 기록한다.

N 회의록 상세 입력

N 회의내용 입력

노션은 데이터베이스 내에 속성을 지원한다. 회의록에 들어가야 할 내용을 속성 항목에 입력해 보자. 속성은 나중에 얼마든지 수정할 수 있다. 또한 필터에 특정 담당자의 회의록만 열람하도록 설정할 수도 있다. 노션이야말로 회의록에 충실한 툴이 아닌가.

회의록 필터 설정 – 특정 담당자의 회의록만 보기

데일리 리포트로
업무 생산성 끌어올리기

기록만 해도 시간이 모인다

'데일리 리포트'를 쓰는 이유는 단 하나다. 내가 하루 동안 소비한 시간을 돌아보고 성찰하기 위해서다. 삶을 개선하겠다는 적극적인 행위를 담은 것이 '데일리 리포트'이다.

인간은 자신의 상황을 인지해야 변화의 토대를 마련할 수 있다. 하루 24시간은 긴 것 같지만 꽤 빠르게 흘러간다. 막상 하루를 마감하는 자정 무렵이 되면 하루 동안 무엇을 했는지 도통 기억이 나지 않는다. 하물며 지난 일주일을 돌아보기는 더더욱 힘든 일이다.

그래서 우리에게 필요한 것은 기록이다. 기록은 자신에 대한 관찰이다. 데일리 리포트를 통해 하루 동안 한 일을 매일매일 기록하고 나의 생산성을 측정해 보자.

[따라하기] 데일리 리포트로 업무 생산성 끌어올리기

〈똑똑한 노션 활용 템플릿〉에서 '데일리 리포트 만들기' 템플릿을 나의 노션으로 복제하자.

[템플릿 14] 데일리 리포트 만들기(https://bit.ly/3oMhja2)

데일리 리포트 작성에 앞서 기초 데이터베이스 항목을
먼저 설정한다. '분류 DB'와 '항목 DB'의 내용을 검토하여
새로운 항목을 추가하거나 직접 수정한다.

기초 데이터베이스 설정 – 분야(왼쪽), 기초 데이터베이스 설정 – 항목(오른쪽)

데일리 리포트에는 정해진 시간 간격을 두고 내가 실행
한 행동을 적는다. 실행한 것이 없다면 해당 칸은 비워둔다.
하루의 시작은 0시로 설정하고, 0시부터 24시까지 총 24칸
을 기록한다.

시간대별로 기록할 내용은 다음과 같은 것들이다. '항목'
은 관계형 데이터베이스로 기초 데이터베이스와 묶여 있으
니 선택하기만 하면 된다. '집중도'(별표)를 설정하면 '집중시
간'과 '평가'가 자동으로 산출된다.

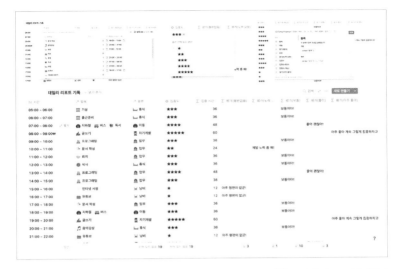

　　데일리 리포트를 1시간 간격으로 쓰기는 현실적으로 쉽지 않다. 물론 할 수 있다면 좋겠지만 웬만한 각오 없이는 힘든 일이니 중요한 일과만이라도 꼭 기록한다.

　　그리고 데일리 리포트는 '평가 데이터베이스'에 연결한다. 입력할 때는 미리 만들어 둔 '템플릿' 항목을 복제하면 된다. 월별로 데일리 리포트를 몇 회 썼는지 집계를 내고 싶다면 '평가 DB'를 입력할 때 반드시 '날짜 DB'와 관계형으로 묶인 '연월' 항목과 연결해 줘야 한다.

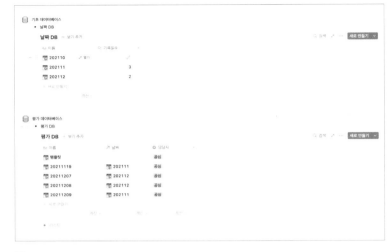

N 평가 데이터베이스 입력

일상에 흩어진 시간 조각을 모으는 법

윈도우에는 '디스크 조각 모음'이라는 유틸리티가 있다. 클라우드에 데이터를 보관하는 요즘에는 거의 쓰지 않지만, 흩어진 '빈 공간'을 하나로 모으는 역할을 한다.

빈 공간을 찾아내는 이유는 뭘까? 빈 공간을 시간에 대입해 보자. 1킬로바이트가 1분, 1메가는 10분이라고 가정한다. 1분, 10분이라는 시간은 업무에 집중하기에는 부족하다. 하

180

지만 조각 같은 시간들을 모으면 어떻게 될까? 쓸모없는 시간을 연속적으로 재배치하면 효과적으로 사용할 수 있다.

단절된 10분을 네 번 연속적으로 사용한다면 40분이다. 40분이면 무엇을 할 수 있을까? 약 50페이지 이상의 독서, 한 편의 글쓰기, 아이디어 도출, 온라인 강의 기획 등 할 수 있는 일들이 너무 많다.

내가 얼마나 업무에 몰입하고 있는지, 내가 시간을 어떻게 소비하고 있는지 등 나의 생산성을 측정하고 싶다면 일주일 정도만 데일리 리포트를 기록해 보자.

그리고 여기서 우리는 빈칸, 즉 낭비된 시간에 주목해야 한다. 의미 없는 웹서핑, 유튜브 시청 등으로 날려버린 시간을 모두 찾아내는 것이다.

우리에게는 어제 하루를 쓰고 나면 오늘 다시 선물처럼 24시간이 주어진다. 시간의 흐름을 인지하고 시간 소비패턴을 추적한다면 하루는 24시간이 아니라 48시간 혹은 96시간으로 늘어날 수도 있다. 시간은 상대적인 것이기 때문이다.

사람마다 시간이 적다고 혹은 많다고 느끼는 이유는 개인의 생산성 때문이다. 생산성은 특정 작업에 투입되는 노동시간을 나타내는 것이다. 실제로 측정해 보기 전까지는 어느 정도의 시간이 소요될지 알 수 없다. 하지만 데일리 리포트를 기록하면 과거와 현재의 시간을 비교해 볼 수 있어 더 효율적으로 쓸 수 있다. 그것이 데일리 리포트의 장점이다.

다이어트로
건강한 신체 만들기

다이어트도 자기계발이다

'자기계발'이라고 하면 보통 독서, 운동, 글쓰기, 영어 회화 등을 떠올린다. 하지만 이런 주제를 떠올리면 왠지 마음이 분주해진다. 자기계발을 하려면 일단 몸이 건강해야 실행할 마음의 여유가 생긴다.

그렇다면 노션에 운동과 관련된 목표를 빽빽하게 입력해 두고 그것을 지켜야겠다고 다짐하기만 하면 되는 걸까?

건강을 유지하기가 쇼핑몰에서 마음에 드는 상품을 장바구니에 담는 것처럼 쉬울까? 건강은 한 번 무너지면 뼈를 깎는 노력 없이는 되찾기 힘들다. 그래서 다이어트도 자기계발이라고 하는 것이다.

건강한 식습관을 들이면 저절로 다이어트가 된다. 인체 내에서 탄수화물, 단백질, 지방의 역할, 췌장과 인슐린 저항성과 같은 신진대사의 원리에 맞춰 식습관을 들이면 다이어트에 성공할 수 있다. 다이어트는 몸과 함께 마음도 단련하는 중요한 활동이라는 것을 명심하자.

오랫동안 자기 분야에서 커리어를 갈고닦고 싶다면 건강한 몸부터 만들자. 내가 몇 년에 걸쳐 20kg 이상 감량한 이유는 글을 쓰는 것과 같은 극적인 순간을 만끽하고 싶어서가 아니다. 지속적으로 전문성을 키우고 싶은 마음이 컸기 때문이다.

무라카미 하루키는 매일 2시간 이상 달리기를 한다고 한다. 매일 일정 분량의 글을 쓰려면 그만큼 몸이 단련되어야 하기 때문이다. 흔들리지 않고 자기계발을 하고 싶다면 의지에만 매달리지 말고 튼튼한 몸부터 만들자.

아침 출근길, 담벼락을 강하게 흔들던 바람의 위협에도 절대 굴하지 않는 담쟁이처럼 군건한 몸을 만들자. 그리고 노션 다이어트 페이지에 매일 기록하며 몸이 단련되고 있음을 눈으로 확인하자.

ⓝ [따라하기] 다이어트로 건강한 신체 만들기

〈똑똑한 노션 활용 템플릿〉에서 '다이어트 페이지 만들기' 템플릿을 나의 노션으로 복제하자.

ⓝ [템플릿 15] 다이어트 페이지 만들기(https://bit.ly/3rKP2T4)

'다이어트로 건강한 신체 만들기'의 목적은 매일 다이어트 페이지를 기록하는 것이다. 다이어트 페이지는 '운동'과 '음식'의 2가지 '기초 데이터베이스'로 나뉜다. 기초 데이터베이스는 다이어트 데이터베이스와 관계형으로 묶인다.

먼저 운동과 음식 칼로리 정보를 입력한다. 예제에 입력된 운동과 음식 외에 다른 칼로리 정보는 인터넷에서 찾아보고 추가한다.

Ⓝ 운동 및 음식 칼로리 정보 입력하기

기초 데이터베이스 설정이 끝나면 매일 다이어트 페이지를 기록한다. 미리 샘플로 만들어 놓은 '20220101' 항목을 복제하면 다이어트 일기의 기본적인 입력값이 자동으로 설정된 페이지가 만들어진다.

매일 칼로리 기록

+ 보기 추가

Aa 이름	# 오늘의 몸무게(g)
🌑 20220101	-87
🌑 20220102	-153
🌑 20220103	16
+ 새로 만들기	
개수 3	합계 -224

Ⓝ 매일 칼로리 기록

 이제 칼로리 정보를 입력한다. 먼저 '아침 식사' '점심 식사' '저녁 식사' '간식' 4가지 카테고리로 나눠 하루 동안 먹은 음식을 입력한다. 음식은 '음식 칼로리 데이터베이스'와 관계형으로 묶여 있으니 목록에서 선택만 하면 칼로리 정보가 자동으로 업데이트된다. 다음으로 운동 칼로리 정보를 입력한다. '운동1' '운동2' '운동3' 3가지 카테고리로 하루 동안 했던 운동을 입력한다. 운동은 '운동 칼로리 데이터베이스'와 관계형으로 묶여 있으니 목록에서 선택만 하면 칼로리 정보가 자동으로 업데이트된다.

Part 5. 나를 더욱 성장시키는 시스템으로 확장하기

1. 음식 칼로리 기록은 아래에서 입력해주세요

* 아침 식사 → 점심 식사 → 저녁 식사 → 간식 순으로 해당되는 항목을 모두 입력하셔야 전체 칼로리가 자동으로 계산됩니다.

음식 기록 DB

항목	음식이름	∑ 칼로리 계산
🍔 아침 식사	맥도날드 상하이스파이시 치킨 버거	480
🍜 점심 식사	서울 우유	200
🍽 저녁 식사	닥터유 단백질바	249
🍩 간식	흑임자 우유	130
	개수 4	합계 1,059

2. 운동 칼로리 기록은 아래에서 입력해주세요

운동 기록 DB

제목	운동이름	Q 칼로리	∑ 칼로리 계산
🏃 운동1	걷기 🏃 달리기	94	94
🏃 운동2	크런치	84	84
🚴 운동3	달리기 🚴 크런치	157	157
	개수 3	합계 335	합계 335

📝 **음식 및 운동 칼로리 등록**

　　그리고 기초대사량을 입력한다. '성별' '체중' '키' '나이'의 4가지 정보를 입력하면 자동으로 기초대사량을 산출해 준다. 마지막으로 '칼로리 자동 계산'이다. 입력한 음식, 운동, 기초대사량 정보를 토대로 하루 동안 몸에 축적된 칼로리를 자동으로 계산해 준다. 계산 결과가 마이너스 값이면 그만큼 살이 빠졌다는 뜻이다.

3. 오늘의 감량 몸무게 자동 계산

기초대사량 자동 계산

이름을 입력해주세요	⊙ 성별을 선택해 주세요	⊞ 체중을 입력해 주세요	⊞ 키를 입력해 주세요	⊞ 나이를 입력해 주세요	∑ 기초대사량 계산
공심	남자	61	173	51	1425.45

4. 칼로리 자동 계산　·　보기 추가

칼로리 자동 계산

이름	Q 기초대사량	🍜 음식 기록 DB	Q 음식 칼로리 합계	🏃 운동 기록 DB	Q 운동 칼로리 합계	∑ 계산	∑ 환산 칼로리
📔 칼로리 입력	1425.45	🍔 아침 식사 🍜 점심 식사 🍽 저녁 식사 🍩 간식	1,059	🏃 운동1 🏃 운동2 🚴 운동3	335	701 칼로리 만큼 살이 빠졌어요	-701

📝 **기초대사량 및 칼로리 자동 계산**

계산된 칼로리 값에 따라 오늘 체중을 얼마나 감량했는지 결과를 보여준다.

오늘의 칼로리 → 체중 환산			
Aa 이름	Q 계산된 칼로리	Σ 체중으로 환산	Σ 체중
⚫ 체중으로 환산	-701	100g 감량	100
+ 새로 만들기			

Ⓝ 체중 자동 계산

나만의 아이디어를
체계적으로 기록하기

아이디어는 경험과 기록에서 나온다

아이디어를 떠올리는 일은 대어를 잡겠다고 낚싯대를 억지로 끌어당기는 것과는 다르다. 아이디어는 일상생활에서 경험한 일들을 노션과 같은 노트 앱에 기록하는 사소하고도 꾸준한 행위에서 나온다. 물론 타고난 재능으로 천재적인 아이디어를 내는 사람들도 있지만 재능은 얼마든지 후천적으로 개발할 수 있다. 자기 일에 관심을 가지고 열정적으로 몰입하다 보면 누구나 아이디어를 건져 올릴 수 있다.

전문적인 일을 경험해야만 아이디어를 떠올릴 수 있는 것도 아니다. 내 업무와 관련 없는 일을 경험할 때도 아이디어는 떠오른다. 다만 매일 똑같은 일만 반복해서는 신선한 아이디어가 떠오를 수 없다. 서점에 가서 내 직무와 전혀 상관없는 분야의 책을 읽거나, 가구 배치를 바꾸거나, 전시회와 음악회 등 예술적인 활동에 참여하는 것도 좋다.

다양한 경험이 뒤섞이고 조합되다 보면 관점이 바뀌고 통찰력이 생겨 미처 알지 못했던 아이디어가 새롭게 떠오른다. 당신의 뇌에 필요한 것은 일상적으로 목격하는 장면이 아니라 새로운 감각이다. 새로운 생각이 당신의 잠든 감각계를 깨운다.

경험을 쌓으면서 잊지 말아야 할 것은 꾸준한 기록이다. 아주 작은 아이디어라도 바로바로 기록한다. 기록하지 않으면 기억은 사라진다. 아이디어를 기록하는 일은 산사태를 막기 위해 나무를 심는 작업과 비슷하다.

Ⓝ [따라하기] 나만의 아이디어를 체계적으로 기록하기

〈똑똑한 노션 활용 템플릿〉에서 '아이디어 노트 만들기'

나만의 아이디어를 체계적으로 기록하기

N [템플릿 16] 아이디어 노트 만들기(https://bit.ly/3rMvHkx)

템플릿을 나의 노션으로 복제하자.

아이디어 노트 페이지는 바로가기 기능이 들어간 '사이드바' 영역과 아이디어를 기록하는 '메인' 영역 2가지로 나뉜다. 바로가기에 위치한 '책 밑줄 기록' '아이디어' '글쓰기 기술' 등을 클릭하면 메인 영역의 해당 기능으로 바로 이동한다.

노션의 '갤러리 데이터베이스' 블록을 활용하면 아이디어를 간단하게 메모할 수 있다. 갤러리에서는 메모의 제목뿐만 아니라 간략한 내용까지 확인할 수 있다. 나는 샘플로 '책 밑줄 기록' '아이디어' '글쓰기 기술' '초고' '리서치 자료' '일기' 항목으로 분야를 나눴다. 각자의 스타일에 맞춰 항목을 추가하거나 삭제해도 된다. '콜아웃 블록'을 복제해 나만의 갤러리를 직접 만들어 보자.

 아이디어 콜아웃 복제하기

아이디어는 단순히 내용만 기입하는 것이 아니라 제목, 태그, 날짜, 중요도, 참고 링크, 상세한 내용 등 몇 가지 속성을 추가한다. 제목은 구체적인 설명이 없어도 어떤 내용인지 알 수 있도록 직관적으로 설정하는 것이 중요하다. 이런 식으로 생각난 아이디어를 바로바로 기록한다. 여건이 되지 않는다면 짧게라도 등록해 두고 나중에 수정하면 된다.

전문성 조합법

🗓 작성일   2021년 11월 24일

☰ 태그   전문성   조합

○ 분야   일

○ 능력   실행중

○ 중요도   ★★

당신의 이력서와 직장 경험, 신체 습관, 취미를 새로운 시각으로 조사해 보고, 관련지을 수 있는 과거와 현재의 모든 집단의 목록을 작성해 보라. 당신이 갖고 있는 제품과 책을 살펴보고, 온라인과 오프라인으로 구독하고 있는 것까지 다 포함시킨 후 스스로에게 물어보라. '어떤 집단의 사람들이 나와 똑같은 물건을 구매할까? 라고 말이다. 당신이 정기적으로 보는 잡지, 웹사이트, 뉴스레터에는 어떤 것이 있는가?

나는 4시간만 일한다 | 티모시 페리스, 윤동준, 최원형 저

N 아이디어 상세 기록

중요한 것은 물론 반복적인 기록이다. 생각의 바다에 수장된 아이디어는 아무 쓸모가 없다. 머릿속에서 끄집어내 눈으로 인지하는 작업, 즉 주관적인 것이 객관적인 형태로 바뀔 때 아이디어는 비로소 생명력을 얻는다. 잡스러운 생각이라도 떠오를 때마다 기록하는 습관을 들이자. 노션이 됐든 블로그가 됐든 닥치는 대로 기록한다. 자꾸 해봐야 체계적으로 기록할 수 있고, 좋은 아이디어와 그렇지 않은 아이디어를 분별할 수 있는 능력도 생긴다.

억지로 아이디어를 짜내려고 하면 떠오르기는커녕 스트레스만 받는다. '수집-기록-발견(통찰력)' 3가지 과정을 반복하다 보면 어느 순간 '아하!' 하고 머릿속에서 번쩍 떠오르는 것이 아이디어다. 반복적으로 기록하는 데 중점을 두자. 그리고 아이디어는 떠올리는 것보다 실행하는 것이 더 중요하다는 점을 잊지 말자. 지금 바로 노션에 아이디어 노트를 만들고, 어떤 아이디어를 실생활에 적용하고 있는지 점검해 보자.

독서 진척관리 및
독서 메모 통합하기

책 읽는 방법이 달라진다

독서는 왜 하는가? 독서의 중요성, 특히 자기계발에서 독서가 어느 정도 비중을 차지하는지는 굳이 설명하지 않아도 알 것이다. '어떤 책을 읽을 것인가'보다 더 중요한 것은 '어떻게 읽을 것인가'이다. 어떤 분야의 책을 읽을지는 일단 제쳐두자.

'어떻게 읽을 것인가'는 종이책을 읽을까 전자책을 읽을까, 회사에서 읽을까 전철에서 읽을까 하는 문제가 아니다. 책을 읽고 나서 머릿속에 오래 남으려면 어떻게 해야 하는지 방법을 찾는 것이다.

자기계발을 위해 《아주 작은 습관의 힘》을 선택했다고 하자. 문학서와 달리 자기계발서는 읽고 실행하는 것이 중요하다. 그리고 실행하려면 기억 속에 선명하게 남아 있어야 한다. 하지만 우리의 기억력은 그렇게 뛰어나지 않다.

신박한 밑줄 데이터베이스

나는 전자책을 선호하는 편이다. 물론 종이책이 더 잘 읽히지만 아무래도 불편한 점이 많다. 일단 밑줄 그어놓은 부분을 디지털로 변환하기가 꽤 번거롭다. 노트에 직접 손으로 쓰거나 노트 앱에 밑줄 내용을 입력하는 상상을 해보라. 그 많은 밑줄을 어떻게 일일이 기록한단 말인가.

책을 읽을 때는 그 자체에 집중하는 것이 중요하다. 책을 읽다가 밑줄이나 아이디어, 실행해야 할 것들을 어딘가에 기록하려고 하면 겨우 몰입했던 집중력이 깨지고 만다.

대부분의 전자책 앱에는 형광펜 기능이 있다. '공유' 기능으로 형광펜 표시 부분을 다른 앱으로 보낼 수 있다. 나는 책을 읽으면서 형광펜 표시한 부분을 바로 노션으로 보낸다.

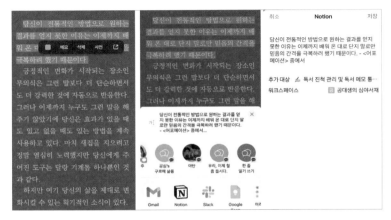

N 전자책 앱에서 '공유' 기능으로 형광펜 표시 부분을 노션에 보내기

전자책은 비록 종이의 결이나 두께와 같은 감각을 느끼기는 어렵지만, 밑줄이나 아이디어를 기록하는 데 투입되는 시간을 줄여준다. 대부분의 전자책 앱은 밑줄을 한꺼번에 가져오는 '독서노트' 기능을 지원한다.

독서노트

아주 작은 습관의 힘
제임스 클리어 저, 이한이 역

🖊 전체 190   ▼

● 우리 모두 인생에서 불행을 겪지만1 장기적으로 볼 때 인생은 대개 습관으로 결정되곤 한다. 모두 똑같
  은 습관을 가지고 있다면 누구라도 똑같은 결과밖에 나오지 않는다. 하지만 다른 사람들보다 더 좋은 습
  관을 가지고 있다면 더 좋은 결과를 만들어낼 수 있다.
  2019.12.20   ...

● 습관은 복리로 작용한다.13 돈이 복리로 불어나듯이 습관도 반복되면서 그 결과가 급절로 불어난다.
  2019.12.21   ...

● 일상의 습관들이 아주 조금만 바뀌어도 우리의 인생은 전혀 다른 곳으로 나아갈 수 있다. 1퍼센트 나아
  지거나 나빠지는 건 그 순간에는 큰 의미가 없어 보이지만 그런 순간들이 평생 쌓여 모인다면 이는 내가
  어떤 사람이 되어 있을지, 어떤 사람이 될 수 있을지의 차이를 결정하게 된다. 성공은 일상적인 습관의 결
  과다. 우리의 삶은 한순간의 변화로 만들어지는 것이 아니다. 지금 당장 어떤 방법이 성공적이든 성공적
  이지 않든 그것이 중요하진 않다. 중요한 건 우리가 가지고 있는 습관이 성공으로 가는 경로에 있느냐는
  것이다. 현재 일어난 결과보다 지금 어디에 서 있느냐가 훨씬 더 중요하다
  2019.12.20   ...

🅽 전자책 플랫폼의 독서노트

🅽 [따라하기] 독서 진척관리 및 독서 메모 통합하기

〈똑똑한 노션 활용 템플릿〉에서 '독서노트 만들기' 템플
릿을 나의 노션으로 복제하자.

[N] [템플릿 17] 독서노트 만들기(https://bit.ly/3gGL0ov)

독서는 '일반 독서'와 '회오리 독서' 2가지로 나누었다. '회오리 독서'는 내가 직접 만든 개념으로, 여러 권의 책을 동시에 매일 읽는 방식이다. 비슷한 주제를 가진 자기계발서는 함께 읽으면 더 효율적이다. 한 권에 5분 정도씩 투자해 3~5권을 동시다발적으로 읽는다. 책을 읽을 때마다 회오리 숫자를 올린다. 완독을 설정하면 자동으로 며칠 동안 읽었는지 보여준다.

'독서노트'는 현재 읽고 있는 책을 추적하기 위한 것이다.

노션의 '표 데이터베이스' 블록을 사용해 '제목' '시작일' '완독일' '저자' '분야' '태그' 등을 입력한다.

나는 책 한 권을 읽기 시작하면 진척관리에 바로 새로운 책을 등록하고 주요 정보를 입력한다. 그리고 원하는 템플릿 중 한 가지를 고르는데, '독서 진척관리' 템플릿은 책을 읽은 날짜를 기록하는 것이고, '독서 메모' 템플릿은 밑줄을 관리하기 위한 페이지다.

책 등록과 메모 입력

밑줄 데이터베이스가 쌓이면 나중에 검색 기능으로 필요한 내용을 한꺼번에 찾을 수 있다. 키워드 하나면 된다. 내가 원하는 밑줄을 노션이 빨리 찾아줄 것이다.

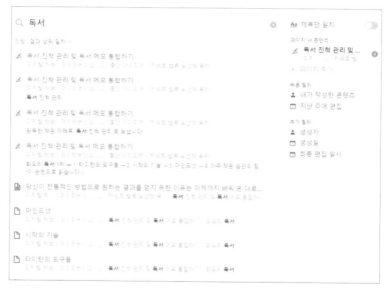

N 독서 진척관리

N 키워드 검색

그래도 종이책이 좋다면 해결방법이 있다. 책을 읽으면서 일단 열심히 밑줄을 그어놓는다. 그리고 완독한 후 브이플랫 앱(스캔 앱)으로 밑줄 그은 부분을 스캔한다. 브이플랫의 장점은 페이지가 평평하지 않아도 그 부분을 스캔하면서 펴준다는 것이다. 또한 OCR 기능을 통해 필요한 부분을 텍스트로 변환할 수 있다. 스캔한 모든 페이지를 한꺼번에 텍스트로 변경할 수도 있고, 필요한 부분만 변환할 수도 있다. 변환된 텍스트는 전자책과 똑같은 방식으로 노션에 저장한다. 이렇게 하면 전자책과 종이책 2가지를 모두 포괄하는 스마트한 독서법과 데이터베이스 누적법까지 확보하는 셈이다.

🅝 브이플랫 앱으로 책 스캔 및 OCR 기능으로 텍스트 변환하기

Part 5. 나를 더욱 성장시키는 시스템으로 확장하기

게다가 읽은 책은 전부 진척관리에 기록되니 완독한 책들이 늘어날수록 기분도 뿌듯하다. 기록하지 않으면 얼마나 많은 책을 읽었는지 확인하기 힘들다. 하지만 독서 이력을 기록해 두면 내 성과를 측정하거나 성찰하는 효과도 얻을 수 있다. 독서가 미진하다면 더 열심히 읽어야겠다는 동기부여도 생긴다.

파워포인트 없이
프레젠테이션 간편하게 하기

프레젠테이션의 새로운 룰

온라인 시대를 맞이해 프레젠테이션도 변하고 있다. 어제의 강자가 더 이상 오늘의 강자는 아니다. 대세는 언제든 바뀔 수 있다. 파워포인트의 막강한 기능은 이제 더 이상 중요하지 않다. 패러다임의 전환이 더 중요하다.

USB에 프레젠테이션 자료를 담아 발표장에 입장하는 시대는 지났다. 상식은 늘 깨지게 마련이다. 상식에 얽매이는 순간 경쟁에서 뒤처진다. 남들 뒤에서 따라갈 것이 아니라 이제는 시장을 선도해야 한다. 주도하는 사람, 즉 프레젠테이션의 리더가 되어야 한다.

노션의 '글머리 기호 목록'과 '토글 목록' 그리고 새로 추가된 큰 사이즈의 '토글 목록'만 알면 파워포인트의 프레젠테이션 지옥에서 벗어날 수 있다. 화면 폭이 좁은 것은 '작은 텍스트'와 '전체 너비'를 사용하면 해결된다. 전체 목차를 큰 사이즈의 '토글 목록'에 구성해 놓고 하위 항목은 가려놓으면 된다. 게다가 이미지도 쉽게 임베드할 수 있다. 텍스트와 이미지 자료, 2가지만 있으면 프레젠테이션은 문제없다.

그럼에도 기존의 방식에서 벗어나는 것이 너무 급진적이라고 생각된다면 '캔바'라는 온라인 디자인 툴을 활용해 보

🅽 캔바에서 페이지 내보내기(삽입 – 스마트 삽입 링크)

자. 캔바에서 작업한 프레젠테이션 페이지를 웹으로 게시한 다음 링크를 노션에 임베드하면 된다.(캔바 : 게시 – 삽입 – 스마트 삽입 링크 복사, 노션 : 임베드 블록 만들기 – 스마트 삽입 링크 붙여넣기)

'글머리 기호 목록' '토글 목록' '캔바 페이지' 3가지 조합이면 파워포인트의 불편함을 완전히 해결할 수 있다. USB를 들고 다니는 일, 클라우드에 파일을 일일이 업로드하는 일, 디자이너가 사용한 폰트를 설치하는 일, 통일되지 않은 템플릿 등 모든 불편함이 사라진다. 단지 노션과 캔바, 2가지 툴을 조합했을 뿐인데 말이다.

툴은 다른 툴을 흡수할 수 있어야 한다. 노션은 다른 툴의 기능을 포괄할 수 있다. 노션 페이지에 임베드하면 다른 툴이 아니라 노션을 그대로 쓰면서 기능이 극대화된다. 한 차원 넘어서는 서비스를 제공하는 것이다.

파워포인트는 더 이상 절대 강자가 아니다

프레젠테이션은 사실 목차가 전부이다. 프레젠테이션이 어려운 것은 시나리오도 없고 스토리텔링도 완벽하지 않기 때문이다. 대부분의 사람들은 파워포인트 작업을 할 때 구상이나 설계 없이 바로 문서 작업부터 시작한다.

하지만 노션에서는 '토글 목록'과 '글머리 기호 목록'으로 프레젠테이션의 목차를 구성하도록 돕는다. 목차는 상위에서 하위까지 구조적으로 전개되며, 상위의 목록은 하위의 목록을 포괄한다. 이처럼 계층적인 트리 형태의 목차를 짜면 프레젠테이션이 쉬워진다.

목차를 보면 프레젠테이션의 컨텍스트를 알게 된다. 컨텍스트란 단순한 텍스트가 아니라 그 텍스트에 담긴 발표자의 철학과 태도, 시나리오, 스토리텔링, 감각, 분위기를 포괄하는 개념이다. 이것은 파워포인트를 뛰어넘는 방식이다. 툴이 아닌 오직 내용에만 집중해서 목차, 순서, 시나리오, 스토리텔링으로 프레젠테이션을 설계하는 것이다. 뼈대를 튼튼하게 만들고 흐름에 맞춰서 살을 붙이고, 이미지나 동영상, 캔바 페이지 등은 나중에 곁들이기만 하면 된다.

Ⓝ [따라하기] PPT 없이 프레젠테이션 간편하게 하기

〈똑똑한 노션 활용 템플릿〉에서 '프레젠테이션 간편하게

[템플릿 18] 프레젠테이션 간편하게 하기(https://bit.ly/34ReD3N)

하기' 템플릿을 나의 노션으로 복제하자.

왼쪽 슬라이드 화면은 캔바에서 가져왔다. 캔바에서 만든 프레젠테이션을 게시할 때 '삽입'을 선택했고, [스마트 삽입 링크]를 복사해서 노션 임베드 블록을 통해 붙여넣기를 했을 뿐이다.

다음은 목차 작성이다. 오른쪽 콜아웃 블록에 샘플로 목차를 만들었다. '토글 목록'으로 먼저 구조를 짜는데, 어떤 이야기로 시작해서 어떻게 끝맺음할지 흐름을 결정하는 것이다. '토글 목록'을 확장하면 조금 더 구체적인 내용을 보강할 수 있다. 토글 목록에 살을 붙여나가며 생각을 확장하는 것이다.

목차를 작성하고 나면 캔바로 다시 이동해 목차 순서대로 프레젠테이션 자료를 만들면 된다. 프레젠테이션을 너무 어렵게 생각하지 말자. 처음에 큰 주제부터 시작하면 방향을 잡기가 힘들다. 작은 주제부터 먼저 만들고 나서 그 주제를 조금씩 더 큰 개념으로 확장해 나가는 것이 현명한 전략이다.

노션의 '글 머리 기호 목록'이라는 블록을 활용하면 생각을 확장할 수 있다. 작성한 목차에서 [Tab] 키를 클릭하여 들여쓰기를 하고, 그 항목에 상세한 내용을 덧붙이는 것이다.

이런 방식으로 상위목차 아래 하위목차를 추가하며 계속 구체화해 나가다 보면 프레젠테이션을 어떻게 구성해야 할지 대충 얼개가 잡힌다. 얼개가 완벽하게 잡히면 그때부터 내용을 작업하면 된다. 디자인은 그다음 문제다. 어떤 내용으로 프레젠테이션을 할지 그 부분에 먼저 초점을 맞추자.

똑똑한 가계부로
돈 제대로 관리하기

이번에는 똑똑한 재테크 습관을 만들어 줄 가계부이다. 가계부는 별도의 설명이 필요 없을 정도로 중요하니 바로 템플릿을 사용해 보자.

[따라하기] 가계부 똑똑하게 입력하기

〈똑똑한 노션 활용 템플릿〉에서 '가계부 똑똑하게 입력

[템플릿 19] 가계부 똑똑하게 입력하기(https://bit.ly/3rODoa1)

하기' 템플릿을 나의 노션으로 복제하자.

　가계부에서는 데이터를 입력하면 프로세싱(연산작업)을 통해 출력으로 이어진다. 아주 간단하다. 즉, 수입과 지출 항목을 입력하면 '수입 − 지출 = 잔액'이라는 아주 간단한 산수공식을 적용해 잔액을 계산하는 것이다.

　지출 항목은 '대분류' '중분류' '소분류'의 3단계로 이어진다. 수입도 마찬가지다. 그리고 이러한 3단계 분류체계는 서로 연관성을 가진다. 엑셀이나 구글 시트로는 구현하기 어려운 작업을 노션의 관계형 데이터베이스로 완성할 수 있다.

　똑똑한 가계부 템플릿은 '집계표'로 시작한다. 집계표는 '총수입'과 '총지출'을 자동으로 계산한다. 바로가기는 말 그대로 클릭하면 해당 화면으로 이동한다.

🄽 지출 분류(왼쪽), 지출 중분류(중앙), 지출 소분류(오른쪽)

🄽 집계표와 바로가기

Part 5. 나를 더욱 성장시키는 시스템으로 확장하기

가계부를 입력하려면 [새로 만들기]를 클릭하고 수입과
지출을 선택한 후 항목을 입력하면 된다. 다음의 '커피' 항목
과 같이 오늘 지출한 항목에 대해 간단하게 '이름'에 내용을
입력하면 된다. '년월(집계)' 항목에서는 해당 연월을 선택하
고, 그다음은 지출 혹은 수입이 발생된 날짜를 선택한다.

Ⓝ 가계부 입력

'수입/지출'에서는 수입과 지출을 선택하고, 지출이 없는
날은 '무지출 데이'를 입력한다. 지출의 경우 '지출 수단'에서
현금과 체크카드, 신용카드를 선택한 후 지출금액을 입력한
다. 수입도 마찬가지다. 예시에 입력된 것과 같은 방식으로
입력하면 된다.

지금은 '표' 형식으로 보고 있지만 캘린더로 바꾸고 싶다
면 다음 화면처럼 '캘린더 보기'를 선택하면 된다. 캘린더 보

기에서는 항목을 한눈에 볼 수도 있고 입력도 더 간편하다.

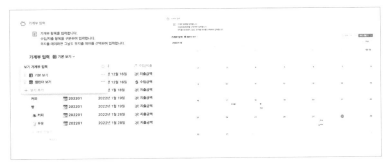

N 캘린더 보기로 설정(왼쪽), 캘린더 보기 화면(오른쪽)

　　다음 화면은 '지출 소분류' 체계다. 대분류부터 소분류까지 웬만한 지출 계정과목은 미리 정의해 두었다. 각자 필요한 항목이 있다면 [새로 만들기]로 추가하면 된다.

$ 고정 지출	🚌 교통비	🏍 대리비	₩0
$ 고정 지출	📱 보험료	🔐 보험료	₩0
$ 고정 지출	💧 저축	💰 예적금	₩0
$ 고정 지출	💧 저축	💵 저축성 보험	₩0
$ 고정 지출	💧 저축	💴 연금	₩0
$ 고정 지출	🏠 주거비	🧹 관리비	₩0
$ 고정 지출	🏠 주거비	🧹 월세	₩0
$ 고정 지출	🏠 주거비	🧹 도시가스	₩0
$ 고정 지출	🏠 주거비	🧹 상하수도	₩0
$ 고정 지출	🏠 주거비	🧹 전기세	₩0
$ 고정 지출	🏠 주거비	🧹 정수기 렌털 🔧 얼기	₩0
$ 고정 지출	🎣 취미	💜 구독 서비스료	₩0

Ⓝ 지출 소분류 항목

작심천일 습관 쌓기로
미루는 습관 버리기

　나는 뭐든지 꾸준히 실행하지 못하는 편이다. 피아노를 배워 보겠다고 전자키보드를 들여놨다 3일을 못 채우고 내다 팔았고, 새로운 언어를 익혀보겠다고 임인년을 맞이하여 40만 원짜리 강의를 덜컥 결제해 놓고 두어 번 듣고 말았으며, 단단한 허벅지를 만들겠다는 결심으로 하루 108회 스쿼트를 하겠다고 다짐해 놓고 단 하루 만에 끝나기도 했다.

　이렇게 써놓고 보니 나라는 인간은 정말 무엇 하나 제대로 한 게 없는 것 같다. 왠지 기분이 울적해진다. 그렇지만 침울한 표정으로 집구석에 앉아 있는다고 삶이 달라지지 않는다. 드라마틱한 변화는 거의 없다. 그런 기대는 삶을 더 무기력하게 만들 뿐이다.

N 단 하루 만에 끝나버린 플러터 강의

시간은 형편없이 흘러간다

시간이라는 표현을 썼지만 문장에서 실제 주어는 '나'다. 시간은 주인공이 아니다. 시간을 관리하는 주인공은 '내'가 맡고 있기 때문이다. 나는 늘 실패한다. 실패의 재수와 삼수를 반복한다. 지금까지 수없이 많은 어리석음을 범했고, 대부분의 도전이 또 실패하고 말 거라는 부정적 전망이 앞서지만 그럼에도 도전을 멈추지 않는다. 왜 그럴까? 시간이 형편없이 냉정하게 흘러가고 있다는 사실을 알고 있고, 이에 따라 내가 설 자리가 점점 사라지고 있다는 것을 알고 있기 때문이다.

오늘 새롭게 세운 습관이 당장 하루를 넘기지 못하더라도, 실패가 충분히 예측될지라도 나는 도전한다. 실패가 반복되면 역설적으로 실패를 견디는 내성도 생길 테니까. 실패에서 뭔가 느끼는 게 적어도 한 가지는 있지 않겠는가? 다행인 것은 망각능력이다. 실패도 성공도 모두 시간이 지나면 공평하게 잊혀진다.

인간에겐 개선할 수 있는 '의지'가 있다. 혼자만의 고요한 시간을 가지며 나는 실패를 낳게 된 과정을 되돌아본다. 어떤 원인이 나를 실패의 구렁텅이로 빠뜨렸을까? 실패했으니 그럼 실패만 남았을까? 아니다. 결과는 실패로 끝났지만 과정을 들여다보면 분명 진보한 게 있다. 그것을 찾아 다음에 도전할 때 보완하면 된다. 그것은 결국 '의지'에서 생긴다. 의지는 자신에 대한 믿음이다. 문제점을 개선할 수 있다는 믿음, 다음 도전에서 부족한 것을 채우면 된다는 믿음, 더 나아질 수 있다는 믿음이다.

나에게 노션은 믿음이자 기회였다. 닥치는 대로 노션에 일상과 업무 그리고 미래의 가치를 담기 시작했다. 처음엔 무차별적으로 목적 없이 담았다. 모든 시작은 그야말로 혼돈의 세계이다. 하지만 시간이 지나갈수록 질서가 잡힌다. 어떤 과정이든 도전을 해봐야 도전이 어떤 가치가 있는지 깨닫게 되듯이 혼돈 역시 그 과정을 지나쳐야 체계가 잡히는 것이다.

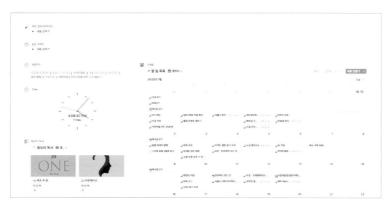

Ⓝ 혼돈이 아닌 질서가 잡힌 나의 노션 세계

단순히 노션에 '나'라는 인간이 만들어 낸 모든 창조물을 담았을 뿐인데, 아니 꾸준히 기록만 했을 뿐인데, 나는 기록의 힘에 눈을 떴다. 게다가 정리하는 힘, 꾸준함이라는 놀라운 가치까지 발견하게 되었다. 노션이 꾸준함이라는 습관을 만들어 줬다면 지나친 맹신일까?

N [따라하기] 작심천일 습관 쌓기

〈똑똑한 노션 활용 템플릿〉에서 '작심천일 습관 쌓기' 템플릿을 나의 노션으로 복제하자.

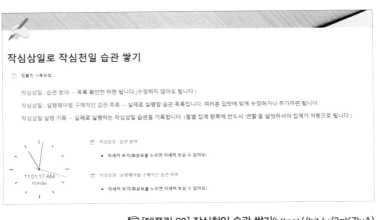

N [템플릿 20] 작심천일 습관 쌓기(https://bit.ly/3gKZluA)

습관을 꾸준히 실행한다는 건 사실 지루한 일이다. '작심삼일'이라는 말처럼 실행을 지속적으로 이어가기 힘들다. 모두가 작심삼일로 끝나지 않는다면 성공하지 않을 사람이 어디 있겠는가? 세상에는 성공한 사람들의 수기로 들끓을 것이다. 하지만 그런 일은 일어나지 않는다.

'작심천일 노션 템플릿'은 습관을 실행하기 위해 만들었다. 나쁜 습관이 아닌 좋은 습관들 말이다. 노션 템플릿은 보통 어떤 업무의 성격을 담고 있지만 나는 어떻게 하면 실질적인 도움을 받을 수 있을까를 고민하며 만들어 보았다. 기능이 전부가 아니다. 경험해 본 사람의 철학이 더 중요하다.

이 템플릿은 어떤 습관이든 '단 3일 만이라도 일단 해보자'는 취지로 만들어졌다. 대부분의 사람들이 3일도 못 채우고 끝나는 그런 습관들이다.

일단 '작심천일 노션 템플릿'은 '작심삼일 카테고리 DB'와 '작심삼일 습관 DB'의 2가지 핵심 데이터베이스를 가진다. '작심삼일 카테고리 DB'는 '건강' '자기계발' '취미' '힐링' '업무'의 5가지 카테고리로 나누어지고, 이는 노션의 자랑거리인 관계형 데이터베이스를 통해 '작심삼일 습관 DB'와 자동으로 연결된다. 다음 화면의 '습관 이름' 속성이 바로 그것이다.

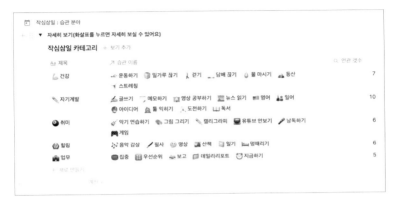

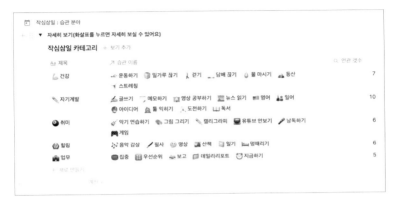

 작심삼일 카테고리 5가지

그리고 '작심삼일 습관 DB'는 다음 화면처럼 각각의 구
체적인 분야로 확장된다. 예를 들어 '건강' 카테고리는 '운동
하기' '밀가루 끊기' '걷기' 등으로 나눠지는 것이다.

 작심삼일 습관 – 건강

Part 5. 나를 더욱 성장시키는 시스템으로 확장하기

나머지 카테고리는 노션의 '그룹화' 기능으로 세세하게 분류되어 해당 분야의 습관들을 더 자세히 볼 수 있다. '더 구체적으로'라는 속성에는 자세한 습관내용을 기술한다. 그리고 '목표실행횟수'를 입력하는 것도 잊지 말자. '총실행횟수'와 '결과'는 롤업 개념과 수식 개념으로 만들어 두었으니 필요한 경우 수식을 수정하면 된다.

이제 습관을 실행하기 위한 2가지 데이터베이스 설정이 끝났다. [새로 만들기]를 클릭해 여러분이 원하는 항목을 추가해도 된다.

작심천일의 실행은 다음 화면처럼 '작심삼일 실행기록표'를 참조하자. 입력방법은 무척 간단한다. [새로 만들기]를 클릭하고 제목과 나머지 항목을 차례대로 입력하면 된다.

[N] 작심삼일 실행 기록하기

'습관 이름'은 관계형 데이터베이스로 묶여 있으니 클릭만 하면 자동으로 미리 설정한 습관목록을 가져온다. 선택만 하면 오른쪽 '카테고리(자동입력)' 속성까지 자동으로 입력된다. 그리고 '시작일'을 입력하고, 마지막으로 월별 집계를 위해 '월별 집계' 항목을 클릭한 후 목록에서 해당 월을 선택하면 된다.

다음은 [새로 만들기]를 클릭할 때 나오는 화면이다. 페이지 내용에서 '기록표 템플릿'을 선택하면 아래 '작심삼일 3가지'라는 표가 자동으로 만들어진다. 작심삼일은 말 그대로 3일 연속으로 실행하는 것이 중요하니 3가지의 작심 항목을 미리 만들어 둔 것이다.

작심 3

↗ 습관 이름	🍞 밀가루 끊기
Q 카테고리(자동입력)	💪 건강
Q 습관 내용	식빵은 악마다
📅 시작일	2022년 1월 28일
↗ 월별 집계	🗓 202201
# 작심 성공일	3
Σ 메시지(자동입력)	축하드립니다! '식빵은 악마다' 미션에 성공하셨습니다.
Σ Progress	■■■■■■■■■■ 100%
+ 속성 추가	

 댓글 추가

N 작심 입력

실행에 성공했다면 3가지 '성공' 항목을 체크한다. 그리고 앞의 '작심 성공일'에 숫자를 입력한다. 숫자를 입력할 때마다 'Progress' 항목이 자동으로 바뀐다.

N 함수로 작심상태 표현하기(왼쪽), 함수로 Progress 표현하기(오른쪽)

마지막으로 사이드바에는 시계 위젯과 각각의 데이터베이스 기능으로 이동하기 위한 바로가기를 만들어 두었다. 클릭만 하면 해당 화면으로 이동한다.

N 시계 위젯(왼쪽), 사이드바 – 바로가기(오른쪽)

'작심삼일로 작심천일 습관 쌓기'를 제대로 활용하면 당신은 이제 더 이상 작심삼일러가 아니다. 당신의 건강한 습관을 응원한다.

우리는 가끔 불안해집니다. 회사에서 나름 열심히 일하고 있는데, 과연 그만큼 인정받고 있는지 의심이 갑니다. 나만 빼놓고 다른 사람들만 연봉이 수직 상승하는 기분이 듭니다. 그래서일까요? 가끔은 본업을 무시하고 부업으로 시선을 돌리기도 하지만 불안감은 여전히 사라지지 않습니다.

회사가 안정적인 미래를 보장하지 못할 거라는 사실이 우리를 더욱 불안하게 합니다. 회사는 어쩔 수 없이 먹고살아야 하는 기본 코스 같은 곳입니다. 그러니 퇴근 후야말로 미래를 위해 투자할 수 있는 최적의 순간이 되는 것입니다.

　코로나 팬데믹으로 인해 우리는 더 쫓기듯 살아가고 있습니다. 재택근무 환경은 우리에게 이동의 불편함을 없애 주었지만, 함께할 수 없으니 일을 하는 방법도, 일잘러가 될 묘수도 혼자 찾아야 합니다. 혼자서 노력하고 그 성과도 스스로 피드백해야 하는 시대가 온 것입니다.

　우리는 이러한 변화의 파도에 빨리 올라타야 합니다. 그 흐름에서 한 번이라도 멀어지면 끝장입니다. 살아남으려면 우리에겐 단 하나의 사실이 중요할 뿐입니다. 그것은 바로 '실력'입니다. 실력은 분명한 목표와 구체적인 노력의 과정을 통해 길러집니다. 게다가 견디고 또 버텨야 한다는 사실을 동반합니다. 여기서 '견디고 버틴다'는 문장에 담긴 핵심은 회사가 아닌 '내가 앞으로 가야 할 길' '내가 주도해야 할 나만의 전문성'이라는 측면에 있습니다.

　지금까지 우리는 총 20가지의 노션 템플릿의 활용법을 배웠습니다. 템플릿은 전문가가 되기 위한 기본 코스요리 같은 것들입니다. 여러분은 지금까지 그 음식들을 잘 씹고 넘기고 또 소화시켰나요? 중요한 것은 소화 능력입니다. 먹은 음식은 우리 몸을 튼튼하게 만드는 영양분으로 사용되어야 합니다. 실컷 먹었는데 그대로 배출되어 버리면 아무 소용이 없습니다. 아무리 좋은 음식, 즉 멋진 템플릿이라 하더라도 내가 소화시키지 못하면 쓸데없는 것이 되고 맙니다.

업무에 바로 써먹을 수 있는, 즉 아무리 최적화가 잘된 템플릿이라도 정작 나에게 적용하지 못하면 학습한 시간은 그대로 사라집니다. 직접 써봐야 무엇을 바꿔야 할지 나의 문제점도 알 수 있게 됩니다. 수동적으로 쓰기만 해서는 나를 들여다보기 힘듭니다. 그런 면에서 이 책에서 소개하는 20 가지 노션 템플릿은 여러분의 커리어 관리를 위한 소중한 마중물이 될 것입니다. 하나하나 활용해 보면서 여러분의 체질에 맞게 소화시켰으면 좋겠습니다.

노션은 막강한 기능을 갖춘 생산성 툴의 올라운드 플레이어입니다. 하지만 기능이 아무리 많아도 쓰는 사람이 그 가치를 이해하지 못하거나, 제대로 사용할 준비가 되어 있지 않거나, 나아가 실행조차 하지 않으면 어제 내다 버린 쓰레기와 다를 바 없습니다.

노션을 쓴다는 것은 내 업무를 조금 더 체계적인 것으로 만들고, 복잡한 업무를 간단하게 만들며, 최종적으로는 내가 개입하지 않아도 되는 자동화된 시스템을 구축하는 것이 목적입니다. 말하자면 귀찮을 정도로 일일이 신경을 쏟아야 했던 업무들을 간소화시키는 것입니다. 절차적인 간소화, 규모의 간소화, 욕구들의 간소화를 도모하는 일이 바로 노선을 업무에 적용하는 것입니다.

'프로 일잘러'라는 결과적인 모습보다 어떤 과정을 어떻게 밟아갈 것인지, 우리는 그것에 더 집중해야 합니다. 멀리 가고 싶다면 먼 곳만 바라보지 말고 지금 눈앞에 펼쳐진 아주 작은 일들부터 하나하나 처리해 나가도록 합시다. 제가 여러분이 프로 일잘러가 되어가는 과정을 끝까지 응원하도록 하겠습니다. 지금까지 많은 음식을 소화시키느라 대단히 고생 많으셨습니다.

이석현 드림

20가지 노션 템플릿과 함께하는
프로 일잘러의 슬기로운 노션 활용법

초판 1쇄 발행 2022년 3월 10일
초판 2쇄 발행 2023년 1월 30일

지은이 이석현
펴낸이 양용훈
펴낸곳 커넥트밸류
등록 2021년 7월 9일 제2021-000226호
주소 (06252) 서울시 강남구 강남대로320, 1808호(역삼동)
전화 0507-1418-0784   **팩스** 050-4022-0784
이메일 ilove784@gmail.com

유통 천그루숲

ISBN 979-11-92227-60-3 (13320) 종이책
ISBN 979-11-92227-61-0 (15320) 전자책

백 마디 말보다 강력한

행동의
심리학

3초 만에 마음을 사로잡는
비밀의 언어

백 마디 말보다 강력한

행동의
심리학

이상은 지음

천그루숲

머리말

"여기는 MBC〈전지적 참견시점〉이라는 프로그램인데요~ 이 영자 씨와 송은이 씨, 전현무 씨 그리고 다른 연예인들도 함께 나 오는 예능 프로그램이에요. 얼마 전 파일럿 방송하고 지금은 정 규방송을 준비 중에 있어요. 행동분석 관련해서 미팅을 한 번 하 고 싶은데 가능하실까요?"

2018년 구정 즈음 한 통의 전화를 받았다. 당시 나는 두 번째 저서였던《몸짓 읽어주는 여자》를 집필 중이어서 시간을 내기 어 려운 상황이었지만, 시청자들에게 행동심리분석을 소개할 수 있 는 좋은 기회일 것 같아 1회만 출연하기로 하고 첫 녹화를 마쳤 다. 그런데〈전지적 참견시점〉의 행동심리분석 내용이 인기를 얻 으며 꽤 긴 회차를 출연하게 되었다.

백 마디 말보다 강력한 행동의 심리학

그 후 행동심리분석에 대한 관심이 부쩍 늘며 MBC의 〈MBC 스페셜〉〈MBC TV특강〉, KBS의 〈속보이는TV 人사이드〉, EBS의 〈다큐프라임〉〈클래스e, 이상은의 몸짓언어 10부작〉 등 방송활동이 많아졌다. 그리고 SBS에서 이틀 내내 진행된 〈북미정상회담 생방송 특별보도〉에서는 '속마음이 보인다'라는 단독코너를 진행하면서 대여섯 차례에 걸쳐 생방송으로 두 정상의 행동과 심리를 분석하기도 했다. 나는 특히 라디오 방송이 재미있었는데, MBC 라디오 〈안영미, 최욱의 에헤라디오〉 그리고 SBS 라디오 〈김영철의 파워FM〉, KBS 라디오 〈이수지의 가요광장〉에 고정으로 출연했다.

방송에 자주 출연하다 보니 선거를 준비하는 정치인들과 대기업의 CEO, 그리고 사람들 앞에서 본인의 매력을 드러내야 하는 연예인들의 개인 컨설팅까지 꾸준히 진행하고 있다.

비언어 커뮤니케이션이나 행동심리에 관한 연구는 오래전부터 진행되어 왔지만 대부분 학문의 분야에 국한되어 있는 편이었다. 나는 비언어 커뮤니케이션이나 행동심리를 일상생활에서 적용하고 활용할 수 있도록 많은 사람들에게 알리고 싶었다. 그러한 생각의 일환으로 방송활동을 시작했고, 책을 집필했고, 지금은 1년에 300회 이상 기업 강연을 하며 비언어와 행동심리에 대한 이야기를 전하고 있다. 너무나 기쁘고 감사한 일이다.

기업 강연과 컨설팅을 통해 수많은 사람들을 만나면서 세 번째 도서의 출간을 고민하고 있을 때 천그루숲의 백광옥 대표님께서《몸짓 읽어주는 여자》의 개정판 출간을 제안했다. 처음에는 조금 망설여졌던 것이 사실이다. 지금 당장은 원고 작업을 하기에 시간적·정신적으로 여유가 많지 않았기 때문이다. 그런 고민을 하고 있을 때 출판사에서 독자분에게 받았던 DM을 보내주었다.

안녕하세요!! 우선 귀사에 너무나 감사드립니다.

귀사에서 출간한 이상은 작가의 《몸짓 읽어주는 여자》를 읽고

인생이 달라지고 있는 경험을 한 독자입니다.

저는 피부샵을 운영하면서

전국의 피부샵 원장님들과 함께 공부하고 정보를 나누기도 하며

유튜브 채널 'ㅇㅇ원장'으로 고객과의 소통을 하고 있는

ㅇㅇㅇ이라고 합니다.

최근 코로나 19 여파에 힘들게 작은 사업을 운영하면서

경제적 어려움을 겪고 있는 중에

우연히 귀사의 《몸짓 읽어주는 여자》라는 책을 읽은 뒤부터는

매장을 찾아오시는 고객과의 상담에 자신감이 생겨

경제적으로 많은 도움을 받았습니다.

이상은 작가님과 천그루숲 출판사의 모든 직원들 덕분입니다.

백 마디 말보다 강력한 행동의 심리학

이 모든 게 귀사에서 좋은 책을 출간해 주셔서
저에게까지 행운이 온 것 같습니다. 다시 한 번 감사합니다.
저의 이런 경험을 바탕으로 저처럼 지금 이 시대를 살아내면서
힘들어하시는 분들에게 《몸짓 읽어주는 여자》라는 책의 유익함을
많은 분들에게 알려드리고 싶습니다

독자분의 글을 읽으며 '개정판을 써야겠다'고 결심했다. 《몸짓 읽어주는 여자》가 비언어와 행동심리에 대한 설명을 주로 다룬 설명서에 가깝다면, 이번 책에는 새로운 연구 결과들을 업데이트 하고, 풍부한 사례도 넣기로 했다. 또 독자분들이 일상에서 경험한 내용과 행동심리를 더 쉽게 연결지을 수 있도록 각 장의 마지막에 '행동의 심리학 연습'을 추가했다. 이 책을 통해 독자분들의 삶이 더 행복하고 풍성해지기를 바란다. 독자 한 분 한 분의 하루하루가 숙제가 아닌 축제와 같은 나날이 되기를 간절히 바라는 마음으로 드린다.

마지막으로 사랑하고 존경하는 부모님과 하나뿐인 소중한 내 동생, 언제나 든든하게 나를 믿어주는 사랑하는 남편, 시어머니 그리고 시댁 식구들, 항상 나를 응원해 주는 친구들, 내 행복의 뿌리와 같은 소중한 배움을 나누어 주신 덕성여대 대학원의 주은

선, 신설애, 우상우 교수님, 원고를 쓰는 고통의 순간들에도 힘내라는 메시지를 끊임없이 전해 주었던 친한 동료 작가님, 밤낮없이 수고하시는 방송 PD님과 작가님, 계속 미루어지는 원고에도 묵묵히 믿고 기다려 준 천그루숲 백광옥 대표님과 백지수 팀장, 항상 저에게 많은 깨달음과 행복을 주는 사랑하는 인생 선배님들과 후배님들에게도 감사의 마음을 전한다.

비언어 행동심리분석가

이상은

백 마디 말보다 강력한 행동의 심리학

차 례

아는 사람에게만 보이는
강력한 메시지

"인간관계가 어려워요. 사람들은 왜 제가 호의를 베풀면 오히려 나를 쉽게 여기는 걸까요? 열정적으로 열심히 하면 욕심이 많다고 하고, 그렇다고 조용히 있으면 차갑다고 하고 관심이 없다고 해요. 호의는 호의로, 열정은 열정으로, 침착함은 침착함으로 봐주면 안 되는 건가요?"

"고객과 좋은 관계를 맺고 싶어요. 신뢰를 주면서 전문성이나 상품에 대한 확신도 전달할 수 있으면 좋겠어요. 고객과 좋은 관계를 맺기 위해 친절하게 대하면 전문성이 좀 떨어지는 것 같고, 전문성을 드러내면서 상품에 대한 확신을 전달할 때에는 분위기가 너무 딱딱해지는 게 아닌가 고민이 돼요. 그러다 보니 점점 고객을 대하는 자신감이 떨어져요."

"사람들 앞에서 말을 편안하게 잘하고 싶어요. 스피치 연습을
열심히 해도 사람들 앞에서 여유롭고 자신감 있게 말하는 것이
잘 안 돼요. 하고 싶은 말을 명확하게 전달하면서 동시에 여유롭
게 말할 수 있으면 좋겠어요. 천편일률적인 말하기 방법 말고 나
만의 개성이나 매력을 드러낼 수 있으면 좋겠어요."

"자녀와의 대화가 너무 어려워요. 아이가 대화를 하려고 하지
도 않고, 또 나름 공부한 대화법을 시도해 보아도 대화가 이어지
지 않아요. 돌아오지 않는 메아리 같아 정말 답답해요. 아이들에
게 진심을 전달할 수 있는 방법이 있으면 좋겠어요."

"리더십이 필요해요. 회사에서 관리자의 역할을 맡게 되면서
리더십이 굉장히 중요해졌는데, 이론적으로 배운 리더십을 현장
에서 어떻게 표현하고 전달해야 할지 모르겠어요. 구성원에게 공
감을 잘 표현하고 따뜻하면서도 카리스마 있는 리더라는 것을 잘
드러낼 수 있으면 정말 많은 도움이 될 거 같아요."

"자신감을 가지고 싶어요. 꼭 사람들을 만날 때뿐만 아니라 삶

에서 전체적으로 자신감이 없는 것 같아요. 새로운 무언가를 시도해 보려고 할 때에도 그렇고, 하다 못해 혼잣말이나 생각을 할 때도 자신감이 부족해요. 생각해 보면 그렇게까지 자신감이 없을 일은 아닌 것 같은데 마음에서 항상 뭔가 부족하다고 느껴져요. 무슨 일을 하든 항상 자신감 있게 행동하는 사람들을 보면 부러워요. 저도 자신감을 가지고 살고 싶어요."

그동안 수많은 강의 현장, 방송 현장, 컨설팅 현장에서 만났던 사람들의 고민이었다. 사실 누구나 이런 고민 하나쯤은 가지고 있다. 직책이 무엇이든, 무슨 일을 하든, 어디에 있든 우리는 다른 사람들과 끊임없이 소통하고 관계를 맺어가며 하루하루를 살아가고 있기 때문이다.

호의와 아부, 열정과 욕심, 자신감과 자만심, 침착함과 차가움의 간극을 채우기 위해 우리는 누구보다 치열하게 고민하며 살고 있다. 내가 '보여주는 나'와 남들에게 '보여지는 나' 사이의 간극을 어떻게 채워 나가야 하는지 궁금해하며 살아간다. 그럴 때마다 나는 이들을 격려한다. 최소한 내가 전하는 메시지와 남들이 받는 메시지 사이에 간극이 존재한다는 것을 알고 있다는 것만으로도 아주 훌륭하다고 말이다. 단지 마음속에 품고 있는 고민이나 질문에 대한 답을 아직 찾지 못해 답답해하고 있을 뿐이라고, 질문이 생기면 답은 따라온다고 말이다.

그 과정에서 이들은 내가 '보여주는 나'와 남들에게 '보여지는 나'를 어떻게 일치시키는지 배운다. 그 결과 업무적으로 능력을 인정받고, 사람들과 만나는 일이 즐겁고 편안해지며 원하는 자신의 모습을 사람들 앞에서 표현할 수 있게 된다.

사람들은 들은 것보다 본 것을 믿는다

여러분이 미래의 배우자, 면접관, 상사, 고객과 같이 중요한 사람을 만날 때, 회사에서 리더십을 보여줘야 할 때, 자녀와 진솔한 대화를 나누고자 할 때, 중요한 발표를 맡았을 때 "무슨 이야기를 하지?"에 대해 고민한다면 이 책을 꼭 읽어보기를 추천한다. 여러분의 머릿속에 가장 먼저 떠오르고 가장 오랜 시간 공을 들이는 부분이 '무슨 말을 하지?'라면 아마 자신도 모르는 사이에 의도했던 내용과 완전히 반대되는 메시지를 전하고 있을 가능성이 크기 때문이다.

세계적인 리더들, 유명한 강사들, 탑 세일즈맨들처럼 상대를 잘 설득하고 자신의 메시지를 상대방 마음 깊숙이 잘 전달하는 사람들만이 알고 있는 비법은 무엇일까? 이들이 중요한 자리를 앞두고 많은 시간을 들여서 연습하는 것이 무엇인지 알고 있는가?

다음의 상황을 보자. 소꿉친구 중에 철수와 영수가 있다. 이들은 어렸을 때부터 만나기만 하면 서로 다투었는데, 이번에도 만나자마자 언성을 높인다. 조금 늦게 도착한 내가 이 모습을 보고 친구들에게 물었다. "이번엔 누가 먼저 시비를 건 거야?" 그러자 친구 A가 말한다. "내가 들었는데 철수가 영수에게 먼저 시비를 걸었대." 그러자 옆에 있던 친구 B가 이렇게 말한다. "아니야~ 내가 봤는데 영수가 철수에게 먼저 시비를 걸었어."

여러분은 이처럼 서로 다른 내용의 정보를 들었을 때 누구의 정보를 더 믿는가? 친구 A가 '들은' 정보인가, 친구 B가 '본' 정보인가? 아마 대부분은 상황을 본 B의 정보가 더욱 정확하다고 생각할 것이다. 왜 그럴까? 우리는 '들은 정보'보다 '본 정보'를 더 신뢰하는 경향이 있기 때문이다.

다음의 상황은 어떤가? 여러분이 경주에 휴가를 가기 위해 부산행 기차를 탔다. 기차가 한참을 달리다 어느 역에 정차할 준비를 하며 방송이 나온다. "이번 역은 '울산' '울산' 역입니다~" 그런데 여러분이 창밖을 보니 기차역 플랫폼에 커다랗게 '경주역'이라고 쓰여 있다. 이때 여러분은 이곳이 '울산역'이라고 생각하는가, '경주역'이라고 생각하는가? '들은 정보'를 신뢰하여 이곳이 '울산

역'이라고 생각해 기차에 계속 앉아 있을 것인가, 아니면 "뭐야~ 여기는 울산역이 아니라 경주역이잖아~"라고 잘못된 안내 방송에 불평을 늘어놓으며 서둘러 기차에서 내리겠는가? 아마도 서둘러 기차에서 내릴 것이다. 그대로 기차에 앉아 있는 사람은 없을 것이다. 왜 그럴까? 우리는 '들은 정보'보다 '본 정보'를 더 신뢰하는 경향이 있기 때문이다.

물론 두 정보가 일치하지 않을 때 '들은 정보'를 더 신뢰하는 경우도 있다. '들은 정보'를 제공한 사람이 그 분야에서 뛰어난 전문가인 경우이다. 이런 경우에는 내가 '본' 정보가 그렇지 않더라도 전문가에게 '들은' 정보를 더 옳은 판단으로 여기기도 한다. 그러나 대부분의 경우 우리는 '들은 정보'와 '본 정보'가 일치하지 않을 때 '본 정보'를 더욱 신뢰한다. 이처럼 '들은 정보'보다 '본 정보'를 더 신뢰한다는 중요한 사실을 아는 것만으로도 우리는 아주 많은 것들을 더 잘해 낼 수 있다.

고객을 만난 세일즈맨이 전문성을 드러낼 만한 용어를 모두 가져다 쓰며 고객 앞에서 전달하더라도 그가 '불안함' '자신 없음'의 행동을 한다면 고객의 뇌는 세일즈맨에게 들은 이야기가 아니라 본 행동을 더 믿는다. 그 결과 세일즈맨이 열심히 준비했던 전문성을 드러내고 확신을 전달하려고 했던 정보는 그가 보여주는 행동에 묻혀버리는 것이다.

자녀와 속 깊은 대화를 하고 싶어 하는 부모도 마찬가지이다. 아무리 열심히 대화법을 공부하더라도 자녀에게 '지금 너와의 대화가 이 세상 그 무엇보다 나에게 중요하단다'라는 메시지를 미세한 자세의 각도, 행동의 움직임으로 표현할 줄 모른다면 입으로는 'Yes'를 말하면서도 몸으로는 'No'를 말하는 부모가 될 수 있다.

이처럼 무슨 말을 할지만 열심히 준비해서는 원하는 목적을 이룰 수 없다. 손을 어떻게 움직일 때 부탁이 되고, 어떻게 움직일 때 그 말에 확신이 '시각적'으로 담기는지를 알아야 한다.

사람들과 소통을 하고 생각이나 감정을 전달하는 과정에서 입으로 하는 말이 아니라 비언어적으로 하는 행동이 훨씬 더 많은 영향을 미친다. 수많은 연구 결과들이 비언어적 행동심리가 인간관계에 얼마나 큰 영향을 미치고 있는지 보여주고 있다. 연구들마다 약간의 차이는 있지만 대부분 비언어적 행동이 사람들과의 소통에 미치는 영향이 70% 이상이라는 데에는 동의한다.

말하는 것보다
보여지는 행동이 더 강력하다

우리는 보아야 믿는다. 그래서 "말로만 하지 말고 행동으로 좀 보여줘~!"라고 말한다. 또 나의 주장이 진실임을 강조하고자 할 때는 "내 눈으로 직접 봤어!"라고 말하고, 진실 여부를 확인하기 위해서는 "네가 직접 봤어?"라고 묻기도 한다.

우리가 표현하려고 하는 '나'라는 사람도 마찬가지이다. 우리가 상대에게 전달하고자 하는 배려·응원·사랑 등의 감정뿐만 아니라 나의 태도·인성·인격과 같은 모든 것들이 우리의 행동·표정·말투를 통해 상대에게 전달된다.

우리는 끊임없이 감정이나 생각을 표정과 행동을 통해 드러낸다. 표정이나 행동은 내적 상태를 외적으로 보여주는 강력한 방법이기 때문이다. 상대의 몸짓이나 표정, 행동 등을 통해 우리는 그들의 인간성이나 인격까지도 평가하고 판단한다. 이처럼 비언어적 행동은 감정, 생각, 태도, 의도를 외부적으로 드러내어 시각적으로 표현하는 강력한 통로이다.

비언어 커뮤니케이션(non-verbal communication)이란 언어 이외의 수단을 통한 소통을 말한다. 우리가 사용하는 단어, 말의 내용을 제외한 거의 모든 수단이 비언어적 수단이라고 보면 된다. 말투, 음성, 억양 또한 비언어에 포함된다(준언어). 몸짓, 표정, 자세, 접촉, 공간뿐만 아니라 옷, 화장, 액세서리 등도 비언어적 수단에 포함된다.

처음 만나는 데이트 상대에게 호감을 전달하고 싶으면 말뿐만 아니라 실제로 그렇게 '보이도록' 행동해야 한다. 직장 동료들과 좀 더 편안한 관계가 되고 싶다면 실제로 그들과 함께하는 시간이 편하고 즐겁다는 것을 '보여 주어야' 한다. 입으로는 편한 관계가 되고 싶다고 말하면서 만날 때마다 긴장하고 불편한 기색을 보이면 그들은 당신의 말을 믿지 않을 것이다.

마찬가지로 고객에게 당신의 전문성을 드러내고 싶다면 당신의 입으로 "제가 전문가입니다"라고 직접 말하는 것보다 자신감이 넘치는 전문가다운 모습을 보여주는 것이 백 배 더 강력한 방법이다.

세계적인 컨설팅 기업의 대표이자 비언어 전문가인 앨런 피즈는 10대 때부터 동네를 돌아다니며 이런저런 물건을 팔았다. 스무 살이 되어 보험영업을 시작한 그는 입사 첫해에 그간의 판매 기록들을 갈아치우는 괴물 신입으로 명성을 떨친다. 그리고 같은 해에 백만 달러 판매왕이 되어 미국 고소득 보험인들의 모임인 '백만 달러 원탁회의'의 최연소 멤버가 된다. 그는 사람들이 무의식적으로 사용하는 비언어적 행동들에 대해 이렇게 말했다.

"많은 사람들이 본인이 전달하고자 하는 메시지를 방해하는 몸짓들을 사용하면서 '상대가 왜 내 말을 믿지 못하는지' '왜 설득이 되지 않는지' 모르고 있다."

그러나 너무 걱정할 필요는 없다. 사실 우리는 이러한 능력을 이미 갖추고 태어났기 때문이다. 우리가 이 세상에 태어나 가장 먼저 배운 것은 언어가 아니라 비언어였다. 이상한 소리를 지르고, 엄마의 표정을 따라 하고, 미소 짓고 울며 '밥을 달라' '기저귀를 갈아달라'고 의사표시를 했다. 다만 언어를 배우기 시작하면서 우리는 첫 번째 말이었던 비언어를 잊고 있었을 뿐이다. 따라서 이제부터라도 우리가 평소에 무의식적으로 사용하던 비언어적 행동들을 의식적 수준으로 가지고 오면 된다. 그럼 내가 전달하고자 하는 메시지를 '언어'와 '비언어'로 구분하여 조화롭게 사용할 수 있게 될 것이다.

연봉 3,000만원이 더 올라가고 삶의 만족도가 42% 더 높아진다

비언어적 행동심리를 잘 활용할 수 있다는 것은 단순히 내가 원하는 나의 모습을 잘 표현할 수 있다는 것에 그치지 않는다.

미국과 호주에서 이루어진 연구 결과에 의하면 비언어적 행동심리에 대한 이해도가 높은 세일즈맨은 평균 이해도의 세일즈맨보다 연봉을 3,000만원 이상 더 받는다고 한다. 뿐만 아니라 이들은 다른 동료들에 비해 판매량도 20% 더 높았고 공감능력도 10%

더 높았다. 그러다 보니 이들의 삶에 대한 만족도 또한 다른 사람들에 비해 42%나 더 높았다. 이는 어쩌면 당연한 결과일지도 모른다. 비단 세일즈뿐만 아니라 어느 분야든 두드러진 성과를 보이는 사람들의 90%는 비언어적 행동심리에 대한 이해도가 높다고 한다. 따라서 우리가 사용하는 몸짓들을 잘 이해하는 것만으로도 경제적으로나 관계적으로 더욱 풍요롭고 행복해질 수 있다.

■ 리더

리더의 몸짓은 구성원들과의 소통에 있어 매우 중요한 역할을 한다. 리더가 사용하는 비언어적 행동들은 힘들고 어려운 순간이 찾아와도 위기를 이겨낼 수 있다는 신념과 카리스마를 전달한다. 따라서 리더는 구성원들에게 믿음을 전달하고 동기부여를 하기 위해 그들의 몸짓뿐만 아니라 그들과의 거리를 활용하는 방법도 알아야 한다.

■ 세일즈맨

고객은 세일즈맨의 말보다 그들이 보여주는 표정이나 행동을 60~80% 더 신뢰한다. 따라서 세일즈맨은 고객에게 제안하는 제품·서비스가 본인의 실적을 위한 것이 아니라 고객을 위한 것이라는 점을 진실되게 잘 전달하는 것이 필수적이다. 동시에 고객의 비언어를 잘 읽어내 고객조차 인지하지 못하는 고객의 상태를 이해할 수 있다면 고객의 강한 신뢰를 얻게 된다.

■ 교수(교사, 강사)

교수가 강의에서 사용하는 몸짓은 학생들의 성적에 영향을 미친다. 동시에 본인의 강의 평가에도 영향을 미친다. 같은 내용을 강의하지만 다른 몸짓을 사용한 교수의 강의 평가가 다르게 나왔다. 또한 교수들의 수업 영상을 음 소거 처리해 말은 들리지 않고 모습만 보이게 한 수업의 강의 평가가 그 교수들이 평소에 받는 강의 평가와 동일하게 나왔다.

■ 부모

부모가 무의식적으로 사용하는 표정이나 행동은 자녀들에게 큰 영향을 미친다. 부모가 손을 많이 활용하며 설명할수록 자녀도 말을 할 때 손을 더 많이 활용하며, 표정이 없는 부모들을 보고 자란 자녀들은 표정이 다양하지 못했다. 권위를 나타내는 자세, 회피하는 자세 등도 부모의 몸짓에 따라 자녀가 영향을 받게 된다.

■ 정치인

정치인이 말만 잘해서는 유권자의 마음을 얻을 수 없다. 그들의 신념과 능력을 말뿐만 아니라 행동으로 보여주어야 한다. 미국에서는 이미 1960년대부터 대통령 후보를 비롯한 정치인들이 비언어적 행동의 중요성을 인식하고 연설할 때마다 그들의 진심과 신념을 보여주기 위해 그에 맞는 몸짓들을 사용하고 있다.

■ 구직자

면접관들은 구직자들의 대답에 대한 진실성을 가려내는 방법으로 구직자의 비언어

적 반응들을 자세히 살핀다. 면접관들의 80% 이상이 스펙이 아무리 좋아도 반드시

탈락시키는 구직자가 있다고 했는데, 그 1순위는 태도나 행동이 좋지 못한 구직자라

는 설문 결과가 있다. 구직자의 태도나 행동은 그들의 인성이나 인격을 드러내 주고

이는 표정·말투·몸짓 등을 통해 표출된다.

■ 마케터

제품에 따른 광고 모델들의 자세를 구별할 줄 알아야 한다. 단순히 아름다운 모델을

섭외해 제품을 소개하는 것이 아니라 모델의 자세와 표정, 동작을 통해 어떠한 방식

으로 잠재고객에게 제품의 매력을 어필해야 하는지 알아야 한다. 또한 회피·부정·

의심과 같은 몸짓을 정확히 이해하고 그러한 몸짓들이 광고 안에 드러나지 않도록

해야 한다.

■ 배우

배우는 언어(대사)와 비언어(말투·표정·동작)를 의식적으로 일치시켜, 보는 사람으

로 하여금 배우가 느끼는 감정이 진짜라고 느껴지도록 설득하는 직업을 가진 사람

이다. 언어와 비언어가 일치되지 않을 때 '발연기'한다고 한다. 우리가 '명 연기자'라

고 칭하는 배우들은 미세한 근육의 움직임이 전달하는 감정을 아주 잘 이해하고 언

어와 비언어 사이의 일치도가 굉장히 뛰어난 사람이다.

PART 1

신뢰

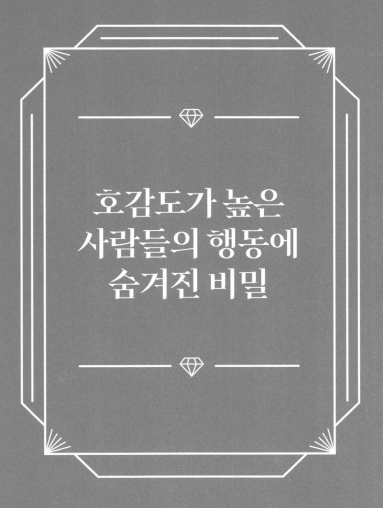

호감도가 높은
사람들의 행동에
숨겨진 비밀

호감도가 높은 사람들은 왜 매력이 있는 걸까?

호감도가 높은 사람들에게는 어떤 비법이 있는 걸까?

방송, 강의, 컨설팅을 하면서 수없이 많은 사람들을 만났다. 누구나 다 아는 기업의 CEO, 선거를 앞둔 정치인, 유명 연예인들을 만나 행동심리 컨설팅을 진행했다. 병원에 강의를 가면 병원 장님과 인사를 하고, 구청에 강의를 가면 구청장님을 만나 이야기를 나눈다. 어느 곳을 가든 그곳의 리더 분들과 인사를 하는데, 여기서 흥미로운 점은 사회적으로 높은 자리에 있는 사람일수록 그 사람 특유의 아우라가 느껴진다는 것이다. 이것이 바로 사람의 관심을 사로잡는 매력이다. 그리고 이들은 거의 대부분이 호감형이었다. 외모나 생긴 모습이 호감형이 아니라 호감의 아우라를 가지고 있었다.

같은 말을 하더라도 호감도가 더 높은 사람들이 있다. 같은 상황에 있더라도 호감도에 따라 반응은 달라진다. 상대에게 호감을 느끼면 '그럴 수도 있겠구나~'가 되지만 상대에게 비호감을 느낀다면 '저 사람은 왜 저럴까?'가 된다. 상대에게 호감을 느끼면 상대의 이야기에 더 많이 웃고, 더 집중하고, 더 깊게 공감한다. 그래서 내 자신을 호감형으로 가꾸는 것은 중요한 강점이 된다.

그렇다면 당신은 호감을 결정하는 것이 무엇이라고 생각하는가? 외모, 옷, 패션 감각, 목소리, 말투, 행동, 표정…

외모가 출중하지만 표정이 어두운 사람과 외모는 평범하지만 표정이 밝은 사람 중 우리는 누구에게 더 오랫동안 호감을 느낄까? 남다른 패션 감각을 지니고 있어 정말 멋져 보이지만 모든 행동이 자기중심적인 사람과 패션 감각은 별로 없지만 항상 타인을 배려하는 행동이 몸에 밴 사람 중에서 우리는 누구와 다시 만나고 싶을까? 누구보다 멋진 목소리를 가지고 있지만 입만 열면 남흉보기에 바쁘고 육두문자를 입에 달고 사는 사람과 목소리는 별 매력이 없지만 항상 사람들의 장점을 이야기하고 따뜻한 말을 건네는 사람 중 우리는 누구와 차 한잔을 마시고 싶을까?

내가 행동하는 방식, 인사를 건네는 방식, 대화를 이어가는 방식은 나에 대한 첫인상뿐만 아니라 호감도를 결정하게 만드는 계기가 된다. 아름다운 외모, 매력적인 목소리, 센스 넘치는 패션 감각 등은 만남의 초반에 사람들의 이목을 집중시킬 수 있다는 장점이 있다. 이 장점을 활용해 사람들의 이목을 나에게로 가지고 왔다면 그 후에는 행동을 통해 '나'라는 사람이 어떤 태도, 어떤 마음, 어떤 생각이나 의도를 가지고 있는지를 보여줄 수 있어야 한다. 그렇지 않으면 초반의 관심은 호감의 관계로 발전하지 못하고 그저 단순한 호기심에 그치고 말 것이다.

그렇다면 우리는 어떤 행동들을 통해 상대에게 메시지를 전달해야 할까? 호감도를 높이는 관계를 시작하고 싶다면 아주 중요한 힌트를 하나 소개하겠다.

우리가 누군가를 만났을 때, 어떤 사람은 자신의 업무적 능력을 가장 먼저 드러내고 싶어 할 수 있고, 어떤 사람은 밝은 에너지와 긍정적인 마인드를 가장 먼저 드러내고 싶어 할 수 있다. 그럼 우리가 가진 다양한 장점 중 어떤 면을 가장 먼저 드러내면 좋을까? 그 답은 내가 사람들을 만날 때 상대의 어떤 면을 가장 먼저 보는지를 생각해 보면 알 수 있다.

우리는 사람들을 처음 만날 때 상대방의 어떤 점을 가장 먼저 볼까? 가장 많이 나온 대답은 '호의'였다. 호의는 상대가 '나쁜 의도로 접근하지 않았는가'를 판단하는 기준이 된다. 아무리 재미

백 마디 말보다 강력한 행동의 심리학

있는 사람, 금세 친해지는 사람이라도 나쁜 의도를 가지고 다가온 사람과 가까이 지낸다면 왠지 나에게 피해를 입힐 것이라는 생각이 먼저 든다. 이는 안전에 대한 욕구 때문이다. 신체적·정신적·금전적 피해로부터 나를 보호하려는 본능적인 반응이다.

반대로 당신이 누군가를 처음 만날 때에는 당신의 어떤 면을 가장 먼저 드러내려 할까? 앞의 대답대로라면 나 역시 상대에게 '호의'를 가장 먼저 드러내야 하겠지만 가장 많이 나온 대답은 그렇지 않았다. 우리는 상대에게 나의 '전문성'을 가장 먼저 드러내려 한다. 이 역시 안전에 대한 욕구의 결과이다. '내가 똑똑해 보여야 상대방이 나를 속여 피해를 당할 확률이 줄어들 수 있다'는 본능적인 반응이다.

이처럼 우리는 첫 만남에서 나의 전문성을 가장 우선적으로 드러내려는 본능을 가지고 있다. 물론 상황에 따라 본인의 능력을 어필하는 것이 필요할 때도 있다. 하지만 첫 만남에서 호감도를 높이고 싶다면 당신이 상대의 호의를 먼저 확인하려는 것처럼 당신도 호의를 먼저 표현하는 것이 중요하다.

Part 1에서는 '신뢰할 수 있는 관계를 만들고 호감도를 높이는 행동'에 대해 알아볼 것이다. 신뢰를 형성하여 호의를 보이고 긍정·관심·편안함을 전달해 호감도를 높이는 행동들을 소개한다.

사람들이
친구 B의 부탁을
더 많이 들어주는 이유

친구 A와 친구 B가 있다. 이들은 20년 넘게 알고 지낸 오랜 친구 사이다. 20년이라는 긴 세월을 가까이 지내다 보니 이 친구들은 즐거웠던 시간뿐만 아니라 힘들었던 시간, 함께 성장했던 시간들로 추억이 가득하다. 그러다 문득 궁금해졌다. A와 B는 성향도 비슷하고 함께 알고 있는 친구들도 많은데, 유독 주변 사람들이 A보다 B의 부탁을 더 잘 들어주기 때문이다. A와 B가 주변 사람들에게 했던 부탁은 우리가 살면서 누군가에게 한 번쯤은 해보았을 그런 것들이다. 들어주기 어렵다거나 부담이 되는 부탁들은 아니었지만 A나 B 본인들에게는 중요한 부탁이었을 것이다. 그런데 사람들은 왜 A보다 B의 부탁을 더 많이 들어주었을까?

그 답은 바로 A와 B가 사람들에게 부탁을 하면서 했던 행동의 차이에 있었다. A와 B의 행동에는 확연하게 드러나는 다른 차이

백 마디 말보다 강력한 행동의 심리학

가 있었는데, 이 행동의 차이가 주변 사람들이 A보다는 B의 부탁을 더 들어주고 싶게 만들었던 것이다. 주변 사람들은 B가 부탁을 할 때 그의 행동에 더 진실됨을 느꼈다. B가 여러 지인들 중에서 굳이 자신에게 부탁을 하는 이유가 소위 말하는 '내가 부탁하기에 만만해서' 또는 '내가 부탁을 거절하지 못할 것 같아서'와 같은 이유가 아니라 '나를 존중하기 때문'이라고 느꼈다. B는 이처럼 사람들의 신뢰를 받고 있을 뿐만 아니라 사람들과 호감의 관계를 유지하고 발전시켜 나가는 아주 중요한 능력을 가지고 있었다. 그렇다면 B가 보여주는 진실됨의 힘은 무엇일까? 그 답은 바로 B의 '손'에 있었다.

상대의 의도를 제대로 파악하는 방법

B는 습관적으로 '손바닥'을 드러내는 행동을 잘했다. B는 사람들과 이야기를 하면서 주로 오른손 손바닥을 드러내는 행동습관이 있었다. 또 어떨 때는 양쪽 손바닥을 다 드러내며 이야기하는 경우도 있었다. 때로는 손을 빠르게 움직이기도 하고 천천히 움직이기도 했다. 부드럽게 곡선을 그리면서 손을 움직일 때도 있었고, 직선을 그리며 움직일 때도 있었다.

그리고 B는 사람들과 이야기를 나눌 때 손을 테이블 아래에 두어 숨기는 행동은 거의 하지 않았다. 추운 날 사람들과 이야기를 나눌 때에도 손을 주머니에 넣거나 허벅지 아래에 놓지 않았고, 항상 손이 드러난 상태에서 이야기를 했다. 대화 중 손톱의 큐티클을 뜯거나 손톱 밑을 확인하는 행동들은 더더욱 하지 않았다. 대부분의 사람들이 무의식적으로 하는 행동들을 B는 의식적으로 하지 않았고, 대부분의 사람들이 하지 않는 행동을 B는 전략적으로 활용할 줄 알았다. 이처럼 B는 사람들과의 관계에서 손바닥을 드러내는 행동이 서로를 믿을 수 있는 관계로 만드는데 아주 중요하다는 것을 잘 알고 있었다.

손은 우리의 뇌와 가장 많이 연결된 신체부위로, 우리의 의도와 생각을 잘 보여준다. 그래서 우리는 상대의 손을 잘 관찰하는

백 마디 말보다 강력한 행동의 심리학

것만으로도 상대의 의도를 제대로 알 수 있다. 나와의 만남이 반가운 사람은 양팔을 벌려 손바닥이 위로 보이는 행동을 통해 손바닥을 다 드러낸다. 그러나 나에게 무언가를 숨기거나 감추려는 사람은 손을 숨겨 보이지 않게 가린다. 이러한 행동의 차이점을 아는 사람들은 이를 장점으로 활용하는 반면, 모르는 사람들은 인간관계가 나빠지는 이유를 알지 못하고 같은 실수를 반복한다.

손바닥을 드러내는 팜업 행동

손바닥을 드러내어 상대에게 보여주는 행동을 팜업(Palm up) 행동이라고 한다. palm은 영어로 손바닥을 뜻하며, palm up은 손바닥이 위로 드러났다는 것을 의미한다.

나의 손바닥을 보여주거나 상대의 손바닥을 확인하는 행동은 인간의 본능적인 행동으로, 우리의 안전과 아주 밀접한 관계가 있다. 우리는 누군가를 처음 만나면 그 사람이 나의 안전을 위협하는 사람인지 아닌지, 나를 다치게 할 무기를 소지하고 있지는 않은지 본능적으로 확인한다. 이때 우리가 주의를 기울이고 확인하는 신체부위가 바로 '손'이다. 상대의 빈손을 먼저 확인하는 것이다. 그래서 빈 손바닥을 드러내는 행동은 '나는 당신을 해칠 만한 무기를 소지하고 있지 않습니다. 보세요~'라는 시각적 메시지를 전달한다. 이 메시지는 우리 모두가 가지고 있는 본능적이고 원초적인 질문인 '저 사람은 나에게 안전한 사람인가?'에 대한 답을 제시하여 상대의 불안과 긴장을 낮추어주는 효과를 가져온다.

이처럼 손바닥을 보여주는 행동은 첫 만남에서 우리의 안전을 보장하고 신뢰를 형성하기 위해 무의식적으로 또는 전략적으로 하는 행동이지만 일상생활에서도 자주 관찰되는 행동 중 하나이다. 예를 들어 엄마의 지갑에서 돈을 슬쩍 했다고 의심받는 자녀는 당연히 자신의 무죄를 온몸으로 외칠 것이다. "내가 안 훔쳤다니까~!"라고 소리치며 양팔을 벌리고 빈 손바닥을 엄마의 눈앞에 보여주듯이 손을 드러낸다. 물건을 숨기고 있다고 의심받는 경우도 마찬가지다. "없다니까~!"라고 소리치며 양팔을 벌리고 양 손바닥을 보여준다. 비밀을 숨기고 있다고 의심받을 때도 "난 정말 아무것도 모른다고~"라며 양 손바닥을 보여주면서 어깨를 으쓱한다.

이렇듯 손바닥을 보여주는 팜업 행동은 우리가 하는 말이나 감정이 진실임을 강조하고자 할 때 자연스럽게 나오는 행동이다. 그래서 우리는 내 앞의 상대가 이런 행동을 하는 것을 보았을 때 '상대가 진심을 전하고 싶어 하는구나'라고 무의식적으로 느끼게 된다. 상대가 이 행동을 전략적으로 활용하고 있는 중이라도 말이다.

우리는 이미 예전부터 이렇게 빈 손바닥을 상대에게 드러내어 신뢰의 관계를 맺으려는 행동을 사용해 왔는데, 바로 '악수'이다. 악수는 상대에게 빈 손바닥을 보여주고 같이 맞잡음으로써 서로에게 위협이 되지 않음을 확인하는 행동이다. 팬데믹 이후 악수가 조심스러워진 세상에서 살고 있지만 우리는 여전히 악수를 통해 안전하고 진실된 관계의 시작을 약속하고 있다.

로마시대에는 서로의 손을 잡는 것이 아니라 손목을 잡아서 악수를 했다. 당시는 손목에 단도를 꽂고 다녔기 때문에 상대방의 손목을 잡아 나를 해칠 만한 무기, 즉 단도를 가졌는지 아닌지를 확인했다. 이 행동이 단도를 꽂고 다니지 않는 현대까지 발전되어 나의 안전을 확보하고 상대에 대한 신뢰도를 확인하려는 무의식적인, 그렇지만 아주 중요한 메시지를 전달하고 있는 것이다.

손바닥을 보여주면 신뢰가 생긴다

〈Frontiers in Psychology〉에서는 손바닥을 위로 올리는 팜업 행동이 더 나은 협상 결과를 만들어 낸다고 발표했다. 협상 중에 손바닥을 위로 올리는 행동을 한 협상가가 이 행동을 하지 않은 협상가보다 더 신뢰할 수 있는 사람으로 인식되고, 그 결과 더 나은 협상 결과를 얻을 수 있었다고 밝혔다.

　뿐만 아니라 〈The Journal of Psychology〉에서도 재미있는 연구 결과를 발표했는데, 이 역시 팜업 행동이 신뢰도에 미치는 영향을 실험한 연구였다. 이 실험에서 참가자들은 전혀 알지 못하는 다른 참가자들을 만나 돈을 공유해야 할 정도로 신뢰를 할 것인지 아니면 돈을 공유하지 않을 것인지를 결정하는 게임에 참여했다. 다른 참가자에게 돈을 요청하는 참가자들은 손바닥을 위로 드러내는 팜업 행동을 하면서 돈을 달라고 요청하거나 또는 중립 제스처를 취하면서 돈을 달라고 요청할 수 있었는데, 참가자들은 다른 참가자가 팜업 행동을 하며 돈을 요청했을 때 그들을 더 신뢰하고 돈을 공유할 가능성이 더 높다고 말했다. 이는 아직 신뢰 관계가 형성되지 않은 모르는 사람들과도 이 행동을 통해 신뢰도를 높일 수 있다는 것을 의미한다. 이 연구는 굉장히 중요한 결과를 보여주는데, 우리가 일상적인 상황에서나 업무, 협상, 비즈니스 관계, 개인 간의 관계 등 다양한 관계와 상황들에서 팜업 행동을 하는 사람은 더 믿을 수 있고, 향후 더 강력한 관계를 구축할 수 있다는 것을 알려준다.

같은 말을 하더라도
부드럽게 전달하고 싶다면

손은 우리의 의사소통에서 매우 중요한 역할을 하고 있다. 손을 통해 상대에 대한 배려와 존경을 표현하기도 하고, '어서 오세요~'와 같은 환영과 초대의 메시지를 전달하기도 한다. 또 팔을 뻗으며 손바닥으로 벽을 만들어 '다가오지 마세요!' '하지 마세요!' 등의 거절·거부의 의사를 표현하기도 하고, 한쪽을 가리키며 '왼쪽으로 가시면 됩니다'와 같이 언어적 내용을 보충하는 역할을 하기도 한다.

그러나 무엇보다 손의 가장 중요한 역할은 신뢰를 형성하고 관계를 지속적으로 유지하며 더 깊은 관계로 발전시켜 나가는 데에 있다. 신뢰성과 호감은 고객과의 관계, 동료와의 관계에서뿐만 아니라 가족, 친구 등 모든 인간관계에서 가장 기본이 되는 요소이다.

일본의 유명한 이미지 컨설턴트인 니시마치 마코는 연구를 통해 호감을 주는 3가지 속성에는 '수용성' '공감성' '친밀함'이 있다는 것을 알아냈다. 그리고 이 3가지 속성은 모두 손을 통해 전달된다는 것을 이 책을 읽다 보면 알게 될 것이다.

평소에 차가운 이미지를 가지고 있어서 고민이라면, 고집 있어 보인다는 이야기를 종종 듣는다면 팜업 행동을 적극적으로 활용해 보자. 같은 말을 하더라도 팜업 행동과 함께 이야기하면 명령이 아닌 부탁이 되고, 통제가 아닌 존중이 되고, 위엄이 아닌 온화함이 강화되기 때문이다.

주변에서 방어적으로 느껴지거나 싹싹하지 않게 느껴지는 사람들의 손짓을 잘 관찰해 보면 그들은 손바닥보다 손등을 더 많이 노출한다. 반면 손바닥을 자주 보여주며 말하는 사람들은 손을 주머니에 넣고 있거나 가리고 있는 사람들에 비해 훨씬 더 오픈된 이미지를 전달할 수 있다. 사람들과의 관계에서 신뢰를 형성하고 호감을 전달하고 싶다면 나의 손이 열려있는지 반드시 확인해야 한다.

신뢰와 호감의 팝업 행동

평상시에 내가 손을 어떻게 사용하는지 관찰하는 습관을 가져보자. 날씨가 춥다는 이유만으로 처음 만나는 사람과 이야기할 때도 주머니에 손을 넣고 있지는 않았는지, 습관적으로 손을 항상 모으고 있다 보니 상대에게 손등만 보여주고 있지는 않았는지, 사람들과 이야기를 나눌 때 습관적으로 팔짱을 끼고 있지는 않았는지 등 일상생활에서 무의식적으로 하던 사소한 습관들을 관찰해 보면 나의 새로운 모습들을 발견하게 된다.

세계적인 컨설팅 기업인 피즈인터네셔널의 실험 결과에 따르면 손바닥을 보여주며 대화를 하면 무려 84%의 사람이 긍정적인 반응을 보이는 반면, 손등을 보여주며 말을 하면 긍정적인 반응이 52%까지 떨어지고 손가락을 세우며 말을 했을 때에는 28%까지 떨어졌다는 결과가 나왔다.

"만나 뵙게 되어 반갑습니다~"라고 인사를 나누면서 손을 닫은 채 언어적으로만 인사하고 있는 자신을 발견한다면 빠르게 손을 열어 열린 손바닥과 함께 인사하도록 하자.

"어떻게 생각하세요?"라고 고객에게 질문하는 중이라면 손바닥을 열어 보이며 질문하는 것이 중요하다. 손바닥을 보여주며 질문하면 '저는 솔직하게 당신을 대하고 있습니다~ 당신도 저에게 솔직하게 대해 주세요~'라는 부탁의 메시지도 함께 전달할 수 있게 된다.

물건이나 서류를 건넬 때에는 손등을 위로 하여 건네지 말고 손바닥이 위로 오게 물건을 잡고 건네도록 하자. 받을 때도 마찬가지다. 손등을 위로 하여 손가락으로 긁어 오는 것이 아니라 손바닥을 열고 받으면 상대방은 존중감을 느낄 것이다.

면접을 보는 중이라면 경험을 말하거나 진심을 강조하고 싶을 때 자연스럽게 손바닥을 보이며 말해 보자. 이때 양팔을 너무 크게 벌리거나 양 손바닥을 모두 드러내기보다는 한 번에 한쪽 손바닥만 자연스럽게 펴보이면서 이야기하면 산만해 보이지 않으면서 신뢰를 주고 호감도를 높일 수 있다.

중요한 것은 손바닥을 보이는 것도 근육의 움직임이라는 것이다. 평소에 관찰하지 않고 연습하지 않으면 정작 중요한 자리에서는 어색한 동작이 연출되거나 동작에만 신경을 쓰다 다른 중요한 것들을 놓칠 수도 있다. 평소에 친한 지인들과 이야기를 나눌 때부터 의식적으로 이러한 몸짓을 연습하면 자연스러운 행동을 통해 신뢰와 호감도가 함께 올라갈 것이다.

누구든 친구로 만드는 사람
VS
나도 모르게 적을 만드는 사람

유명한 여배우가 모델로 출연한 화장품 광고가 있다. 이 광고 안에서 여배우는 이 화장품이 당신을 얼마나 아름답게 만들어 줄 수 있는지, 이 화장품을 쓴 날과 쓰지 않은 날의 차이는 어떤지, 지속력은 얼마나 좋은지, 이 화장품을 써본 당신이 거울에 비친 자신의 아름다워진 모습에 얼마나 깜짝 놀라게 될지를 설명하며 고객들이 지갑을 열고 이 제품을 구매하도록 설득한다.

누구든 친구로 만드는 사람들의 행동

광고에서 나의 시선을 단번에 사로잡았던 것이 있었는데, 바로 여배우가 제품 설명 사이사이에 심어놓은 강력한 '친구 사인'

이었다. 여배우는 광고의 중간중간 전략적으로 하는 행동이 있었는데, 이는 우리가 친한 친구를 만나거나 반가운 사람을 만났을 때 자연스럽게 나오는 행동이었다. 그래서 내 앞에 있는 누군가가 나를 보며 이 행동을 하면 우리는 '상대가 나를 보고 반가워하고 있구나'라고 느끼게 된다. 이 느낌은 우리가 존중받고 환영받고 있다는 중요한 메시지를 전달한다. 여배우는 광고를 보는 잠재고객들에게 우리는 '파는 사람과 사는 사람'의 관계가 아니라 '친구'라는 강력한 '친구 사인'을 보내면서 동시에 그러한 긍정적 감정이 고객에게 잘 전달되도록 했다. 이 여배우가 오랫동안 광고에 자주 보이는 이유를 알 수 있었다.

광고에서 여배우가 '말'을 통해 전달하는 내용은 제품에 대한 정보이다. 제품이 어떤 장점이 있는지, 이전의 제품에 비해 어떤 점이 더 좋아졌는지, 그래서 고객에게 어떤 이득을 줄 것인지와 같은 정보를 전달한다. 반면 여배우가 '표정'이나 '행동'을 통해 전달하는 내용은 이 제품을 사용했을 때 구매고객들이 어떤 감정을 경험하게 될지를 전달한다. 만족스럽고 여유 있으며 자신감이 넘치는 당당함의 감정을 표현한다. 그리고 이 제품을 사용하게 되면 고객 또한 동일한 감정을 경험할 것이라는 것을 전달한다.

나는 강연에서 이 광고 영상을 수강생들에게 보여주며 다음과 같이 질문하는데, 그 반응은 아주 다양했다.

백 마디 말보다 강력한 행동의 심리학

"이 광고 속 여배우가 제품에 대한 긍정적인 감정을 강조하기 위해 사용한 비언어적인 표현을 찾아보세요."

한 번에 정답을 맞추는 수강생 그룹이 있는가 하면 광고를 4번씩이나 다시 보여줘도 전혀 알아채지 못하는 그룹도 있다. 여기서 재미있는 사실은 수강생들에게 정답을 말해 주고 광고를 다시 보여줬을 때 그 행동이 여러 번 나오는 것을 확인하고는 어떻게 이렇게 자주 나오는 행동을 전혀 보지 못했는지 의아해한다. 말 그대로 아는 만큼만 보이기 때문이다. 누군가는 상대를 설득하고 긍정적인 감정과 좋은 관계를 만들기 위해 전략적으로 사용하는데, 누군가는 눈앞에 보이는 것조차 보지 못하고 놓쳐 버린다.

과연 여배우가 광고에서 사용한 비밀의 언어는 무엇일까?

눈썹을 빠르게 올렸다 내리는
번개눈썹

여배우가 사용한 비밀의 언어는 바로 '번개눈썹'이다. 양쪽 눈썹을 빠르게 올렸다 내리는 이 행동은 깜짝 놀랐을 때 나오는 행동이지만 우리가 긍정적인 감정을 표현하거나 반가움을 드러내고자 할 때 나타나는 행동이기도 하다. 이때 양쪽 눈썹이 올라갔다 내려오는데 걸리는 시간은 1~2초 정도이다.

이 표정은 우리가 길을 가다 우연히 친한 친구를 만났을 때를 생각하면 이해하기 쉽다. 길에서 우연히 마주친 친한 친구를 보자마자 우리는 "어? 상은아~!" 하면서 눈썹이 순간적으로 위로 올라갔다 내려온다. 예상하지 못했던 상황에 대한 놀람이지만 긍정적인 감정을 기반으로 하는 경우 번개눈썹에 이어 미소와 시선 맞춤, 접촉 등의 행동을 동반한다. 하지만 별로 보고 싶지 않은 사람을 길에서 우연히 마주치면 순간적으로 눈썹이 아래로 찡그려지며 시선을 반대방향 아래쪽으로 돌리게 된다.

광고 속의 여배우도 마찬가지다. 우리가 친한 친구를 만나 반가운 마음이 들거나 기분이 좋을 때 사용하는 번개눈썹을 의도적으로 잘 사용하여 이 화장품이 '당신을 기쁘게 할 거예요~'라는 메시지를 한마디의 말도 하지 않고 강력하게 보여준 것이다.

번개눈썹 만으로 더욱
매력적인 사람이 될 수 있다

번개눈썹을 하게 되면 눈두덩이가 위로 당겨지면서 눈이 더 둥근 모양으로 커지게 된다. 이런 모습은 당신을 더욱 순하고 매력적으로 보여지게 만든다. 그런데 번개눈썹의 더 큰 이점은 당신을 단순히 더 매력적으로 보이게만 하는 것이 아니라 당신을 '긍정적인 에너지를 가진 사람' '밝은 사람' '오픈되어 있는 사람'으로 만들어 준다는 데에 있다. 왜냐하면 눈썹을 올리며 이야기를 하면 음성의 톤이 함께 올라가기 때문이다. 그래서 우리는 전화 통화를 하면서 상대방의 얼굴 표정을 볼 수는 없지만 그럼에도 불구하고 상대가 지금 기분이 좋은 상태인지 그렇지 않은지 알 수 있는 것이다.

인사를 나눌 때에는 "안녕하세요~!"라는 인사말과 함께 눈썹을 올렸다 내리며 인사하는 습관을 만들어 보자. 당신의 인사가 한 톤 더 높아진 음성과 함께 더욱 밝아짐을 느낄 수 있을 것이다. 번개눈썹과 함께 인사를 나누면 자연스러운 미소를 짓는 것도 더욱 쉬워진다.

얼마 전 보라카이로 휴가를 갔었을 때의 일이다. 호텔에 도착해 체크인을 하고 방에 들어갔는데 호텔 방에 작은 문제가 있었다. 전화 문의가 되지 않아 호텔 로비의 안내 데스크로 직접 갔는데, 직원은 컴퓨터 화면만 쳐다보며 무엇인가를 계속하고 있었다. '잠깐 기다려 달라'는 안내 말도 없이 컴퓨터 화면만을 바라보고 있었다. 보통 같으면 '저기요~' 하고 주의를 나에게로 가져오는 행동을 했을 수도 있지만 일상생활에서 발견하게 되는 이런 행동들은 내가 강연을 하거나 방송을 할 때 좋은 사례가 되기 때문에 나는 이런 일들이 있을 때마다 그저 조용히 기다리며 관찰하곤 한다.

시간이 꽤 지났는데도 내 앞의 직원은 내가 보이지 않는 투명인간인 것처럼 행동하고 있었다. 나는 속으로 '이 정도면 다른 고객들에게 컴플레인을 좀 받겠는데?'라고 생각하던 순간, 뒤쪽 문에서 매니저가 나오다 나와 눈이 마주치자 눈썹을 올리며 상냥하게 물었다. "How may I help you?"

이 두 사람의 차이가 보이는가? 데스크의 직원은 내가 존재하지 않는 사람인 것처럼 행동했다. 직원은 본인 앞에 서 있는 고객보다 컴퓨터 안에 있는 것이 더 중요하다고 큰소리로 외친 것과 다름없다. 그러나 매니저는 나와 눈이 마주치자마자 번개눈썹을 통해 '당신의 존재를 제가 보았습니다' '당신의 존재가 나에게 중요합니다'라는 메시지를 전달한 것이다.

이것은 단순히 작은 행동 하나의 차이가 아니다. 만약 여러분이 어떤 모임에 갔는데, 이런 유형의 두 사람이 있었다면 여러분은 누구에게 더 호감을 느낄 것인가? 이 모임 이후에도 누구와 계속 만나고 싶을까? 누가 더 친근하다고 느껴지고 누구와 친구가 되고 싶은가? 두 사람의 행동의 차이는 5년 뒤, 10년 뒤, 이들에게 다른 평판을 가져다줄 것이다.

상대가 내용을 더 잘 기억하도록
강조할 수 있다

번개눈썹의 또 다른 강력한 장점은 전달하려는 수많은 내용 중에서 중요한 부분을 상대가 더 잘 기억할 수 있도록 강조점으로 활용할 수 있다는 점이다.

이야기를 나누다 주요 단어, 이름, 주제, 회사 이름 등 강조하고 싶은 단어가 나올 때 눈썹을 함께 올리면 내용의 중요도를 강조할 수 있다. 우리가 책을 읽을 때 중요한 내용에 밑줄을 치는 것과 같은 이치다. 상대가 꼭 기억하기를 바라는 단어가 나올 때 눈썹을 올리며 이야기하면 긍정적인 감정과 그 단어를 하나로 묶어 동시에 상대에게 전달할 수 있다.

긍정의 표현도 지나치면
오해 받을 수 있다

긍정의 감정을 표현하는 번개눈썹이 오해를 받는 경우도 있는데, 바로 눈썹을 오랫동안 올리고 있는 경우이다. 이 표정은 대부분 본인의 이야기를 마치고 나서 상대를 응시하며 눈썹을 3~5초 이상 올리고 있는 경우인데, 이때는 긍정의 감정을 전달하는 것이 아니라 상대가 내 말을 이해했는지 확인하려는 것이다.

'방금 들은 내 말을 이해했으면 대답을 해'

'그래서 내 말을 이해한 거야? 말을 해봐'

'그래서 방금 들은 대로 하겠다는 거 맞아? 대꾸를 좀 해봐'

이처럼 상대가 내 말을 이해했는지 확인하고 거기에 대해 상대의 반응을 요구하는 행동이다. 실제로 주변에서 이런 사람들을 종종 볼 수 있는데, 아마 이 글을 읽고 있는 순간 어떤 사람이 머릿속에 떠올랐다면 그 사람에 대한 당신의 감정은 긍정보다는 부정일 확률이 높다.

때에 따라서는 상대가 '네~그러니까요~'와 같은 리액션을 할 때까지 아주 오랜 시간을 아무 말도 하지 않은 채 상대를 쳐다보기만 하는 경우도 있다. 이런 사람과 이야기를 나누다 보면 듣는 사람이 점점 피로해지고 짜증이 나기도 하는데, 이는 상대가 지속적인 확인을 통해 반응 또는 동의를 반강제적으로 요구하기 때문이다. 그래서 이런 사람과는 웬만하면 대화를 피하고 싶어진다.

이런 습관을 가진 사람들의 또다른 특징은 이마의 주름이 잘 보인다는 것이다. 눈썹을 올리는 표정을 자주 반복하다 보니 이마에 주름이 생기게 되고 그 주름이 점점 깊어지지만 정작 본인은 그 주름이 왜 생긴 것인지 잘 알지 못하는 경우가 많다.

누구든 친구로 만드는 번개눈썹

눈썹은 평소 우리가 무의식적으로 반응할 때에는 잘 움직이지만 의식적으로 움직이려고 할 때에는 잘 움직여지지 않는다. 그런데 사람들과 대화를 하면서 눈썹을 전혀 움직이지 않으면 무뚝뚝해 보이고 어떤 생각을 하고 있는지 반응을 알 수 없는 사람으로 보이기 쉬워 '다가가기 어려운 사람' '친해지기 힘든 사람'으로 여겨질 수 있다. 그러니 평소에 눈썹을 올리는 연습을 꾸준히 해야 한다.

우선 다섯 번 연속으로 눈썹을 올렸다 내리는 연습을 해보자. 내리고 있는 상태를 1단계, 올린 상태를 2단계로 하여 1단계 → 2단계 → 1단계 → 2단계로 움직이는 행동을 반복하여 연습하는 것이다.

2단계의 움직임이 잘된다면 이번에는 눈썹을 3단계로 나누어 올리고 내리는 연습을 해보자. 눈썹을 내리고 있는 1단계에서 2단계로 올리고 조금 더 올려 3단계로 올리고 눈썹을 내릴 때에도 2단계에서 1단계로 내리는 방식으로 눈썹의 자연스러운 움직임을 연습할 수 있다.

만날 때마다
왠지 모르게
불편한 사람

자주 가는 영화관이 있다. 이 영화관은 건물의 7층에 위치해 있는데 영화가 끝나면 사람들이 엘리베이터를 향해 우르르 몰려들어 모르는 사람들로 꽉 찬 엘리베이터를 타게 된다. 조금 과장을 더하면 7층에서 1층으로 내려오는 만원 엘리베이터에서의 시간은 2시간의 영화보다도 더 길게 느껴진다. 이때 사람들은 남을 의식해 모두 숨조차 조심스럽게 쉬게 된다.

출퇴근시간에 사람들로 꽉 찬 버스나 지하철을 타면 모르는 사람들과 신체가 닿고 어떤 경우에는 생판 모르는 남과 얼굴을 마주한 채 너무 가까이 있게 되기도 한다. 이럴 때 우리는 혈압이 올라가고 스트레스 수치가 대폭 증가하며 짜증이 나 "빽" 하고 소리라도 지르고 싶은 심정이 된다.

그런데 이런 상황이 꼭 만원 버스나 지하철에서만 일어나는

백 마디 말보다 강력한 행동의 심리학

것은 아니다. 주위에 충분한 공간이 있음에도 불구하고 상대가 얼마만큼의 개인공간을 필요로 하는지 인지하지 못해 상대를 불편하게 만드는 경우도 자주 있다. 이때 상대의 개인공간을 이해하기만 해도 부주의하게 상대를 불편하게 만드는 실수를 줄일 수 있다.

편안한 관계를 만드는 거리가 있다

1960년대 초 미국의 인류학자인 에드워드 홀은 '근접학'이라는 새로운 분야를 연구했다. 인간이 공간을 소유하려는 욕구가 인간관계에 미치는 영향에 대한 연구였다. 에드워드 홀 박사에 따르면 인간은 모두 자신만의 개인적인 공간을 가지고 있고, 그 공간은 집·자동차·사무실과 같은 장소뿐만 아니라 신체 주변의 공간까지도 포함한다고 한다. 신체 주변의 공간이라 함은 우리 몸을 둘러싼 원형기둥이 있다고 생각하면 쉽게 이해할 수 있다. 이 공간은 자라온 환경의 인구밀도에 따라 그 크기가 달라지는데, 인구밀도가 낮은 환경에서 자라온 사람의 원형기둥은 폭이 넓고 인구밀도가 높은 환경에서 자라온 사람의 원형기둥은 폭이 좁다.

그런데 원형기둥의 폭과 관계없이 이 공간을 타인에게 침범당

했을 때에는 신체가 긴장상태에 돌입하고 스트레스 수치가 올라가며 불안·불편·화남 등의 반응이 나타난다는 공통점이 있다.

개인공간을 사수하려는 모습에 대한 실험은 아주 많다. 공원에 있는 1.5m 정도 길이의 벤치 한가운데에 누가 앉아 있으면 그다음 사람은 와서 짐을 벤치 끝 쪽에 내려놓는다. 가운데 앉아 있는 사람과 몸이 닿을 만한 거리가 아닌 데도 앉을까 말까를 고민하는 모습도 관찰되었다.

그중 가장 많이 알려진 실험은 지하철에서의 모습이다. 지하철 긴 좌석의 한가운데에 첫 번째 사람이 앉자 두 번째 사람은 첫 번째 사람과 가장 멀리 떨어진 자리의 끝 쪽에 앉았다. 그리고 세 번째 사람은 반대편 끝 쪽에 앉았다. 네 번째 사람은 첫 번째 사람과 두 번째 사람의 사이에, 그다음 사람은 그 반대편 사이에 앉아 주어진 환경에서 최대한 공간을 많이 차지할 수 있는 곳으로 자리를 정했다. 이렇게 개인공간을 지키려는 욕구는 지하철에서뿐만 아니라 좁은 식당에서 자리를 잡을 때에도 나타난다.

거리에 따라 편안함의 정도가 다르다

우리 모두는 개인공간의 보장 욕구를 가지고 있지만 다가가고 싶고 가까이 있는 것을 더 좋아하는 경우도 있다. 바로 가족, 연인, 친한 친구, 애완동물의 경우에는 바로 옆에 함께 있거나 서로의 신체가 닿아 있어도 일반적으로 보여지는 스트레스 반응이 일어나지 않는다. 그 이유는 우리가 물리적인 거리와 마음(관계)의 거리를 동일시하기 때문이다. 마음이 맞는 사람, 좋아하는 사람, 편안한 사람과는 가까이 있고 싶어 하는 반면, 마음이 맞지 않는 사람, 싫어하는 사람, 불편한 사람과는 멀리 떨어져 있으려 하는 것을 통해 허락하는 물리적 거리가 관계의 거리와 비례한다는 것을 알 수 있다.

에드워드 홀 박사는 상대와의 관계에 따라 허락하는 물리적 거리를 다음과 같이 4가지로 나누고 있다.

- **친밀한 거리**(15~46cm) : 가족, 연인, 친한 친구, 애완동물 등 관계가 깊고 신뢰할 수 있는 사람들에게만 허락하는 거리이다. 나의 신체가 닿을 수 있는 아주 가까운 거리, 신체에 물리적 위해를 가하는 것이 가능한 정도의 거리이지만 위협이 되지 않는 관계라는 판단이 된 사람들에게만 허락하는 거리이다.
- **사적인 거리**(46cm~1.2m) : 직장 동료, 친구와 같이 어느 정도 친분이 있는 사람들과 두는 거리이다.

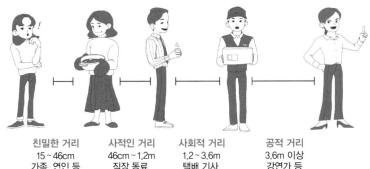

친밀한 거리
15~46cm
가족, 연인 등

사적인 거리
46cm~1.2m
직장 동료,
친구 등

사회적 거리
1.2~3.6m
택배 기사,
캐셔 등

공적 거리
3.6m 이상
강연가 등

- **사회적 거리**(1.2~3.6m) : 택배 기사, 검침원, 캐셔와 같이 친분이 없는 관계이지만 목적이 있는 행위의 달성을 위해 마주해야 하는 경우 안정감을 느끼기 위해 필요한 거리이다.
- **공적 거리**(3.6m~) : 사람들 앞에 서서 1대 다수로 강연, 발표를 하는 경우이다.

나도 모르게 상대를
불편하게 하는 경우

이처럼 우리는 상대와의 관계나 신뢰도에 따라 상대가 다가오도록 허락하는 거리가 모두 다르다. 그래서 사회적 거리에 있어야 하는 사람이 친밀한 거리 안으로 들어오게 되면 맥박이 상승하고 혈압이 올라간다. 피가 뇌와 몸의 주요 근육으로 집중되면서 혹시 일어날지도 모르는 위협이 되는 상황에 빠르게 반응할 수 있는 준비를 한다. 뇌는 탈출구를 찾을 준비를 하고 신체는 근육에 피를 집중시켜 빠르게 움직일 수 있도록 준비를 한다.

친밀한 거리의 특징은 자라온 환경에 따라 달라진다. 우리는 보통 12살이 되는 시점부터 공간에 대한 개념을 익히기 시작하는데 시골이나 넓은 곳에서 자라온 사람은 도시에서 자란 사람보다 다른 사람의 공간 침범에 더 예민하게 반응하게 된다. 이들은 악수를 할 때에도 상대와의 거리를 넓게 잡고 팔을 쭉 뻗어서 악수를 하는 경향이 있다. 서울에 온 외국인 친구가 홍대 거리를 돌아다니며 사람들과 부딪힐 때마다 끊임없이 불평하고 화를 낸다면 그는 인구밀도가 더 낮은 환경에서 자라왔다는 것을 말해 준다. 뉴욕과 같이 복잡한 도시에서 자란 친구는 서울에 와도 많은 사람들 사이에서 스트레스를 받지 않는다.

상대의 이러한 특징들을 조금만 관찰해도 본의 아니게 상대를 불편하게 만드는 일을 줄일 수 있다. 악수를 하러 다가가거나 이야기를 나누고 싶어 반가운 마음에 다가갔지만 상대가 슬쩍 뒷걸음질을 치거나 상체를 살며시 뒤로 젖힌다면 당신이 너무 가까이 갔다는 증거다. 그때는 더 이상 다가가지 말고 상대가 당신을 신뢰하고 편하게 받아들일 수 있을 때까지 충분한 물리적 거리를 제공해야 한다. 상대의 불편 신호를 해석하지 못하고 당신이 하고 싶은 말과 행동만 한다면 당신도 모르는 사이에 '너무 들이대는 사람'으로 소문이 날지 모른다.

상대를 제압하기 위해
거리를 좁히는 경우

거리를 좁히고 상대의 개인공간을 침범하는 행동은 전략적으로 사용되기도 한다. 상대의 개인공간을 일부러 침범해 상대를 불안하고 불편하게 만드는 것이다. 협상 자리에서 이 전략을 사용하면 상대를 불안하게 만들어 평정심을 흔들어 놓을 수 있다. 개인공간을 침범하는 방법은 신체적으로 침범하는 방법뿐만 아니라 탁자 위의 물건이나 개인의 소지품을 활용해 침범하는 방법도 있다. 상대에게 기울어진 파워를 다시 회복하는 방안으로 사용되기도 한다.

편안한 관계를 느끼는 거리 알아차리기

첫 만남의 경우 상대의 개인공간을 침범하지 않는 것은 특히 중요하다. 첫 만남에서 상대의 개인공간을 침범하는 실수를 하게 되면 상대는 당신을 배려 없고 밀어붙이는 사람, 만나면 어딘가 모르게 불편한 사람으로 느낄 것이다. 개인공간이 침범당해 슬슬 올라오는 짜증의 감정을 '당신'이라는 사람과 연결시켜 기억할 수도 있다.

처음 만나는 사람과 편안함을 느끼는 친밀한 거리를 알아볼 수 있는 가장 좋은 방법은 악수를 하는 것이다. 악수를 할 때 상대가 내미는 팔의 거리를 보고 상대의 개인공간을 짐작할 수 있다. 개인공간을 더 넓게 쓰고 친밀한 거리가 더 넓은 경우 팔을 쭉 뻗어 악수한다. 혹은 반가움이 클 경우 팔을 쭉 뻗어 악수를 하기도 한다. 이 때는 얼굴에 미소를 띄고 동공이 확장되어 있다. 그러나 가짜 미소와 입술을 굳게 다문 채 팔을 쭉 뻗는다면 상대의 접근을 통제하려는 무의식적인 시도이다.

팬데믹 이후 악수가 조심스러워졌다. 하지만 악수를 할 수 있는 상황이 아니더라도 개인공간의 크기를 확인할 수 있는 방법은 많다. 이야기를 나누는 도중 슬쩍 한 발 앞으로 다가가 보자. 다가갈 때에는 누가 봐도 '한 발!' 하고 다가가는 것이 아니라 자연스럽게 다가가야 한다. 이때 상대가 더 가까워진 거리에 부담을 느끼면 상대는 거리를 다시 넓혀 본인의 개인공간을 재확보하려는 행동을 할 것이다.

이 실험을 대학원 심리치료 수업 때 실제로 해봤는데, 상대방이 개인공간을 점점 침범당하지만 뒤로 물러날 수 없는 경우 굉장히 다양한 행동으로 '거리가 너무 가까워 불편하다'는 메시지를 전달했다. 상체를 뒤로 기대거나 젖히는 방식으로 표현하기도 하고, 미세하게는 고개를 돌려 시선을 자꾸 바깥쪽으로 돌리려는 행동으로 표현하기도 했다. 이외에도 손을 올려 팔짱을 끼려는 행동을 하거나, 손으로 얼굴을 비비는 행동, 목 뒤를 쓰다듬는 행동 등을 통해 불편함을 드러내는 것을 관찰할 수 있었다. 이 실험을 통해 평소 우리가 상대를 관찰하는 습관과 미세한 행동의 변화를 인지하려고 노력한다면 우리의 관계를 훨씬 더 편안하고 호감 넘치는 관계로 발전시킬 수 있다는 것을 알 수 있었다.

상대에게서 불편함의 신호가 감지된다면 뒤로 살짝 물러나 주자. 물러날 때에는 아까와 같은 자리로 돌아가는 것이 아니라 반 정도만 뒤로 물러나는 것이 좋다. 그리고 상대의 반응을 다시 관찰해 보자. 상대가 여전히 본인의 공간을 확보하려 한다면 상대방은 아직 더 많은 시간과 공간이 필요한 것이다. 반대로 상대가 본인의 공간에 당신의 접근을 허락했다면 아까보다 그만큼 더 편안해진 사이가 된 것이다.

다시 만나고 싶은 사람들은 '이것'을 맞춘다

나의 말을 집중해서 잘 들어주고 나의 이야기가 지금 이 순간 가장 중요한 이야기인 것처럼 경청해 주는, 그래서 원래는 말하지 않으려고 했던 고민거리도 거리낌 없이 꺼내게 만드는 능력을 가진 사람들에게는 공통적으로 보이는 비언어적 행동 특징이 있다. 바로 경청하는 자세와 태도를 상대방이 눈으로 확인할 수 있게 표현하는 능력이다.

'경청'은 우리가 일상생활에서 익숙하게 사용하는 단어이기 때문에 누구나 잘 활용한다고 생각하기 쉽지만 그것은 착각이다. '경청한다'는 것은 그 행동을 하는 본인 스스로가 하고 있다고 생각하는 상태이지, 상대방이 이해하고 받아들인 상태를 말하는 것이 아니기 때문이다. 그래서 나는 상사의 이야기를, 고객의 이야기를, 자녀의 이야기를, 애인의 이야기를 경청하고 있는 중이지만, 그 행동이 어떤 방식으로든 표현되어 상대에게 전달되고, 상대가 그것을 알아차리지 않는 한 경청하지 않는 상태인 것과 다름없다. 나는 아주 열심히 경청하고 있다고 생각하지만 상대는 전혀 경청하지 않는 것처럼 느낄 수도 있다는 말이다.

강의를 하면서 수강생들에게 '좋은 관계를 발전시키는 본인만의 장점'을 물어보면 '경청을 잘한다'는 대답이 자주 나오는데 "내가 경청을 잘한다는 것을 상대가 어떻게 알 수 있나요?"라고 물어보면 "어, 글쎄요~" 또는 "그렇게까지는 생각해 본 적이 없네요"라는 대답이 대부분이다.

경청에서 중요한 것은 '경청을 하고 있는 상태'를 얼마나 잘 표현하고 전달해 상대가 알아차리도록 하느냐에 있다. 이런 행동은 모든 인간관계에서 중요하겠지만 특히 고객을 많이 만나야 하는 직업을 가진 사람이나 사람과의 관계가 중요한 직업을 가진 사람들에게 더욱 필요하다.

몸의 방향을 맞추어야 마음이 닿는다

경청을 잘하는 사람들은 그들 특유의 비언어적 특징이 있다. 바로 몸의 방향을 온전히 상대에게 마주한다는 것이다. 고개만 돌려 상대의 말을 듣는 것이 아니라 몸통 자체를 돌려 온몸으로 상대방의 말을 들어준다. '나와 나의 시간을 온전히 당신을 위해 씁니다. 당신은 나에게 매우 중요합니다'라는 메시지를 시각적으로 표현할 줄 아는 것이다.

이처럼 몸의 방향은 우리가 중요하게 생각하는 것은 마주 보고, 회피하고 싶은 것은 외면하려는 내부적 상태를 외부적으로 보여준다. 그래서 내가 말을 하는 동안 상대방이 몸을 완전히 내 쪽으로 틀어 들어주면 상대방이 나의 이야기를 중요하게 생각하고 있다는 느낌을 받는 것이다.

반대로 몸의 방향을 상대방과 반대로 돌린다는 것은 무관심·지루함을 의미한다. 엄마에게 잔소리를 듣고 있는 아이는 잔소리가 심해지고 듣기 싫을수록 점점 몸을 엄마의 반대방향으로 돌린다. 그 모습에 엄마는 아이가 제대로 듣고 있지 않다고 느끼고 아이의 양팔을 잡아 몸을 엄마와 마주 보도록 자세를 고친다. 지루한 회의시간, 점점 자세가 옆으로 기울어지다가도 중요한 안건이 나오거나 회의가 다시 활기를 띠게 되면 정면으로 자세를 고쳐 앉는 것도 마찬가지다.

우리 집 서재에는 내 책상과 남편의 책상이 옆으로 나란히 배치되어 있다. 둘이 함께 서재에서 글을 쓰거나 책을 읽을 때 우리는 나란히 앉아 있는 상태가 되는데, 남편이 나에게 말을 걸면 나는 노트북 자판에서 손가락을 떼지 않은 채 고개만 돌려 이야기를 나눈다. 그러면 남편은 "당신 지금 바빠 보이네. 나중에 좀 한가해지면 다시 이야기하자"라며 이야기를 멈춘다. 그런데 만약 내가 의자를 돌려 남편 쪽으로 몸의 방향을 맞추어 대답을 하면 남편은 본격적으로 많은 이야기를 시작한다. 이때 재미있는 사실은 내가 몸의 방향을 남편에게 맞추면 남편은 신이 난 사람처럼 적극적으로 이야기를 하지만, 내가 몸을 다시 책상 앞쪽으로 돌리면 하던 이야기를 스스로 마무리한다는 것이다.

또 하나의 사례를 살펴보자. 부모님과 식사를 하러 돈가스 집에 간 적이 있었다. 옆 테이블에서 커플로 보이는 남녀가 지나가는 직원을 "여기요~" 하고 불렀다. 그때 지나가던 직원이 몸을 돌려 "네~" 하고 응대했더라면 참 좋았을 텐데, 그 직원은 몸의 방향은 돌리지 않고 어깨너머로 고개만 돌린 채 "네?" 하고 응대했다. 커플 중 한 명이 소스를 좀 더 가져다 달라고 직원에게 부탁을 한 뒤 앞에 앉아 있는 친구에게 속삭이듯 불평했다.

"되~게 바쁜가 보네. 너무 불친절해…."

물론 직원의 입장에서는 불친절하려는 의도가 전혀 없었고, 본인의 어떤 행동에 고객이 불친절함을 느꼈는지 인지하지 못했을 수도 있다. 그러나 이런 일은 우리 주변에서 수없이 벌어지는 일이다. 식당이나 상점에 갔을 때 직원들의 행동이 불쾌하거나 불친절하게 느껴지는 경우는 대부분 그들이 해서는 안 되는 말을 했기 때문이 아니라 잘못된 행동으로 고객에게 불친절한 비언어적 메시지를 전달했기 때문인 경우가 더 많다. 그래서 고급 상점이나 레스토랑, 호텔과 같은 곳에서 직원들의 비언어적인 행동에 대한 교육에 많은 시간과 비용을 투자하는 것이다.

몸과 손, 팔의 움직임에 따라 호감과 비호감이 변한다

몸의 방향이 상대에게 얼마만큼 향하고 있는가는 우리가 상대에게 가진 관심과 호감의 정도를 나타낸다. 하지만 정반대의 메시지를 전달하는 경우도 있다. 특히 몸의 방향과 함께 표정과 손, 팔의 움직임에 따라 호감이 되기도 하고 비호감이 되기도 한다.

무표정으로 상대를 향해 마주 보고 걸어오는 것을 보면 자칫 정면대결을 연상시킬 수 있다. 이때 이미 유대관계가 형성된 경우라면 몸을 정면으로 열어주어 관심과 호감을 표현하면 좋다. 첫 만남의 경우라면 정면에서 다가오는 것보다 몸을 비스듬히 서 있는 방향에서 시작하여 대화가 무르익을수록 점점 정면으로 몸의 방향을 자연스럽게 열도록 한다. 첫 만남이지만 정면으로 다가갈 수밖에 없는 경우에는 표정과 손의 움직임에 신경을 써야한다. 미소와 함께 팔을 열어주거나 한 손을 내밀어 악수를 요청하는 자세로 맞이하면 오해없이 호감의 관계를 쌓을 수 있다.

저 사람은
나를 진짜로 환영하는 걸까?

사람은 누구나 환영받고 싶어 한다. 사람들에게 인정받고 싶은 욕구, 받아들여지고 싶은 욕구는 너무나 당연한 욕구이다. 그래서 그런지 우리는 이러한 상황을 굉장히 예민하게 잘 잡아낸다. 모임에서 만난 사람들이 웃으면서 환영해 주는 듯 보여도 실제로는 그다지 환영하는 느낌을 받지 못하는 경우도 많다. 환영받지 못한다는 느낌이 들면 다시는 그 모임에 나가는 것이 힘들어진다. 용기를 내어 모임에 나갔더라도 괜히 사람들 눈치를 보게 되고, 내가 너무 예민한 걸까 하는 고민이 생기기도 한다.

반대로 우연히 참석하게 된 모임에서 아주 큰 환영을 받으며 사람들이 진심으로 나의 참석을 반기는 것 같으면 기분이 좋아지고 다음 모임이 기대되기도 한다. 자연스럽게 모임에 더 적극적으로 참석하게 되고 그 모임 자체가 삶의 중요한 부분이 되기도 한다.

처음 만났을 때 상대방이 나를 환영해 준다는 것은 나의 존재가 받아들여지고 인정받았다는 뜻으로 해석된다. 인간관계와 호감을 결정하는 중요한 요소인 '수용성'이 환영이라는 태도를 통해 보여지는 것이기 때문이다. 이때 그 환영이 진짜인지 아닌지를 알아차릴 수 있는 가장 중요한 단서가 있다. 바로 '발의 방향'이다.

발은 가장 솔직한 신체부위이다

발은 원시시대 때부터 평생 두 가지의 일을 하며 우리의 생명을 지켜왔다. 하나는 좋아하는 것, 필요한 것을 향해 가는 것이다. 맛있는 열매가 있으면 열매로 다가가고 사냥감이 나타나면 사냥감을 쫓아간다. '나도 모르게 이끌리듯 다가갔다'는 표현처럼 원하는 것을 향해 다가가는 것이다. 그래서 여러 사람들과 식사나 모임을 할 때 좋아하는 사람과는 더 가까이 앉고 싶어진다.

다른 하나는 싫어하는 것이나 위협이 되는 것을 피해 멀리 달아나는 것이다. 독이 든 열매가 있으면 열매를 피해가고 짐승의 공격을 받으면 공격을 피해 달아난다. 현대에서도 마찬가지다. 좋아하는 가수가 무대에 오르면 가수를 향해 돌진하지만 싫어하는 사람이 쫓아오면 피해 도망간다. 모임에서 만난 사람들에게도 같은 반응을 보인다. 다만 너무 티나게 다가가거나 도망갈 수는 없기 때문에 발의 방향을 미세하게 바꾸게 된다.

이때 발을 움직이는 본인도 그 사실을 잘 인지하지 못하는 경우가 많다. 그 이유는 발이 우리의 신체부위 중에서 가장 컨트롤하기 어려운 부위이기 때문이다. 얼굴의 표정은 비교적 가짜로 만들고 제어하기 쉽다. 뇌와 가까이 있는 신체부위이고 겉으로 많이 드러나는 부분이다 보니 그만큼 신경을 많이 쓰기 때문이다. 그러나 발은 뇌와 가장 멀리 떨어져 있는 신체부위이고 상대에게 비교적 많이 노출되지 않는 부위이기 때문에 아주 쉽게 본심을 드러내는 경우가 많다. 그만큼 무의식적인 반응을 잘 드러내 준다는 뜻이다.

발을 열어야 진짜 환영이다

사람들과 만날 때 얼굴만 돌리지 말고 몸도 함께 돌려줘야 호감도가 올라간다. 얼굴만 돌리는 사람보다 몸을 함께 돌려주는 사람이 호감도가 더 올라가고, 얼굴과 몸뿐만 아니라 발까지 열어주는 사람은 더욱 호감도가 올라간다. 온몸을 열어 진심으로 상대를 수용하고 환영한다는 메시지를 전하기 때문이다.

사람들이 모여 이야기를 나누면 서로의 발끝이 상대를 향해 열린 자세로 서게 된다. 세 명이 이야기를 나눈다고 하면 오른쪽 발끝은 오른쪽에 있는 사람 쪽으로, 왼쪽 발끝은 왼쪽에 서 있는 사람 쪽으로 발의 모양이 서로서로를 가리키게 된다.

이 모양을 '삼각화'라고 부르는데, 이는 서로를 인정하고 환영하고 있음을 나타내는 몸짓이다. 멤버 모두가 서로를 받아들이고 있기 때문에 나타나는 행동이다. 그런데 여기에 새로운 한 명이 무리에 합류하게 되면 두 가지 중 하나의 현상이 일어난다. 기존

의 무리들이 새로운 사람을 포함시켜 아까와 같이 서로서로를 바라보는 발끝 모양을 만들어 내거나 아니면 기존의 발끝은 그대로 유지한 채 새로운 사람에게 얼굴만 돌려 이야기에 참여시키는 것이다.

그런데 발을 열어주지 않고 얼굴만 돌려 이야기하면 아무리 웃고 있어도 온몸이 상대를 거부하는 것처럼 보이게 된다. 특히 발도 열어주지 않고 팔짱을 끼고 얼굴을 돌려 입술을 굳게 다문 채로 쳐다본다면 그 누구라도 불편함을 느낄 것이다. 말 한마디 하지 않고도 상대에게 잊을 수 없는 상처를 주는 것이다.

환영의 마음을 전달하고 싶다면 발을 먼저 열어주자. 발끝을 통해 상대에게 그 마음이 전달될 것이다.

백 마디 말보다 강력한 행동의 심리학

◆

상대의 마음을 얻는 몸의 방향 맞추기

가족이나 친한 친구들과 이야기를 나눌 때 몸의 방향을 맞추는 연습을 해보자. 상대가 이야기하는 동안 몸의 방향을 바꾸어 가며 상대의 행동이 어떻게 변화하는지를 살펴보는 것이다. 우선은 상대에게 몸의 방향을 맞추지 않고 고개만 돌린 채로 이야기를 나누며 다음과 같은 모습들을 관찰해 보자.

• 상대의 표정
• 상대의 말의 속도
• 상대의 손의 움직임
• 상대의 시선 맞춤의 시간
• 상대의 시선 맞춤의 위치
• 그 외의 행동들

이번에는 몸을 돌려 상대에게 맞춘 후 위의 리스트를 보며 행동에 변화가 생기는지 관찰해 보자. 그리고 다시 몸의 방향을 거두어들여 상대의 행동에 어떤 변화가 생기는지 직접 관찰해 보자. 아주 흥미로운 경험을 하게 될 것이다.

필자의 온라인 강의에서는 수강생들에게 이 행동을 과제로 내주는데 후기를 보면 재미있는 내용들이 많이 올라와 있다. 자녀와 이야기를 나누는 중에 몸의 방향을 다른 쪽으로 돌리자 아이가 왜 내 이야기를 안 듣느냐며 불평을 하더라는 것이다. 직접 해보니 그 변화가 눈에 띄게 보여 오히려 너무 신기할 정도라는 후기도 확인할 수 있었다. 이제는 여러분이 직접 그 변화를 경험해 볼 차례이다.

성공한 사람들에게서
더욱 많이 관찰되는 행동

〈프린세스 다이어리〉〈레미제라블〉로 친숙한 여배우 앤 해서웨이와 수식어가 필요없는 로버트 드 니로가 함께 나오는 〈인턴〉이라는 영화가 있다. 이 영화에서 앤 해서웨이는 온라인 쇼핑몰을 운영하는 30대의 성공한 여성 CEO로, 로버트 드 니로는 은퇴 후 앤의 회사에서 인턴 생활을 하는 역할로 나온다.

영화에서 직원들이 동료를 축하해 주는 장면이 나오는데, 그들은 축하의 소리를 지르며 모두가 행복해 보인다. 그 현장을 지나가던 앤 해서웨이를 보고 축하의 자리에 있던 친한 여직원이 앤을 향해 이쪽으로 와서 함께 축하하자고 손짓한다. 그러나 급히 처리해야 할 일이 있었던 앤은 손가락으로 가던 방향을 가리키며 빨리 가야 한다는 입 모양을 만들어 메시지를 전한다. 그리고는 아쉽다는 얼굴 표정을 지으며 '나도 정말 함께 축하해 주고

싶은데…'라는 메시지를 전달한다. 그런데 이때 앤은 단지 아쉬운 표정만을 짓는 것이 아니라 한 가지 행동을 더해 그 아쉬움이 진심임을 강조한다. 바로 가슴에 한 손을 올리는 행동이다.

관객의 대부분은 의식하지 못하고 지나쳤을 이 행동을 연기자는 의식적으로 사용한 것이다. 연기를 잘하는 배우와 그렇지 못한 배우의 차이는 여기에서 나온다. 명배우는 대본에 쓰여 있는 텍스트에 생기를 불어넣어 실제 존재하는 것처럼 만들어 낸다. 그 결과 우리는 영화 속의 모든 상황이 만들어 낸 이야기라는 것을 알고 있으면서도 영화를 보며 스토리에 빠져들고 주인공들의 감정을 함께 느끼며 같이 울고 웃으며 진심으로 응원하게 된다. 이 과정에서 표정이나 몸의 움직임 등 미세한 행동의 차이를 잘 인지하고 대본에 녹여내는 배우들의 연기를 볼 때 우리는 더욱 몰입하고 공감한다. 반대로 그렇지 못한 배우의 연기를 볼 때는

백 마디 말보다 강력한 행동의 심리학

'정말 못 봐주겠다'라며 불평을 한다. 설득이 되지 않는 것이다.

이처럼 관객들이 공감하고 몰입할 수 있도록 연기자들은 손의 위치뿐만 아니라 고개, 몸, 다리, 팔, 발 등 온몸의 신체부위를 이용해 연기를 한다. 또 각 신체부위의 움직임, 각도, 빠르기, 크기, 위치들을 의도적으로 사용하고, 보통사람들은 잘 사용하지 않는 얼굴과 몸의 근육까지도 섬세히 사용할 줄 안다. 그렇게 그들은 대본 위의 글자에 생명을 불어넣는다.

가슴에 손을 올리는 순간
진심이 더욱 강력해진다

"입술에 침이나 바르고 거짓말해라."
"가슴에 손을 얹고 이야기해라."
"양심에 손을 올리고 이야기해라."

우리가 보통 상대방과 진심 또는 거짓을 논할 때 사용하는 표현들이다. 이 표현들을 잘 살펴보면 우리의 비언어적인 행동과 심리를 제대로 묘사하고 있다. 입술에 침을 바르는 행동은 긴장·불안 상태를 나타내는 행동으로, 거짓말을 할 때 관찰되는 행동이다. 또 가슴에 손을 올리는 행동은 우리가 누군가에게 진심을 전하고자 할 때 '마음에서 우러나와서' '진심'이기 때문에 사용하는 행동이다.

가슴에 손을 올리고 말하면 그 이야기에 진실성이 더해진다. 왜냐하면 그 말이 심장에서, 양심에서, 마음에서 나오는 것이라는 시각적 표현이 더해지기 때문이다. 심장이 있는 부분에 손을 올려 '지금 내가 하는 말은 이 심장에서 나오는 것이다'라는 메시지를 전달하는 것이다. 우리가 애국가를 부르거나 국기에 대한 맹세를 할 때 오른손을 가슴에 올리는 것과 같은 이치이다.

나 역시 강의에서 첫인사와 끝인사를 할 때 항상 가슴에 한 손을 올리고 인사를 전한다. 강의를 시작할 때는 앞으로의 시간에 대해 설레고 기대되는 마음을 전하며 가슴에 손을 얹어 진심을 전한다. 강의를 마칠 때는 강의시간 내내 경청해 주신 분들과 그분들의 미래를 응원하는 인사를 전하며 가슴에 손을 얹어 진심을 전한다.

진심은 어디에서 나오는가? 마음에서 나온다. 마음은 어디에 있는가? 당신이 '마음이 아프다' '가슴이 찢어진다'라고 말하며 손을 올리던 그곳이다. 그곳에 마음이 있고 진심이 나온다는 것을 우리는 시각적으로 표현하는 것이다.

CEO, 정치인 등 성공한 사람들은
이 행동을 연습한다

가슴에 손을 올리는 행동만 잘 활용해도 한층 매력적인 사람이 될 수 있다. 왜냐하면 이 행동은 '나의 진심과 진실'을 강조하기도 하지만 '당신의 마음을 이해하고 공감한다'는 뜻도 전달하기 때문이다. 이 행동은 인간관계에서 가장 중요한 신뢰와 공감을 모두 아우르는 매우 중요한 메시지를 전달하는 비언어적 표현이다.

오프라 윈프리는 토크쇼에서 게스트가 슬픈 이야기를 하거나 힘들었던 이야기를 할 때마다 그에 알맞은 표정을 지으며 가슴 중앙에 한 손을 올린다. 너무 충격적인 이야기를 들었을 때에는 가슴 중앙에 양손을 포개어 올리기도 한다. 이 간단한 제스처를

통해 상대는 그녀가 아주 깊게 공감하고 있음을 느낀다.

　우리나라에서 이 행동을 잘 활용하는 사람을 꼽으라면 이금희 아나운서를 추천한다. 이금희 아나운서는 방송에서 게스트들의 이야기를 들으며 공감을 잘하기로 유명하다. 진행자의 깊은 공감이 출연자들의 깊은 이야기를 이끌어 내기 때문에 진행자의 공감 능력은 매우 중요하다. 아마도 출연자의 경험에 깊이 공감하고자 하는 이금희 아나운서의 진심이 가슴에 손을 올리는 행동으로 자연스럽게 이어졌을 것이다. 방송 녹화장에서 이금희 아나운서를 만난 적이 있었는데, 반가운 마음에 인사를 나누며 강의에서 가슴에 손을 올리는 행동의 좋은 사례로 항상 이금희 아나운서를 소개한다고 하자 "어머~ 고맙습니다~"라며 자연스럽게 가슴에 손을 올리는 행동을 취하셨다. 이 모습을 보고 '역시 이분은 이 행동이 몸에 밴 분이구나' 하는 생각이 들었다.

　몇 해 전 '해피'라는 노래를 비롯해 수많은 히트곡을 가지고 있는 세계적인 가수 퍼렐 윌리엄스가 한국에서 콘서트를 열었다. 그런데 공연 도중 그가 갑자기 노래를 멈추더니 귀에 꽂혀 있는 인이어 한쪽을 뺐다. 팬들이 하나가 되어 엄청난 소리로 그의 노래를 따라부르고 있었던 것이다. 한국 팬들의 떼창에 어안이 벙벙해진 그는 이내 그 감동을 행동 하나로 표현했다. 입을 반쯤 헤벌린 그는 가슴 중앙에 손을 올려 감동받았음을 표현했고, 카메

라는 그 순간을 놓치지 않고 그 모습을 콘서트장 정중앙의 가장 큰 스크린에 내보냈다. 팬들은 감동받은 그의 모습에 더 큰 목소리로 떼창을 선물했다.

재해현장에 방문한 정치인들은 그 참담한 현장을 보며 지역주민들의 고통에 공감한다는 것을 어떻게 표현할까? 재해지역 주민들의 충격과 슬픔을 본인의 슬픔처럼 받아들인다는 표현을 하기 위해 그들은 정신없이 셔터를 눌러대는 사진기자들 앞에서 가슴에 손을 얹는 행동 하나만으로 백 마디의 정치를 대신한다.

가슴에 손을 올리는 이 행동은 정치인이나 연예인들만의 전유물이 아니다. 단지 그들은 이 몸짓이 가진 힘을 잘 알고 있기에 더 자주 활용하는 것뿐이다. 이 몸짓에 대해 관찰해 본 결과 한국 사람들보다는 서양 사람들이 이 몸짓을 더 잘 사용했고, 남성보다는 여성들에게서 더 많이 관찰되었다. 우리나라 사람들의 경우는 상대에게 아주 큰 감사를 느낄 때, 상대에게 평균 이상의 배려를 받았다고 느낄 때 종종 관찰되었던 반면, 서양 사람들은 감사의 감정뿐만 아니라 슬픔, 안타까움, 감동, 기쁨의 감정 등 다양한 상황에서 이 몸짓을 자주 사용하고 있었다. 특히 네트워크 파티와 같이 많은 사람들이 만나는 자리에서 인기가 많은 사람들의 대부분에게서 이 몸짓이 자주 나타나는 것도 관찰할 수 있었다.

어느 날 내 강의를 수강했던 브랜딩 회사의 대표에게서 문자가 왔다. 강의를 들을 당시에는 가슴에 손을 올리는 행동이 오글거리게 느껴져 이 행동을 적극적으로 활용하지 못했다고 한다. 그런데 고객과 이야기를 나누는 도중 고객이 프로젝트의 성공에 대해 진심으로 감사를 보내자 자신도 모르게 가슴에 양손을 올린 채 고객의 이야기를 듣고 있는 자신을 발견했다고 한다. 그러면서 이 행동이 사람들과 마음을 전하고 서로의 마음을 연결하는 데 있어 매우 강력하다는 것을 알 수 있었다며 나에게 꼭 이 경험담을 전달하고자 문자를 보냈다고 했다.

가슴에 손을 올리는 이 행동은 감탄사와 같은 언어와 함께 쓰이면 더 강력한 공감을 나타낼 수 있다. 특히 사랑하는 친구의 슬품, 가까운 직장 동료의 상실, 가족의 아픔 등에 어떤 말로 위로를 해야 할지 모르겠다면 굳이 애써 할 말을 찾을 필요가 없다. 그저 상대의 말에 공감하고 그에 맞는 표정과 그들의 심정을 헤아리는 이 행동 하나만으로도 당신의 진심을 전달할 수 있다.

마음을 연결하는 가슴의 손

가슴에 손을 올리는 행동은 사람들과의 관계에 진실성을 더하고 공감을 표현하여 더욱 깊은 관계로 발전시켜 줄 수 있는 아주 강력한 비언어적 표현이다. 하지만 오직 소수의 사람들만이 이 행동을 활용하고 있어서 안타까울 뿐이다. 처음에는 조금 어색하게 느껴지겠지만 자연스럽게 행동할 수 있도록 꾸준하게 연습해 보자.

1) 감사를 표현하는 순간이 왔을 때 의식적으로 가슴에 손을 올리며 이야기해 보자. 상대가 감사함을 표현할 때 가슴에 손을 올리며 "저도 감사드려요~" "제가 더욱 감사드리죠~"라고 말하는 것이다. 감사를 표현하는 순간은 이 행동과 가장 일치도가 높은 순간이기 때문에 행동 자체에 어색함을 느끼더라도 언어적 내용이 들어간 상황과 함께 연습하면 비교적 쉽게 이 행동을 본인의 것으로 만들 수 있다.

2) 감사를 표현하는 순간에 이 행동이 편하게 느껴진다면 다음 단계는 사람들과 헤어질 때 이 행동과 함께 인사를 해보자. 헤어질 때 "만나서 반가웠습니다"라고 말로만 인사하는 사람과 가슴에 손을 올리며 "만나서 반가웠습니다"라고 말하는

사람이 있다면 당신은 누가 더 기억에 남겠는가? 당연히 가슴에 손을 올리며 말하는 사람과 다시 만나고 싶을 것이다.

3) 이 행동이 아주 자연스럽게 느껴진다면 첫인사를 할 때에도 적극적으로 활용해 보자. 말로만 "만나서 반갑습니다"가 아니라 가슴에 손을 올리며 "만나서 반갑습니다"라고 첫인사를 건네보자. 당신의 첫인상이 달라질 것이다.

4) 내가 이야기를 할 때뿐만 아니라 상대의 이야기를 들을 때에도 이 행동을 적극적으로 활용해 보자.

5) 이 행동은 자주 활용하기보다 공감을 강력하게 표현하고 싶을 때 포인트로 활용할 것을 추천한다.

호감도가 높은 사람들의 행동심리

1) 첫 만남에서 신뢰를 얻는 방법

손바닥을 보여주는 팜업 행동은 우리가 하는 말이나 감정이 진실임을 강조하고자
할 때 사용한다. 첫 만남에서 신뢰를 형성하고 호감을 전달하고 싶다면 나의 손이
열려있는지 반드시 확인해야 한다.

2) 반갑다는 느낌을 제대로 전달하는 방법

번개눈썹은 당신을 더욱 순하고 매력적으로 보여지게 만든다. 번개눈썹과 함께 인
사를 나누면 자연스러운 미소를 짓는 것도 더욱 쉬워지고, 긍정적인 감정을 동시에
상대에게 전달할 수 있다.

3) 편안함을 전달하는 거리

우리는 상대와의 관계나 신뢰도에 따라 상대가 다가오도록 허락하는 거리가 모두
다르다. 따라서 상대의 이러한 특징들을 조금만 관찰해도 본의 아니게 상대를 불편
하게 만드는 일을 줄일 수 있다.

4) 몸과 발의 방향으로 호감도 만들기

얼굴만 돌리는 사람보다 몸을 함께 돌려주는 사람이 호감도가 더 올라가고, 얼굴과 몸뿐만 아니라 발까지 열어주는 사람은 더욱 호감도가 올라간다. 온몸을 열어 진심으로 상대를 수용하고 환영한다는 메시지를 전하기 때문이다.

5) 손과 가슴으로 진심 보여주기

가슴에 손을 올리고 말하면 그 이야기에 진실성이 더해진다. 가슴에 손을 올리는 몸짓만 잘 활용해도 한층 매력적인 사람이 될 수 있다. 이 몸짓은 '나의 진심과 진실'을 강조하기도 하지만 '당신의 마음'을 이해하고 공감한다는 뜻도 전달하기 때문이다.

6) 호감도를 높이는 미소는 따로 있다

미소가 기억에 남는다는 것은 외모가 예쁘다는 것을 뛰어넘는 매력이다. 미소도 훈련이 필요하다. '미소'를 상대의 기억에 각인시키려면 눈과 함께 웃는 연습을 해보자. 눈과 함께 웃는 미소를 지으면 그 사람의 행복한 감정이 보는 사람에게도 전달된다.

PART 2

인간관계

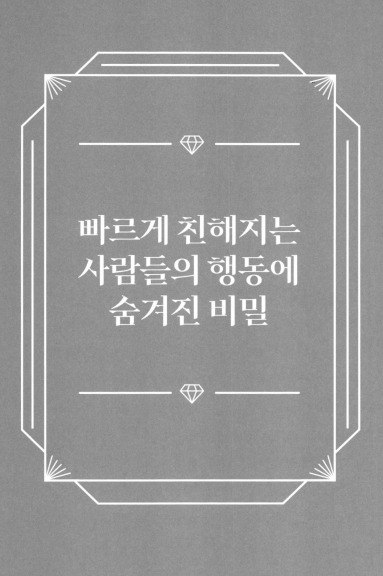

빠르게 친해지는 사람들의 행동에 숨겨진 비밀

고객을 만나거나 처음 만나는 사람들과 있을 때 마음은 그들과 빨리 친해지기를 원하지만 아직 서먹서먹하고 낯선 감정은 어쩔 수 없다. 이럴 때 우리의 마음이 상대와 얼마나 친해지고 싶은지에 상관없이 우리의 몸은 현재의 상태를 고스란히 몸짓을 통해 드러낸다.

긴장상태에 있을 때 우리의 근육은 움직임을 멈춘다. 움직임을 멈추어 나를 위협할지도 모르는 무언가의 눈에 띄지 않으려는 본능적인 행동을 한다. 고개는 뻣뻣하게 돌아가고 얼굴 근육은 긴장해서 미소를 짓는 것도 어색해진다. 이러한 뻣뻣한 행동은 상대에게도 그대로 전해져 서로와의 거리를 좁히고 가까워지는 데 가장 중요한 '편안함'과는 정반대의 메시지를 전달하게 된다.

누군가가 나를 보고 얼어붙을 정도의 불편함을 느끼는 것을 보면 우리는 머리로 이해하기 전에 본능적으로 알아챈다. 상대가 지금 이 자리를 피하고 싶어 하고 나와 마주하고 싶어 하지 않는다고 말이다.

어려운 상황이나 서먹서먹한 상황에서 저절로 나오는 행동을 하지 말라고 하는 것은 사실 불가능에 가깝다. 수백 명 앞에서 발표를 해야 한다면, 고객을 처음 만나는 자리라면, 모르는 사람들에게 잔뜩 둘러싸인 네트워크 파티에 있다면 긴장하고 불편한 것이 자연스러운 행동이다. 그렇지만 사람들과 친해지고 싶다고 말하면서 불편해하고 긴장한 태도를 해제하지 않으면 사람들은 당신의 말이 아닌 행동을 더 보게 될 것이다.

이러한 반응이 생존 메커니즘에 의한 지극히 자연스러운 사실이라는 것과 몸을 움직이면 마음도 따라 움직인다는 사실만 알고 있어도 얼어붙은 몸과 마음을 쉽게 녹일 수 있다.

Part 2에서는 처음 만나는 사람들과 편안한 관계를 맺는 사람들의 행동 특징, 사람들과 빠르게 친해지는 사람들의 행동 특징에 대해 알아볼 것이다. 사교성과 친화성을 강점으로 만들고 신뢰가 형성된 사람들과 좀 더 쉽게 친해질 수 있는 비언어적 행동들에 대해 소개한다.

친해지기 어려운 사람들의 습관적인 행동

친해지기 어렵다고 느껴지는 사람들에게서 자주 관찰되는 행동이 있다. 바로 팔짱을 끼는 행동이다. 팔짱은 대부분 방어적인 행동이라고 알고 있지만 불안하거나 긴장했을 때, 상대에게 거부권을 행사하고 싶을 때에도 팔짱을 낀다. 또 상대의 이야기를 듣다가 나만의 생각에 집중을 하고 싶을 때에도 팔짱을 끼는 행동이 나타난다. 이 외에도 의자에 팔걸이가 없을 때, 실내온도가 낮거나 추울 때에도 양팔로 내 몸을 감싸 안으며 팔짱을 낀다.

이처럼 팔짱을 끼는 행동에 대해 이해하고 그 순간을 인지하는 것은 매우 중요하다. 내가 지금 사람들 앞에서 팔짱을 끼고 있다면 나의 의도와 관계없이 상대에게 '다가오지 마세요' '더 이상 이야기하지 말아요'라는 메시지를 전달할 수 있기 때문이다.

나는 열심히 이야기하고 있는데 상대가 나의 말을 듣는 내내 팔짱을 끼고 있어서 짜증이 났던 기억이 있지 않은가? 거기에 상대의 표정까지 굳어 있다면 상대를 살피느라 내 말의 속도가 점점 느려지며 점점 더 말하기 싫어질 것이다. 이때 상대가 나의 이야기를 "잘 듣고 있어요"라고 말해도 뭔가 탐탁치 않을 것이다.

팔짱은 기억력을 38% 떨어뜨린다

어렸을 때 엄마 손을 잡고 가다 위협적인 상황을 느끼면 엄마 뒤로 숨는다. 엄마를 방패 삼아 안전을 확보하려는 행동이다. 남자 친구가 여자 친구와 함께 길을 걸어가다 누군가 시비를 걸며 다가오면 남자는 여자를 자기 몸 뒤로 보내고 본인이 앞에 선다. 여러 사람들 앞에서 발표를 할 때 긴장이 되는 경우 연단 탁자 뒤에 서면 심리적 안정을 얻는다. 낯선 곳에 초대를 받아 어색하게 앉아 있을 때 옆에 보이는 쿠션을 들어 배 위에 올려놓고 팔로 감싸 안으면 마음이 편해진다.

이처럼 우리는 불편하거나 위협적인 상황에 서면 자연스럽게 상체의 앞부분을 막아 심장과 폐 등 주요 기관을 보호하려 한다. 이때 뒤에 숨을 수 있는 엄마나 남자 친구, 연단 또는 쿠션이 없는 경우 우리는 자연스럽게 팔로 가슴을 가로막아 자신을 방어한다.

그런데 이 몸짓에는 치명적인 단점이 있다. 기억력을 38%나 떨어뜨리고 비판적인 감정을 강화한다는 것이다. 미국에서 진행된 연구에서 피실험자를 두 그룹으로 나누어 다른 자세로 강연을 듣도록 했다. 한 그룹에는 팔짱을 끼고 강연을 듣도록 했고, 다른 그룹에게는 팔짱을 끼거나 다리를 꼬지 않은 자세로 강연을 듣도록 했다. 강연이 끝난 후 이들에게 강연의 내용에 대한 이해도를 체크하고, 강연자에 대한 의견을 나누도록 했다. 결과는 생각보다 놀라웠다. 팔짱을 끼고 들은 그룹은 팔짱을 끼지 않은 그룹에 비해 강연에 대한 기억도가 38% 더 낮은 것으로 관찰되었다. 강연자에 대해서도 팔짱을 낀 그룹이 그렇지 않은 그룹에 비해 더 비판적인 태도를 보였다.

추운 겨울날 체온의 저하를 막기 위해 몸을 잔뜩 웅크린 채 팔짱을 끼는 몸짓은 위협에 대한 방어로 해석하지 않지만, 제품 설명을 들어야 하는 고객이 팔짱을 끼고 있다는 것은 세일즈맨의 설명을 38%나 더 기억하지 못하고 자신도 모르게 비판적인 태도를 가지게 된다는 것을 의미한다. 그래서 세일즈맨들은 고객이 팔짱을 끼고 있으면 제품에 대한 어떠한 설명도 시작하지 말라고 교육받는다.

세일즈맨들을 대상으로 강의를 할 때 성과가 뛰어난 탑 세일즈맨들을 살펴보면 그렇지 않은 세일즈맨보다 상대의 행동을 면

밀히 관찰하는 특징을 가지고 있다. 탑 세일즈맨들은 상대의 행동이 무엇을 의미하는지, 그래서 본인은 무엇을 해야 하는지에 대한 이해도가 높을 뿐만 아니라 고객과 대화할 때 어떤 행동을 해야 하는지에 대한 인지도가 굉장히 높다.

- **하수 세일즈맨** : 고객이 팔짱을 끼고 있다는 사실조차 인지하지 못한다. 고객을 살피고 고객이 언어적으로 설명해 주는 말뿐만 아니라 비언어적 행동을 관찰하는 능력을 연습하지 못했다. 그 결과 고객은 세일즈맨의 제안에 수용도가 낮은 상태이고 이야기를 들을 준비조차 되지 않았지만 세일즈맨은 알아차리지 못한다. 그저 본인이 준비한 내용을 고객에게 빠짐없이 설명해야 한다는 생각에만 사로잡혀 있다.

- **중수 세일즈맨** : 고객이 팔짱을 끼고 있는 것을 보았다. 그래서 상황을 고려하고 고객을 관찰하여 팔짱을 끼고 있는 행동에 대한 의미를 생각해 본다. 그 결과 고객이 팔짱을 낀 이유는 지금 날씨가 춥기 때문이라고 결론을 내렸다. 팔짱을 끼기는 했지만 세일즈맨 본인에 대한 방어적인 태도의 표현이 아니라 쌀쌀한 날씨에 체온을 지키려는 단순한 행동이므로 상품에 대한 설명을 이어간다. 이처럼 고객의 행동

을 관찰하고 고객이 솔직히 이야기해 주지 않는 내적 상태까지 이해하고 있지만 고객이 어떠한 이유이든 간에 팔짱을 끼고 있으면 그 행동이 고객의 기억력을 감소시키고 세일즈맨과 상품에 대한 비판적인 태도를 가지게 만든다는 것까지는 이해하지 못한다.

- **고수 세일즈맨** : 고객이 팔짱을 끼고 있는 것을 인지했을 뿐만 아니라 지금 고객의 행동은 세일즈맨의 이야기에 수용도가 낮은 상태라는 것을 알고 있다. 이 상황에서는 어떠한 이야기를 하더라도 고객이 정확하게 기억하지 못할 것이고 세일즈맨과 상품에 대한 태도도 긍정적이기 어려운 상태라는 것을 잘 알고 있다. 고수 세일즈맨은 고객이 팔짱을 끼고 있을 때 팔짱을 풀게 만드는 자신만의 방법을 가지고 있으며, 이 방법을 통해 고객의 팔짱을 풀게 한다. 그리고 그 후 상품에 대한 이야기를 시작한다.

행동과 감정은 서로 연결되어 있다

네트워크 파티와 같은 사교적인 자리에서 얼마나 많은 사람들이 팔짱을 끼고 있는지 관찰해 보면 너무나 많이 보이는 이 행동에 깜짝 놀랄 것이다. 그들의 행동은 지극히 자연스러운 것이다. 낯선 장소에 모르는 사람들이 가득 차 있으니 예기치 않게 일어날 수 있는 위협에 몸이 먼저 반응하는 것이다. 때로는 팔을 어찌할지 몰라 팔짱을 끼는 경우도 있다. 하지만 그 이유가 무엇이든 팔짱을 낀 채로 이야기를 나누는 것은 상대와 나 사이에 아주 큰 벽을 쳐놓고 있는 것이다. 상대방이 팔짱을 낀 채 "만나서 반갑습니다" "당신과 친하게 지내고 싶어요~"라고 말할 때 우리가 그 말을 진심으로 받아들이지 않는 것과 같다.

일반 사교모임에서는 자주 관찰할 수 있지만 CEO들이나 직책이 높은 사람들의 모임에 가면 관찰하기 어려운 행동 중 하나가 바로 팔짱을 끼는 행동이다. 그렇다면 CEO들은 모임에서 전혀 긴장하지 않기 때문에 팔짱을 끼는 행동이 잘 관찰되지 않는 것일까? 직책이 높으면 낯선 사람들과 있더라도 편안함을 느끼기에 이들은 팔짱을 끼지 않는 것일까? 그렇지 않다. 이들도 다른 모든 사람들처럼 긴장하고 어색함을 느낀다. 그렇지만 이들은 해서는 안 되는 행동을 잘 알고 있고 그 행동을 하지 않는 연습을 한 것뿐이다. 말 실수를 하지 않기 위해 조심하는 것처럼 행동 실수를 하지 않기 위해 조심하는 것이다. 이들은 행동으로 하는 실수가 말로 하는 실수만큼 또는 그보다 더 관계를 위험하게 만든다는 것을 잘 알고 있다.

팔짱이 관계를 망치는 가장 큰 이유는 팔짱을 낀 자세가 나의 이미지를 부정적으로 전달할 뿐만 아니라 내 앞에 있는 사람이나 상황에 대한 나의 판단을 부정적으로 만들기 때문이다. 그 이유는 우리가 (행복할 때 웃지만 반대로) 웃는 행동을 통해 행복의 감정을 느끼는 것과 같은 이치이다.

감정이 몸짓을 만들지만
몸짓이 감정을 만들기도 한다

감정은 행동으로 드러나지만 행동이 감정을 만들기도 한다. 당신이 심리적 안정을 얻기 위해 팔짱을 끼면 점점 더 방어적인 감정이 생기고 그 감정으로 인해 팔짱을 풀기 더 힘들어진다. 그러니 사람들과 친해지고 싶은 마음이라면 당신의 팔짱을 풀어 마음의 빗장을 먼저 푸는 것이 좋다.

강연에서 팔짱에 대한 내용을 설명하면 "강사님~ 저는 팔짱을 끼는 것이 습관이 되어 팔짱을 끼고 있는 행동이 더 편한데 어떻게 하죠?"라는 사람들이 꼭 있다. 여기서 우리가 알아야 할 것이 있다. 우리가 아무리 팔짱을 끼고 있는 것이 편하다고 하지만 정말로 반가운 친구를 만나 마음이 아주 편안한 상태라면 우리는 팔짱을 끼지 않는다. 우리는 반가운 사람을 만날 때 양팔을 벌려 상대를 환영하지, 팔짱을 낀 채 반기지 않는다. 상대와의 만남이 진실로 편안하다면 우리는 양 팔을 몸 옆으로 자연스럽게 내려놓고 팔의 근육이 이완된 상태를 유지할 것이다. 이 내용을 의식적으로 기억해 두면 습관이 되어 있는 팔짱도 자연스럽게 풀게 될 것이다.

관계의 벽을 만드는 팔짱 끼는 습관 없애기

팔짱을 끼는 행동 자체가 꼭 나쁜 것은 아니다. 팔짱은 중요한 의사결정을 내려야 하거나 빠르게 결정을 내려야 할 때 생각을 집중할 수 있도록 해준다. 그리고 불안감을 느끼거나 긴장된 상황에서의 팔짱은 심리적 안정을 가져다주어 편안한 상태를 유지할 수 있게 해주기도 한다. 추운 날씨에서의 팔짱은 체온을 조금이라도 더 지켜 우리의 생명을 유지시켜 주는 중요한 행동이다.

다만 이 행동이 사람들과의 대화 중에 나타나는 순간을 주시하라는 것이다. 당신이 종종 팔짱을 끼는 것이 느껴지면 그 순간을 인지하지 못해 나도 모르게 '다가가기 어려운 사람'이라는 평판을 쌓는 대신에 그 순간을 놓치지 말고 팔을 자연스럽게 몸 옆으로 내려놓도록 하자. 팔짱 대신 두 팔을 벌려 환영하는 행동으로 바꾸어도 좋다.

상대가 나를 어떻게
생각하는지 궁금하다면

'지금 나와 소개팅을 하고 있는 저 상대방은 나에 대해 어떻게 생각할까? 정말로 나에게 관심이 있는 걸까? 아니면 그저 그런 척만 하고 있는 걸까?'

'내 앞에 앉아 있는 고객은 진심으로 나의 제안에 동의하기 때문에 고개를 끄덕이는 걸까? 저러다 또 막판에 말을 바꾸는 것은 아닐까?'

'우리 팀원들은 과연 서로에 대해 어떻게 느끼고 있을까? 팀워크가 잘 맞는다고 느낄까? 아니면 이 팀에서 일하고 싶지 않다고 느낄까?'

MBC의 대표 예능 프로그램 중 하나인 〈전지적 참견시점〉에 출연했을 때 개그맨 김수용 씨와 방송인 유병재 씨의 행동을 분석

했던 적이 있었다. 김수용 씨와 유병재 씨가 서로 이야기를 나누는 장면이 있었는데, 언뜻 보았을 때에는 두 사람이 그다지 친해 보이지 않았다. 이 모습을 본 전현무 씨가 "두 사람이 서로 안 친한데 너무 애쓰는 것 아니냐"며 농담을 했다. 그런데 두 사람이 함께 있는 장면을 보면 '서로가 마음이 잘 맞는다고 느낄 때' '상대와 내가 공감하고 있다고 느낄 때' '내가 상대방과 한 팀이 될 수 있겠다고 느낄 때' 나타나는 행동이 여러 번 관찰되었다. 스튜디오에서 그 장면들을 다시 보면서 두 사람의 행동을 분석하자 송은이 씨를 비롯한 다른 출연자들이 "와~ 신기하다~"며 박수를 쳤다.

또 다른 출연자였던 양세형 씨는 당시 다른 방송국에서 남녀의 소개팅을 주선해 주는 프로그램을 진행하고 있었는데, 이때 내 행동분석 내용을 들은 후 그 프로그램을 녹화하는 데 많은 도움이 되었다며 고마워했다. 행동분석에 대해 관심이 생기니 예전에는 보이지 않던 남녀의 행동들이 양세형 씨의 눈에 보이기 시작했던 것이다.

이뿐만 아니라 남북정상회담 당시 정상들의 행동을 분석한 내용 중에서 미디어의 많은 관심을 받았던 내용이 있었는데, 바로 '미러링'에 관한 분석이었다. 나는 이때 사람들의 반응을 보고, 평소 우리가 상대의 진실된 속마음을 얼마나 많이 궁금해하는지 알 수 있었다.

어디에서나 보이지만
누구에게나 보이지는 않는 행동

지금 잠시 주위를 한 번 둘러보자. 주위에 커플이 보인다면 그 커플이 하는 행동을 1분만 관찰해 보자. 만난 지 오래된 걸까? 서로에게 얼마나 빠져 있는 걸까? 주위에 커플이 보이지 않는다면 2명 이상 모여 있는 사람들 누구라도 좋다. 학교 동기로 보이는 저 여학생들은 얼마나 친해 보이는지, 고객과 상담 중으로 보이는 세일즈맨은 고객과 얼마나 편해 보이는지 잠시만 그들의 모습을 관찰해 보자.

미국 헐리우드에 핫한 연예인 커플이 생겼다. 행동분석 전문가들은 이들이 함께 찍힌 사진만 보고도 그들이 서로 얼마나 마음이 잘 통하는지, 말이 잘 통한다고 느끼는지, 유대감을 가지고

있는지, 서로를 얼마나 가깝게 느끼는지 알 수 있다(물론 아주 여러 장의 사진을 보고, 예전에 사귀었던 다른 연인과 있었을 때의 모습도 보고, 혼자 있을 때의 모습도 본다). 얼마 못 가 헤어질 것 같다든지, 그래도 얼마 이상은 만날 것 같다든지 등 이런 말들을 우스갯소리로 하지만 그 정확도는 아주 높다.

좋아할수록, 친할수록 행동까지 닮는다

처음 만난 자리에서 서로 데면데면하던 사람들이 같은 취미를 가지고 있다는 사실을 알게 되면서 갑자기 친해지는 것을 종종 본다. 강아지를 키운다는 이유만으로, 고양이를 키운다는 이유만으로 그들은 갑자기 강아지나 고양이 사진을 서로 보여주며 원래 친했던 것처럼 자연스럽게 대화를 나눈다. 또 새로 산 차의 종류가 같다는 이유만으로 대화가 활기를 띠고 서로 정보를 공유하며 동호회에 함께 가기로 약속한다. 조금 전, 그러니까 서로 같은 차를 가지고 있다는 사실을 알기 전까지는 서로 눈도 잘 마주치지 않던 사람들이 말이다. 그래서 산악동호회, 댄스동호회, 사진동호회와 같이 취미를 공유하는 사람들은 오늘 처음 만났을지라도 대화가 끊이지 않고 빠르게 가까워진다. 어색함이 없고, 서로를 잘 이해한다고 느끼며, 서로가 비슷하다고 느끼기 때문이다.

커플이나 친한 친구들은 우리가 서로 잘 맞으며 깊은 유대관계를 맺고 있다는 것을 다양한 방법으로 드러낸다. 커플룩을 맞춰 입기도 하고, 새로운 취미활동을 함께 시작하기도 하고, 친구들끼리 단체복을 맞춰 입고 낄낄 웃으며 단체사진을 찍고, 모임을 지칭하는 이름을 따로 만들기도 한다. 서로의 표정을 따라 하고 똑같은 포즈로 사진을 찍어 SNS에 올려 그들만의 유대와 단합을 외부에 드러내기도 한다.

미러링은 공감표현의
소리없는 강한 외침이다

다음 사진처럼 상대의 몸짓을 그대로 따라하는 것을 '미러링'이라고 한다. 미러(Mirror)는 거울이라는 뜻인데, 거울처럼 상대의 모습을 같은 모습으로 반영한다는 것이다.

사람에게는 '거울신경세포(Mirror Neuron)'라는 것이 있다. 영장류 이상의 종에서만 발견되는 거울신경세포는 어떤 행동을 할 때 활성화되는 세포가 다른 누군가가 같은 행동을 하는 것을 보았을

때 내가 직접 행동을 했을 때와 마찬가지로 활성화되는 세포이
다. '상대의 행동을 거울처럼 비춘다'라는 의미에서 거울신경세포
라는 이름이 붙여졌다. 이 세포는 원숭이를 관찰하던 도중 우연
히 발견되었다. 바나나를 먹기 위해 손을 뻗는 맞은편의 원숭이
를 쳐다보던 원숭이의 뇌에서도 실제로 손을 뻗을 때와 같은 세
포가 활성되었던 것이다. 이 우연한 발견은 인간이 상대의 감정
을 본인의 감정처럼 느끼고 공감하며 관계를 발전시켜 나가는 행
동을 이해하는 데 중요한 계기를 마련했다.

거울신경세포를 통해 상대의 표정이나 행동을 보면 우리가 실
제로 그 표정이나 행동을 하지 않더라도 한 것과 같은 감정이 생긴

백 마디 말보다 강력한 행동의 심리학

다. 상대방이 행복하게 웃는 모습을 보면 그 모습을 보는 사람이 실제로 웃지 않더라도 뇌는 웃고 있는 것과 같은 반응을 보인다. 또 상대방의 슬퍼하는 모습을 본다면 내가 울고 있지 않더라도 우리의 뇌는 내가 우는 것과 같은 반응을 보인다. 그래서 항상 힘든 표정을 짓고 힘든 소리를 하는 친구를 만나면 기운이 쫙 빠진 것처럼 느끼는 것이다. 내 앞의 친구가 이야기를 하는 내내 슬픈 표정을 짓고 힘이 다 빠진 듯한 행동을 하는 모습을 본 나의 거울신경세포가 반응을 했을 것이다. 나의 뇌도 슬프고 힘이 빠진 경험을 하고 있었던 것이다. 이처럼 내 앞의 사람이 하는 표정과 행동은 그 사람만의 것이 아니라 나의 표정과 행동이 되는 것이다.

거울신경세포에는 또 다른 특징이 있는데 그것은 우리가 상대를 더 가까이 느끼고 좋아할수록, 더 친근하게 느낄수록 거울신경세포가 더 강력하게 활동한다는 것이다. 그래서 커플들을 살펴보면 본인들도 모르게 같은 팔 동작을 하고 있거나 같은 방향으로 다리를 꼬고 있는 자세가 많이 관찰된다.

오늘 처음으로 소개팅을 하는 남녀의 경우도 마찬가지다. 처음 서먹하던 시간이 좀 지나고 난 후 여자가 귀 뒤로 머리를 넘기자마자 남자도 손을 올려 본인의 머리를 스윽 넘긴다. 한참 신나게 수다를 떨고 있는 여고생들도 마찬가지다. 한 친구가 박수를 치며 웃기 시작하면 약속이라도 한듯 그 무리의 다른 소녀들도

박수를 치며 웃기 시작한다.

　EBS 〈다큐프라임〉의 '사랑의 과학' 편에서 '매력'을 주제로 방송을 촬영한 적이 있다. 나는 그때 소개팅에 참가한 남녀의 행동을 분석하는 역할을 맡았다. 참가자들은 여러 단계로 이루어진 소개팅 과정에서 매력을 느끼는 이성이 누구냐는 질문을 받았는데, 이때 흥미로웠던 점은 남녀 참가자들 중에서 이성에게 높은 호감을 받은 참가자들은 그렇지 않은 참가자들에 비해 이성과 이야기를 나누며 훨씬 더 많은 미러링을 했다는 것이다.

상대의 몸짓을 따라 하면
더 쉽게 공감된다

　이렇듯 우리는 상대와 깊게 연결되어 있을 때 나도 모르는 사이에 상대의 표정과 몸짓, 동작의 크기, 말의 빠르기까지 상대의 모습대로 따라 하고 상대 또한 나의 동작을 무의식적으로 따라 한다. 그런데 중요한 사실은 이렇게 상대의 행동이나 표정을 따라 하다 보면 상대의 감정을 훨씬 더 쉽게 이해할 수 있게 된다는 것이다.

행동심리 및 비언어 커뮤니케이션 관련 기업교육을 진행할 때 다양한 표정과 행동의 사진들을 보여주며 수강생들에게 이 표정이나 행동이 어떤 감정 상태를 말하는 것 같은지 묻곤 한다. 그런데 수강생들이 사진을 눈으로만 보고 답을 할 때보다 사진 속의 행동이나 표정을 직접 따라해 보게 했을 때 훨씬 더 빠르게 답을 말하고 정답 확률도 더 높게 나왔다.

한 연구에 따르면 사람들이 다른 사람의 행동을 미러링할 때 상호 간의 끌리는 정도에 영향을 미친다고 한다. 참가자들은 2개의 그룹으로 나누어 서로 다른 조건에서 실험을 진행했는데, 첫 번째 그룹은 미러링 조건으로 설정되었고, 두 번째 그룹은 미러링이 없는 조건으로 설정되었다.

첫 번째 그룹은 다른 사람과 상호작용을 하며 상대의 동작을 따라 했고, 두 번째 그룹은 다른 사람과 상호작용을 하는 동안 상대의 동작을 따라 하지 않았다. 실험 결과, 미러링 조건에서 상호작용한 실험자들은 미러링이 없는 조건에서 상호작용한 실험자들에 비해 더 큰 상호 간의 이끌림을 경험했다. 또한 미러링 조건에서 상호작용한 실험자들은 상대방과의 유사성과 친밀도를 더 높게 평가했다. 상대방과 더 비슷하다고 느끼고 더 친하다고 느꼈다는 것이다.

또 다른 연구에 따르면 미러링이 상호작용의 질을 높여줄 뿐만 아니라 원활한 대화에도 영향을 미친다는 것을 알아냈다. 미러링 조건에서 상호작용한 실험자들은 상대방과의 대화에서 더 원활한 흐름을 보였다. 미러링이 단순히 상대의 행동을 따라하는 것이 아니라 대화의 조화와 동조성을 증가시키며, 상호작용의 질을 향상시키는 역할을 한 것이다.

부자연스러운 미러링은
오히려 독이 된다

미러링은 자연스럽게 일어날 때 가장 효과적이다. 미러링을 아는 것이 사람들과 친해지는데 도움이 되는 것은 상대와 나의 행동이 서로에게 반영되는 순간을 인지할 수 있기 때문이다. 그리고 미러링은 노골적으로 또는 과하게 사용하지 말아야 한다. 만약 상대방이 내 행동 하나하나를 따라 한다면 친숙함은커녕 상대가 무서워지기 시작할 것이다. '이 사람 왜 자꾸 나를 따라 하지? 놀리는 건가? 이상한 사람이네~' 하는 생각이 들게 되고 미러링을 통해 얻으려 했던 결과와는 정반대의 결과를 낳게 되는 안타까운 일이 벌어지게 된다.

따라서 미러링을 통해 상대와 유대감을 형성하고 더 친해지고 싶을 때는 '나와 저 사람이 비슷하다는 것을 보여주어 유대감을 느끼게 만들어야지'라고 생각하는 것이 아니라 '저 사람이 지금 하고 있는 저 이야기에서 어떤 감정을 느낄 것인가?' 하는 마음, 상대의 감정을 이해하고 싶다는 소망을 가지고 있어야 한다.

공감이라는 것은 상대의 의견에 동의하지 않더라도 '당신이 어떤 심정인지 이해해요'라는 마음이다. 심정을 이해하려면 머리로 이해하는 것 이상의 마음이 필요하다. 나에게는 별로 충격적인 일이 아닌 데도 저 사람에게는 꽤나 충격적이겠구나라는 것을 자연스러운 미러링을 통해 느껴야 하는 것이다.

상대의 행동과 표정을 반영하는 방법

일상생활에서 우리를 잘 이해하지 못하는 상대에게 "너도 내 상황이 되어 봐~" 라고 말하기도 하는데 상대의 상황이 되어 본다는 것은 상대의 행동과 표정까지 도 그대로 반영해 본다는 것을 의미한다. 이때 상대의 행동과 표정을 반영한다는 것은 표정, 자세, 몸짓 등 다양한 방법으로 표현할 수 있다.

첫째, 표정 반영은 말 그대로 상대의 표정을 그대로 따라 하는 것이다. 표정 전부 를 따라 한다기보다는 이야기의 내용에서 상대가 보여주는 표정 일부를 따라 하 는 것이다. 예를 들면 종종 눈을 크게 뜬다든지, 입을 벌려 놀라움을 표현하거나 번개눈썹을 사용하는 등 특징적인 표정을 함께 지으며 이야기를 들으면 더 생동 감 있게 집중할 수 있다.

둘째, 자세 반영은 몸을 앞으로 당겨서 이야기하고 있는지, 뒤로 기대어 이야기하 는지, 옆으로 비스듬히 서서 이야기하는지를 말한다. 상대가 몸을 앞으로 기울이 며 말하면 나도 몸을 좀 앞으로 기울여 이야기를 듣는다. 어떤 질문에 상대가 몸 을 뒤로 기댄다면 나도 잠시 몸을 뒤로 기대어 상대에게 충분한 공간을 주도록 한다.

셋째, 몸짓 반영이다. 자세가 전체적인 몸의 모양이라고 한다면 몸짓은 손이나 머리 등과 같이 신체부위를 움직이는 세부적인 행동을 말한다. 테이블 위에 올려놓은 손의 방향이라든지 테이블 위에 한쪽 팔을 세우고 있는 몸짓을 말한다. 상대가 입을 가리며 웃는다면 나는 손을 턱 아래쪽으로 가져가 웃어 보자. 완전히 같은 몸짓보다는 전체적인 모양을 맞춘다고 생각하면 된다. 가장 자연스럽고 편한 것은 상대방이 물을 마실 때 나도 같이 물을 마시는 것이다. 모든 동작이 정확하게 같을 필요는 없고 비슷한 모양을 갖추기만 해도 충분하다. 동작을 반영하는 타이밍은 상대의 동작과 같은 시점이 아닌 1~2초 뒤에 천천히 자연스럽게 따라 하면 된다.

그 외에도 말의 빠르기 반영하기, 음성의 높낮이 반영하기, 호흡의 들숨과 날숨 반영하기도 있다.

상대의 마음을 여는
가장 간단한 행동

한 남자가 카페에 앉아 신문을 읽고 있었다. 남자는 카페의 건너편 건물에 살고 있어 대부분의 여가시간을 이 카페에서 보낼 정도로 단골이다. 맞은편 테이블에는 친해 보이는 여성 4명이 앉아 수다를 떨고 있었다. 이 남자가 커피를 다 마시고 신문을 다 읽고 한참이 지난 뒤에야 자리에서 일어났는데 그때도 여성들은 여전히 수다를 떨고 있었다. 집으로 돌아온 남자는 몇 시간 후 글을 쓰기 위해 노트북을 들고 다시 그 카페로 갔다. 그런데 거기서 남자는 놀라운 광경을 목격하게 된다. 아까 그 맞은편 테이블의 여성 4명이 아직도 그 자리에 그대로 앉아 몇 시간 전과 같은 모습으로 수다를 떨고 있었던 것이다. 마치 그 테이블의 시간이 몇 시간 전부터 멈춘 것처럼 말이다. 그 모습에 너무나 놀란 남자는 그 뒤로도 한참 동안 그 테이블을 쳐다보다 도저히 참을 수 없는 궁금중에 용기를 내어 그 테이블로 다가가 "실례합니다~"라고 말을 걸었다. 그는 본인 소개를 간단히 하고 몇 시간 전에 처음 보았던 상황에서부터 지금 이 테이블로 걸어오게 된 이유까지를 설명했다. 그리고 여자들에게 물었다.

"제 질문이 이상하게 들릴지도 모르겠습니다만, 너무 궁금해서 그럽니다. 여러분들은 어떻게 이렇게 오랜 시간 동안 끊임없이 이야기를 할 수 있는 거죠?"

그러자 한 여성이 얼굴에 미소를 띠며 이렇게 대답했다.

"간단해요~ 상대가 무슨 말을 하든 계속 고개만 끄덕여 주면 돼요. ^^"

고개를 끄덕이면
상대는 더 많은 말을 한다

이 이야기가 우스갯소리처럼 들릴 수도 있겠지만 동시에 고개를 끄덕이는 행동이 얼마나 강력한 파워를 가지고 있는지를 잘 보여준다.

우리가 대화를 나누는 동안 상대방이 아무런 반응도 없으면 내 말을 잘 듣고 있는 것인지, 속으로 다른 생각을 하고 있는 것인지, 이해를 한 것인지 아니면 동의하지 않는 것인지 알 수 없다. 이런 식의 대화를 한참 동안 하다 보면 더 이상 말하고 싶지도 않고 상대에게 짜증이 나기도 한다.

하지만 이야기를 하며 고개를 끄덕여 주면 상대의 의견에 동의한다는 메시지를 비언어적으로 전달할 수 있고, 당신의 이야기를 잘 경청하고 있음을 전달할 수도 있다. 이처럼 우리는 고개를 끄덕이는 단순한 행동을 통해 '당신의 이야기를 잘 듣고 있습니다'라는 메시지를 상대에게 전달한다. 그리고 이 행동에는 강력한 비밀이 한 가지 숨겨져 있는데, 바로 상대가 더 많은 이야기를 털어놓도록 할 수 있다는 것이다. 이야기를 듣는 사람이 일정한 간격으로 고개를 3번씩 끄덕이면 말을 하는 사람은 평소보다 3~4배 더 많은 말을 쏟아낸다는 연구 결과가 있다. 말 한마디 없이 더 많은 대화를 이끌어내는 소통과 설득의 아주 강력한 수단인 것이다.

함께 이야기를 나누다 보면 속마음을 꽁꽁 감추고 표현을 제대로 하지 않아 답답하게 느껴지는 사람들이 있다. 이런 사람들에게서 찾아보기 힘든 행동 중 하나가 바로 이 '고개 끄덕이기'다. 대화를 할 때 언어적으로만 "네~" 하고 추임새를 넣는 것이 아니라 고개도 함께 끄덕이면 상대방은 더 많은 말을 스스로 하게 된다.

자녀와 이야기를 나누는 부모도 마찬가지이다. 고개를 끄덕이는 모습이 자녀들에게 얼마나 많은 사랑과 믿음을 시각적으로 전달하는지 부모들은 반드시 알아야 한다.

고개를 끄덕이면 더 쉽게 동의한다

상대방의 말을 들으며 내가 고개를 끄덕이면 상대방은 더 많은 말을 하게 된다. 이때 만약 상대방이 고개를 끄덕이는 행동을 하면 상대방 본인의 생각에도 영향을 미칠까? 답은 '그렇다'이다.

우리는 행복한 감정이 들면 미소를 짓지만 미소를 지음으로써 행복한 감정을 만들어 내기도 한다. 감정이 행동을 통해 표현되지만 행동을 하면 그에 해당하는 감정이 만들어진다는 것을 '원인과 결과의 법칙'이라고 한다.

미국의 대학교에서 고개를 끄덕이는 행동이 의사결정에 어떤 영향을 미치는지를 실험했다. 대학생들에게 설문조사를 진행하기 전에 몸을 움직이는 간단한 운동을 시킨 후 설문에 답하도록 했다. 학생들은 단순한 운동을 하는 것이라고 생각했지만 사실은 그렇지 않았다. A그룹의 학생들은 고개를 젓는 ('아니오'라고 말할 때 하는 행동) 움직임이 들어간 운동이었고, B그룹의 학생들은 고개를 끄덕이는 ('예'라고 말할 때 하는 행동) 움직임이 들어간 운동이었다. 그 결과는 놀라웠다. '학교 정책 변경'에 대해 찬성 또는 반대 의견을 묻는 설문에 A그룹의 학생들보다 B그룹의 학생들에게서 훨씬 많은 '찬성' 의견이 나온 것이다. 즉, 고개를 끄덕이는 움직임을 했던 학생들은 대부분 찬성한다는 답을 했다. 여기서 흥미로운 사실은 '학교 정책 변경'이 통과되면 학생들이 내야 하는 수업료가 인상된다는 것을 학생들이 이미 알고 있었다는 것이다. 설문의 내용이 수업료를 인상하겠다는 내용이었음에도 불구하고 고개를 끄덕였던 행동을 했던 B그룹의 학생들은 '찬성'에 표를 던졌다. 그들이 무심결에 한 행동이 의사결정에도 영향을 미친 것이다.

이쯤 되면 내가 설득해야 하는 사람이 내 앞에 있을 때, 그 사람이 면접관이건 고객이건 부모이건 교육생이건 그들이 고개를 끄덕이도록 만드는 것은 아주 중요한 일이 된다. 그렇다면 그들이 자연스럽게 고개를 끄덕이게 만드는 방법은 없을까? 있다. 앞에서 말한 '거울신경세포'를 이용하는 것이다. 내가 먼저 고개를 끄덕이면 상대의 거울신경세포가 반응하게 되어 어느 순간부터 상대방도 고개를 끄덕이기 시작한다.

내가 짓는 표정이 내 앞의 상대에게 얼마나 많은 영향을 미치는지 실험해 보거나 관찰해 본 적이 있는가? 직업적으로 상대에 대한 관찰을 많이 할 수밖에 없고 사람들 앞에 자주 서게 되는 나는 행동이나 표정이 상대에게 미치는 영향에 대해 더 많은 관심을 가지고 사람들을 만나게 된다. 이때 나는 종종 표정이나 행동을 바꾸어 그에 대한 상대의 반응이 어떻게 달라지는지를 관찰하는데 그중 하나는 강의를 통해서이다.

강의를 하는 도중 심각한 표정으로 강의를 이어나가면 수강생들의 표정도 심각해지고 집중하게 된다. 그러다 내가 큰 미소를 지으며 질문을 하거나 이야기를 하면 교육생들의 얼굴에도 미소가 생기고 분위기가 더 밝아진다. 내가 먼저 고개를 끄덕이면 수강생들 역시 여기저기에서 고개를 끄덕이기 시작한다. 고개 끄덕이기의 가장 큰 장점은 전염성이 강하다는 것이다. 심각한 표정이나 웃는 표정은 서로 마주 보고 있는 경우에만 알 수 있는 표정이다. 즉, 뒤에 앉은 수강생들은 앞에 앉은 수강생들이 웃고 있는지 울고 있는지 그들의 표정을 볼 수 없다. 그러나 고개를 끄덕이는 동작은 뒤에 앉은 사람들도 앞에 앉은 사람들의 고개 끄덕임을 볼 수 있어 표정 짓기보다 더욱 빠르게 강의장 전체에 퍼져나가게 된다. 강의 초반에는 긴장하여 뻣뻣하게 앉아 있던 수강생들이 강의 중반이 넘어가면서 내가 고개를 끄덕이면 앞에 있는 수강생부터 뒤쪽에 앉은 수강생들까지 파도를 타듯 고개가 끄덕거려지는 놀라운 광경이 펼쳐지기도 한다.

너무 빨리 끄덕이면 오해를 받는다

고개 끄덕이기는 연인 사이나 동료 사이, 부모와 자녀 사이 그리고 고객과 이야기를 나눌 때, 취업 면접에서도 굉장히 중요한 행동이다. 그런데 경청과 동의의 고개 끄덕이기가 무관심과 거부로 오해받는 경우도 있다. 시선을 마주치지 않은 채 고개를 끄덕이거나 너무 빠른 속도로 끄덕이는 경우이다.

내 이야기를 듣는 상대가 고개를 끄덕이며 듣고 있더라도 시선은 스마트폰에 고정한 채로 고개를 끄덕이면 우리는 상대가 자기 할 일을 하면서 내 말은 듣는 척만 한다고 느끼게 된다. 또 시선은 말하는 사람에게 고정하고 있지만 고개를 끄덕이며 종종 말하는 사람의 뒤로 지나가는 사람, 옆쪽의 문에서 들어오는 사람을 쳐다보거나 창문 너머로 시선을 계속 옮기는 경우도 자주 볼 수 있다. 그런데 보통 이야기를 하는 사람은 듣는 사람을 쳐다보며 말을 하기 때문에 듣는 사람의 시선이 자꾸 이리저리 움직이게 되면 경청의 뜻으로 끄덕이는 고개가 오히려 부정적인 이미지로 남는다.

고개를 끄덕이는 속도를 너무 빠르게 하는 경우도 있는데, 이는 대화를 빨리 끝내고 자리를 뜨고 싶거나 시간이 촉박한 경우에 '알았으니 빨리 끝내라'는 의미로 받아들이게 된다.

◆

고개를 끄덕일 때는 한 번에 2~3번 정도가 적당하다

고개를 끄덕이는 속도는 한 번 끄덕일 때 1초 정도가 좋다. 횟수는 한 번 끄덕일 때 2~3번 정도가 적당하며, 5번 이상은 끄덕이지 않는 것이 좋다. 이야기를 듣다가 5번 이상을 천천히 끄덕이는 경우는 듣는 사람이 그 이야기와 연관된 본인의 경험이 머릿속에 떠올라 생각에 잠기는 경우가 대부분이다.

고개를 끄덕이는 각도는 자연스럽게 살짝만 끄덕여도 좋다. 끄덕이는 것을 강조하기 위해 너무 크게 끄덕이면 오히려 부자연스럽게 보인다. 또 시선은 언제나 이야기하는 상대를 바라보되, 너무 뚫어지게 쳐다보기보다는 따뜻한 눈빛으로 고개를 끄덕이면 더욱 좋다. 이때 말하는 사람의 뒤쪽으로 멋진 사람이 지나가더라도 시선을 지나가는 사람 쪽으로 돌리지 않도록 주의해야 한다.

내 말을 듣는 상대가 너무 고개를 끄덕이지 않아 불만이라면 당신이 먼저 고개를 끄덕여 보자. 우리에겐 '거울신경세포'가 있지 않은가! 어느 순간 상대도 같이 고개를 끄덕이게 될 것이다.

이것이 안 되면
친해질 수 없다

누군가를 만나면 우리는 무의식적으로 그 사람에 대해 평가를 내린다. 그리고 그 평가는 앞으로 그 사람과 어떤 관계를 맺어갈지에 대한 지표가 된다. 어떤 사람은 처음 만났음에도 편안하게 느껴지기도 하고 믿음직스럽다. 반면 어떤 사람은 신뢰하기 힘들고 뭔가 불안하다는 느낌을 받기도 한다. 이러한 판단은 '눈맞춤'과 깊은 관련이 있다.

눈맞춤은 너무 많으면 부담스럽고 너무 적으면 불편하다. 많으냐 적으냐도 사람마다 모두 다르게 느껴진다. 참 어려운 행동이지만 이것이 되지 않으면 관계를 발전시킬 수 없다.

눈맞춤은 관심의 표현이다

누군가에게 반해 눈을 뗄 수 없었던 경험이 있는가? 사랑하는 연인들은 서로에게서 눈을 떼지 못한다. 이 세상에 오직 두 사람만 존재하는 것 같다. 아기를 바라보는 부모도 그렇다. 아기에게서 눈을 떼지 못한다.

누군가 나를 그윽하게 바라봐 주면 그의 따뜻한 눈빛에서 사랑이 느껴진다. 누군가 나를 반짝이는 눈으로 바라봐 주면 그의 생기 넘치는 눈빛에서 응원과 존경이 느껴진다. 이처럼 사랑과 관심, 행복과 감동이 눈맞춤을 통해 전달된다. 눈맞춤을 통해 우리는 상대의 존재를 인정하기 때문이다.

좋아하는 것, 아름다운 것을 더 가까이에서 보고 싶고 더 오래 보려고 하는 것은 인간의 본능이다. 마찬가지로 싫어하고 불편한 것을 보지 않는 것도 우리의 생존을 위한 본능적인 행동이다. 그래서 내가 인사를 하는데 상대방이 보지 않거나 내가 말하는 동안 다른 곳을 보면 무시당했다고 느끼고 화가 나는 것이다.

'눈을 떼지 못한다.'
'눈에서 꿀이 떨어진다.'
'눈이 똘망똘망하다.'

'눈에서 총명함이 느껴진다.'

'눈에서 하트가 나온다.'

'눈에서 레이저가 나온다.'

'눈에서 불이 난다.'

'눈이 흐리멍텅하다.'

'눈에서 살기가 느껴진다.'

'눈이 선하다.'

우리는 일상생활에서 이렇게나 많은 메시지를 눈을 통해 보내기도 하고 받기도 한다. 여기서 말하는 눈은 단지 눈의 생김새를 말하는 것이 아니라 그 사람의 눈을 통해 전달되는 느낌, 에너지, 메시지를 말하는 것이다. 그래서 눈맞춤을 잘하는 사람은 훨씬 더 매력적으로 보인다.

빌 클린턴을 직접 만난 사람들은 바로 그의 팬이 된다고 한다. 이들이 한결같이 말하는 빌 클린턴의 매력은 그의 눈맞춤이다. 특히 그의 눈맞춤은 악수를 하는 순간 빛을 발한다. 사람들과 악수를 하다 보면 대부분의 사람들은 지금 악수하는 사람보다는 그 다음 악수하는 사람을 쳐다보는 경향이 있다. 지금 악수하는 사람의 눈을 쳐다보더라도 금세 다음 악수를 해야 하는 사람에게 시선을 옮기는 것이다. 아예 악수하는 사람의 눈 대신 악수하는

백 마디 말보다 강력한 행동의 심리학

손을 쳐다보거나 다른 곳을 쳐다보는 사람도 생각보다 많다. 그런데 빌 클린턴은 악수를 할 때 지금 손을 맞잡고 있는 사람에게 시선을 딱 붙여 놓는다. 상대의 손을 잡고 있는 동안에는 상대의 눈만을 쳐다보는 것이다. 다음 사람은 쳐다보지도 않는다. 이 순간이 얼마나 강력한 찰나인지 상상이 되는가? 이 눈맞춤을 통해 빌 클린턴과 한 번 악수를 한 사람은 그 눈빛을 잊지 못한다고 한다. 그는 눈맞춤을 통해 한 사람 한 사람에게 '당신은 소중하다'는 느낌을 받게 만드는 것이다.

눈맞춤은 문화에 따라, 눈맞춤의 시간에 따라, 눈맞춤의 위치에 따라 굉장히 다양한 메시지를 전달한다. 그럼에도 불구하고 그 의미를 제대로 이해하고 표현하려는 노력은 그리 많지 않다.

시선의 위치는 어디가 적당할까?

만약 당신이 상대를 따뜻한 눈빛으로 쳐다보는데 상대방이 그 눈빛을 공격적으로 받아들이거나 "그 사람은 눈빛이 너무 쎄!"라는 말을 듣는다면, 반대로 당신은 카리스마 넘치는 눈빛을 보이고 싶은데 상대방이 당신을 쉽게 대하거나 그것도 모자라 당신이 상대를 좋아한다는 듯한 오해를 산다면 당신은 지금껏 시선의 위치를 잘못 사용하고 있었을 가능성이 높다.

서로 사랑하는 연인과 링 위에서 격투기 시합을 앞두고 있는 선수들을 비교해 보자. 이들 모두 서로를 바라보고 있지만 연인은 뽀뽀를 부르고 선수들은 주먹을 부른다. 연인들의 눈에는 하트가 가득한데 선수들의 눈에는 불길이 활활 타오른다. 그 차이점은 바로 시선의 위치에 있다. 상대의 얼굴을 쳐다볼 때 어느 위치를 쳐다보는지에 따라 전달되는 메시지가 달라진다는 말이다.

- **우호적 응시** : 양쪽 눈과 입을 연결하여 생기는 역삼각형 부위를 응시하는 것이다. 이 눈맞춤은 상대방에게 겁을 주고 싶지 않거나 편안함을 전달하고자 할 때 사용한다. 우리가 일반적으로 사용하는 응시이다.
- **친밀한 응시** : 양쪽 눈과 배꼽 또는 더 아랫부분을 이어 만들어지는 긴 역삼각형 부위를 응시하는 방법으로, 주로 관심이 있는 이성 간에 발생한다. 보통 우호적 응시를 하다 종종 빠른 속도로 시선을 아래로 떨어트린 후 천천히 눈을 올려 뜨는 방식이다. 영화에서 서로를 유혹하는 남녀가 키스를 나누기 직전에 이러한 응시를 많이 사용한다. 친밀한 응시는 비즈니스 만남에서 가장 조심해야 하는 응시이기도 하다. 대부분 의도가 있다기보다는 신경을 쓰지 않아서 또는

우호적 응시   친밀한 응시   강렬한 응시

습관적으로 이러한 응시를 보내게 되는 경우이다. 특히 남
성이 여성과 비즈니스 미팅에서 친밀한 응시를 보내게 되
면 여성의 신체를 훑어본다는 오해를 받게 되고, 여성이 남
성에게 친밀한 응시를 보내게 되면 남성의 입장에서 여성이
유혹을 한다고 느낄 수 있다. 본인이 의도했던 의도하지 않
았던 말이다.

• **강렬한 응시** : 양쪽 눈과 이마 정중앙을 이은 삼각형 부위를
  쳐다보게 되면 상대에게 강렬한 느낌을 전달할 수 있다. 시선
  이 얼굴의 가운데를 향할 때보다 눈이 더 위로 치켜 올라가면
  서 강한 인상을 만들어 낸다. 미소를 짓지 않고 강렬한 응시
  를 오랜 시간 사용하면 상대가 위협을 느끼게 된다. 특히 농
  담기 쏙 빠진 분위기에서 상대를 강하게 압박하고자 할 때 사
  용할 수 있다.

곤란한 순간에는 시선을
피하는 것도 방법이다

훌륭한 눈맞춤의 기술은 눈을 쳐다보는 것만을 의미하지 않는다. 상황에 따라서는 시선을 피하는 것도 좋은 방법이다.

부하직원에게 해고소식을 전해야 할 때, 열심히 준비한 프로젝트가 무산되었다는 소식을 동료에게 전해야 할 때와 같이 좋지 않은 소식을 전할 때에는 의도적으로 시선을 피하며 말하면 좀 더 부드러운 방식으로 이야기를 전할 수 있다. 시선을 아래로 내리며 말한다고 해서 나쁜 소식이 좋은 소식으로 바뀌는 것은 아니겠지만 어쩔 수 없이 메시지를 전달해야 하는 입장에서 상대방의 마음을 조금이나마 헤아린다는 느낌을 전달할 수 있다. 상대에게 슬픈 소식, 안타까운 소식을 전하면서 상대를 똑바로 쳐다보며 말하면 상대의 슬픔에 관심이 없거나 전혀 공감하지 못하는 사람이라고 인식되기 때문이다.

눈맞춤에 대해 의견을 공유해 보자

다른 문화권의 사람들을 만나게 된다면 눈맞춤을 주제로 이야기를 나누어 보자. 나는 실제로 다른 문화권 사람들뿐만 아니라 같은 문화권 사람들과 만날 때에도 눈맞춤에 대한 이야기를 자주 나누는데, 아무것도 아닌 것 같은 이 주제에 굉장히 많은 이야기가 오고 간다. 상대방의 문화권에서는 눈을 많이 맞추는 편인지 묻기도 하고, 같은 문화권의 사람들에게는 눈맞춤을 잘하는 편인지 묻기도 한다. 이런 대화를 통해 서로의 눈맞춤 문화에 대해 이해할 수 있을 뿐만 아니라 개개인의 눈맞춤 성향에 대해서도 이해할 수 있는 계기가 된다. 이런 계기를 통해 어떤 사람에게는 "당신은 눈맞춤을 참 잘하네요~"라고 칭찬할 수도 있고 "프랑스에서는 건배를 할 때 서로의 눈을 쳐다보면서 건배한답니다"처럼 서로의 문화를 배우며 더욱 돈독해지기도 한다.

눈맞춤은 인간관계에서 강력한 영향을 미친다. 말을 아무리 잘해도 자꾸 시선을 회피하면 뭔가 숨기는 것 같고, 말을 하면서 상대방을 너무 빤히 쳐다보면 적대적인 감정이 있다고 오해할 수도 있다. 따라서 눈맞춤에 대해 이야기를 나누는 것만으로도 이러한 오해의 소지를 훨씬 줄여나갈 수 있고, 이러한 차이점을 인식하다 보면 상대가 너무 빤히 쳐다보는 것 같거나 자꾸 시선을 피하는 것 같아도 서로를 이해하기 훨씬 쉬워진다.

눈맞춤의 시간은 얼마가 적당할까?

문화에 따라 눈맞춤의 시간에 대한 인식이 다르다. 아시아나 남아메리카 문화권에서는 상대의 눈을 오랫동안 쳐다보면 예의가 없다고 여긴다. "어디, 어른 말씀하시는데 눈을 똑바로 뜨고 쳐다보냐!"라는 말을 듣고 자란다. 그러다 성인이 되어 서양 문화권에서 자란 사람들과 비즈니스 미팅을 하게 되는 경우 초면이고 직책이나 나이가 더 많은 상대방에게 예의를 지키기 위해 눈이 마주치면 금방 시선을 아래로 내리게 된다. 그런데 사람의 눈을 쳐다보는 것을 중요하게 생각하는 서양 사람들에게 동양인들의 이런 눈맞춤은 자신이 없고 무엇인가 숨기는 것 같은 오해의 메시지를 전달할 수 있다.

어느 문화권에서 성장했는지에 따라 눈맞춤 시간은 전체 대화시간의 25%에서 많게는 100%까지 다양하다. 가장 이상적인 눈맞춤의 시간은 전체 대화에서 적어도 60% 이상을 할애하는 것이 좋다.

여기서 중요한 점은 소통은 쌍방의 활동이라는 것이다. 소통은 메시지를 발신하는 사람과 수신하는 사람이 함께하는 활동이기 때문에 수신자를 고려하지 않고 발신하는 메시지는 오히려 오해를 불러일으킬 수 있다는 점을 명심해야 한다. 생각을 전달하려는 사람, 마음을 표현하려는 사람은 수신자의 입장을 배려하면서 자신의 메시지가 정확하게 표현되어 전달될 수 있도록 최선을 다해야 한다. 그리고 수신자 역시 발신자가 표현하고자 하는 메시지가 무엇인지 이해하려는 노력을 기울여야 한다.

눈맞춤 또한 마찬가지이다. 친근함을 전하고 싶고 관심을 표현하고 싶다고 눈맞춤에 어색한 동양 문화권 사람들에게 과한 눈맞춤을 보내면 오히려 상대방이 부담스러울 수 있다. 마찬가지로 나는 동양 문화권에서 자라 눈맞춤이 편하지 않으니 서양권의 사람을 만나더라도 내가 편한 대로 하겠다는 자세도 상대를 배려하지 않는 태도이다. 상대방과 이야기를 나눌 때에는 우선 상대가 어느 정도의 눈맞춤을 하는 편인지를 먼저 관찰해 보자. 그리고 최소한 상대가 나에게 보내는 정도의 눈맞춤을 돌려주도록 하자.

중요한 것은 우리가 모두 편안한 관계를 원한다는 것이다. 아무 말이나 막할 수 있는 편안한 관계가 아니라 서로 배려하고 존중하는 편안한 관계 말이다.

갈등을 만드는 사람
vs
위로가 되는 사람

　여자 친구가 남자 친구에게 화가 났다. 남자가 그의 고민거리를 자기가 아닌 다른 여자사람친구에게 먼저 털어놓았다는 사실을 알아버린 것이다. 여자는 화가 나 오른쪽 손을 허리에 올리고 왼쪽 팔은 휙휙 저으며 카페로 들어가 버린다. 남자는 등을 휙 돌린 채 빠르게 카페로 들어가는 여자의 뒤에서 따라가며 변명을 하기 시작한다.

　"그 여자사람친구는 어렸을 때부터 친구여서 종종 고민 상담을 해왔었어."

　그러자 여자가 고개를 휙 돌려 남자를 노려본다. 남자는 이내 심각성을 깨닫고 변명을 한다.

　"내가 연애가 처음이어서 미처 거기까지는 생각을 못했던 것 같아. 미안해~"

여자 친구는 의자에 앉는다. 그리고 앞에 서 있는 남자를 올려다보며 말한다.

"너에게 힘든 일이 있거나 고민이 있을 때 네게 제일 먼저 달려오는 사람이 나이고 싶어~"

그러자 남자는 너무나 미안한 마음으로 여자의 손을 잡고 바닥에 쪼그려 앉아 그녀를 올려다보며 미안하다고 사과한다.

미국 유명 드라마의 한 장면이다. 연기자들의 디테일이 살아 있는 장면이었다. 나는 이 장면을 보며 '현명한 여자 친구와 더 현명한 남자 친구'라고 이름지었다. 장면을 나누어 설명해 보면 이렇다.

제대로 위로하고 싶다면
낮은 곳에서 올려 봐라

남자 친구가 다른 여자사람친구에게 고민을 먼저 공유했다는 사실에 화가 난 여자 친구는 허리에 오른손을 올려 공격할 때의 자세를 만든다. 몸집을 크게 확장시키고 오른팔의 뾰족한 팔꿈치를 바깥쪽으로 향하게 하여 무기를 장착시킨 것이다. 그리고는 왼쪽 팔을 휙휙 저어가며 감정이 격양되었음을 알린다.

남자 친구가 "처음 하는 연애라 미처 그 부분을 헤아리지 못했다"며 사과하자 조금 전 팔을 휘두를 때만 해도 불같이 화를 낼 것 같았던 여자 친구는 의자에 앉더니 화를 내는 대신 부드러운 말투로 남자 친구에게 "네가 가장 먼저 이야기를 나누고 싶어 하는 사람이 나였으면 좋겠다"고 말한다. 이 순간이 여자 친구가 남자 친구에게 화를 내고 질책을 하는 대신 회유와 부탁을 하기로 전략을 바꾼 순간이었다. 회유와 부탁의 의도는 여자 친구가 한 이야기에 담긴 것이 아니라 여자 친구가 그 이야기를 하면서 했던 행동에 담겨 있다. 여자 친구가 남자 친구에게 화를 내거나 따지고 싶었다면 서 있는 자세로 남자 친구와 시선을 똑바로 마주하고 말했겠지만 여자 친구는 화를 내는 것이 아니라 부드럽게 부탁을 하고 싶었다. 그랬기 때문에 의자에 앉아 시선을 남자의 눈높이보다 더 낮게 만든 상태에서 남자를 올려다보며 말한 것이다. 이 순간 여자 친구가 남자 친구에게 하는 말은 명령이 아니라 부탁이 되었다.

그러자 의자에 앉은 여자 친구를 내려보고 있던 남자 친구는 여자 친구의 시선보다 더 낮은 곳으로 내려간다. 바닥에 앉아 여자 친구를 올려보며 미안하다고 사과를 한다. 사과를 하는 남자 친구의 그 모습에 여자 친구가 웃는다. 남자 친구는 그제서야 여자 친구 옆으로 옮겨 앉아 동등한 시선의 높이에서 서로를 바라보며 미소 짓는다. 그리고 다시는 이런 일이 없을 것이라고 약속한다. 전쟁이 될 수 있는 상황이었지만 평화롭게 해결되었다. 현명한 여자 친구와 더 현명한 남자 친구였다

높은 사람은
아랫사람을 내려다본다

좀 극단적으로 들릴지는 모르겠지만 누가 더 많은 파워를 가지고 있느냐에 따라 내려다보거나 올려다보는 위치가 정해진다. 이는 일상생활에서도 자주 관찰되는 일이다.

교장선생님, 회사의 대표와 같은 사람들은 연단에 올라가 학생이나 직원들을 내려다보며 말한다. 부진한 실적에 화가 난 팀장은 서서 부하직원들을 내려다보며 고함을 지르고, 부하직원들은 고개를 푹 숙인 채 팀장을 올려다보지도 못한다. 적어도 팀장의 열이 식을 때까지는 말이다. 이처럼 누군가를 내려다보며 화를 내기는 쉽지만 올려다보며 화를 내는 것은 어렵다.

또 다른 경우는 화자가 청자를 내려다보는 경우이다. 말을 하는 사람은 연단에 올라가 이야기하고, 연단이 없는 경우에는 앞에 서서 이야기한다. 앉아서 말을 하는 경우에도 듣는 사람들과

같은 높이의 의자보다는 더 높은 의자에 앉는 것이 대부분이다. 이는 듣는 사람들이 말하는 사람을 더 잘 보기 위해 물리적으로 더 높은 위치에 올려놓는 이유이기도 하지만 여기엔 엄연한 파워가 존재한다.

반대되는 케이스로 대학교의 계단식 강의장을 예로 들 수 있다. 계단식 강의장에서 강의나 발표를 해본 경험이 있다면 연단에서 청중을 내려다보며 이야기할 때보다 청중을 올려다보며 이야기해야 할 때 힘이 더 많이 들어가는 것을 느낄 수 있다. 흔히 기가 빨리는 것 같다고 말하는데, 아래에서 위로 올려다보게 되면 내려다볼 때보다 물리적으로 더 많은 압박을 받기 때문이다.

취업 면접 캠프의 모습을 TV에서 본 적이 있다. 모의면접을 진행하는 동안 지원자들이 면접관들의 질문에 대답하는 연습을 하는 장면이 있었는데, 이때 지원자들은 물이 비워진 수영장 바닥에서 대답을 하고 면접관들은 수영장 밖에서 지원자들을 내려다보며 질문하고 있었다. 물리적으로 압박을 받는 상황을 연출하여 미리 대비하는 연습을 하는 것이었다. 시선의 높이를 잘 이해하고 활용하는 사례였다.

시선의 높이로
진심을 전할 수 있다

직장을 잃은 동료, 시험을 망치고 속상해하는 자녀, 남자 친구
와 헤어지고 슬픔에 빠진 친구를 위로하는 일은 너무나 중요하
다. 그리고 이때 큰일이든 작은 일이든 누군가를 진심으로 위로
하고 그 진심을 전달할 수 있다면 그것은 인간관계에서 큰 장점
으로 작용한다.

그러나 위로라는 것이 자칫 잘못하면 공감하고 같이 슬퍼해
주는 게 아니라 잔소리 내지는 잘난 척 아닌 잘난 척으로 왜곡되
어 전달되는 경우가 있다. 상대를 생각하고 응원하는 마음에서
한 위로가 받아들이는 사람에게 진정성 없는 잘난 척으로 들린다
면 아주 속상하기도 하고 내 마음을 알아주지 못하는 상대방이
원망스러울 것이다. 이때는 시선의 높이를 조절하는 것만으로도
진심을 더욱 강력하게 전달할 수 있다.

◆

갈등이 아닌 위로를 만들라

누군가를 위로할 때에는 반드시 그 사람보다 낮은 곳에서 해야 한다. 낮은 곳에서 상대를 올려다보는 행동을 통해 '당신은 나에게 정말 소중한 사람이에요'라는 메시지를 전달할 수 있다. 지금 바로 주변에 있는 지인들에게 시험해 보자. 시선이 가진 위력에 깜짝 놀랄 것이다.

대화를 나누기 어려운 자녀가 있다면 자녀를 소파에 앉게 하고 부모는 바닥에 앉은 채로 자녀를 올려다보며 대화를 시도해 보자. 실제로 개인 컨설팅을 받았던 많은 분들이 이 행동을 통해 자녀와 더 많은 대화를 하게 되었다고 감사의 인사를 전해왔다. 특히 응원을 할 때는 절대로 소파에 같이 앉아 아이를 내려다보며 대화를 하지 말아야 한다.

누군가에게 부탁을 하고 싶을 때도 마찬가지다. 같은 눈높이에 서서 하지 말고 낮은 곳에서 상대를 올려다보며 부탁해 보자. 눈이 더 똘망똘망하게 보일 것이고 낮은 곳에서 위로 올려다보며 말하면 음성도 더 부드러워진다.

다음의 고양이 사진을 비교해 보자. 우리가 왼쪽 고양이에게 당장이라도 생선을 주고 싶은 데에는 시선의 비밀이 숨겨져 있다. 그렇다면 오른쪽 고양이는 어떤가? 왼쪽의 고양이는 밥을 달라고 부탁하고 있는데 반해 오른쪽의 고양이는 공손히 부탁하는 모습이라곤 찾아볼 수 없다. 오히려 밥을 내놓으라고 근엄하게 명령

하는 듯한 모습이다. 왠지 반말하면 안 될 것 같다. 오른쪽의 고양이는 필자의 반
려묘인데, 종종 에어컨 위에 올라가 필자를 저렇게 내려다보곤 한다.

누군가와 파워싸움을 하는 중이라면, 또 방금 상대방이 던진 질문에 우리 쪽이
밀리는 분위기라면 자리에서 일어나라. 보여주며 설명할 자료가 있으면 더 좋다.
"가까이에서 설명을 드려도 괜찮겠습니까?"라고 말하며 상대쪽으로 다가가 보자.
상대에게 설명할 자료를 전하고 가까이 서서 앉아 있는 상대를 내려다보며 설명
을 하면 상대는 순간적으로 압박을 느끼게 된다.

이처럼 시선의 높낮이가 가진 힘을 이해하는 것만으로도 파워를 다시 찾아오는
일은 결코 어렵지 않다.

유대감이 높은 사람들의 행동심리

1) 친해지는 것을 막는 몸짓이 있다

팔짱을 낀 자세는 나의 이미지를 부정적으로 전달할 뿐만 아니라 내 앞에 있는 사람이나 상황에 대한 나의 판단 또한 부정적으로 만든다. 사람들과 친해지고 싶다면 팔짱을 풀어 마음의 빗장을 먼저 풀어야 한다.

2) 미러링은 최고의 공감표현이다

상대의 동작이나 표정을 따라 하는 것만으로도 상대의 감정을 훨씬 더 쉽게 이해할 수 있다. 이때 '저 사람이 지금 하고 있는 이야기에서 어떤 감정을 느낄 것인가' 하는 마음, '상대의 감정을 이해하고 싶다'는 소망을 가지고 있어야 한다.

3) 고개만 끄덕여도 쉽게 동의한다

설득해야 하는 사람이 내 앞에 있을 때, 그들이 고개를 끄덕이도록 만들 수 있는 방법이 있다. 내가 먼저 고개를 끄덕이는 것이다. 내가 먼저 끄덕이면 상대도 어느 순간부터 고개를 끄덕인다. 이렇게 되면 상대방은 내 말에 동의할 가능성이 많아진다.

4) 눈맞춤은 소통의 시작이다

누군가 나를 그윽하게 바라봐 주면 그의 따뜻한 눈빛에서 사랑이 느껴진다. 이처럼 사랑과 관심, 행복과 감동이 눈맞춤을 통해 전달된다. 눈맞춤을 통해 우리는 상대의 존재를 인정하고 더욱 돈독한 관계가 되기 때문이다.

5) 위로를 표현하는 강력한 방법이 있다

누군가를 위로할 때에는 반드시 그 사람보다 낮은 곳에서 해야 한다. 누군가를 응원하거나 부탁을 하고 싶을 때에도 마찬가지다. 같은 눈높이에 서서 하지 말고, 낮은 곳에서 상대를 올려다보며 부탁해 보자.

6) 열린 자세가 긍정적인 관계의 시작이다

자세를 열어야 마음이 열린다. 양팔을 벌려 상대를 초대하는 듯한 자세를 취하고 항상 열린 자세로 사람들과 이야기를 나누자. 이렇게 열린 자세를 통해 새로운 만남을 즐거운 마음으로 받아들인다는 것을 시각적으로 전달해야 한다.

7) 스킨십은 힘이 쎄다

스킨십의 가장 큰 힘은 치유와 힐링이다. 하지만 용기를 전하고 공감을 얻고 위로를 표현하는 이 스킨십을 아무에게나 허용하지는 않는다. 처음에는 악수나 하이파이브 등 손으로 할 수 있는 간단한 접촉부터 시작하도록 하자.

PART 3

전문성

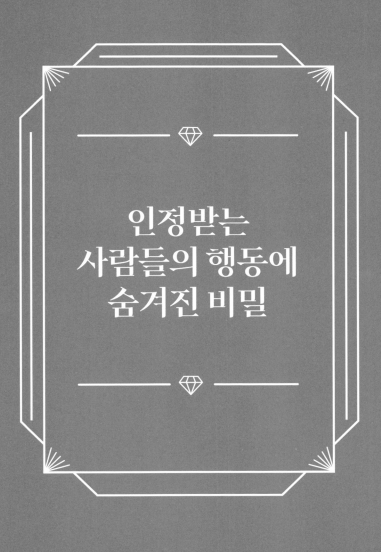

인정받는
사람들의 행동에
숨겨진 비밀

우리나라에서 누구나 다 아는 기업인, 정치인, 연예인 등을 컨설팅하며 느낀 점은 그들에게는 일반인에게는 보이지 않는 특별한 능력이 있다는 것이다. 그것은 안에 있는 것을 밖으로 꺼내어 놓는, 보이지 않는 것을 보이도록 만드는 능력이었다. 이처럼 전문성과 자신감을 갖춘 사람들의 특징은 보이지 않는 장점을 보이는 것으로 잘 표현한다는 것이다. 업무에 대한 자신감, 직책에 대한 책임감, 프로젝트에 대한 열정, 차분한 카리스마 등 내적인 능력을 주변 사람들이 알아차릴 수 있도록 잘 표현하고 전달하는 능력을 지니고 있다.

미국의 교육 전문그룹에서 세계적 강연인 〈TED Talks〉의 강연 중 가장 높은 조회 수를 기록한 강연과 가장 낮은 조회 수의 강연을 비교 분석했다. '리더십'이라는 동일한 주제를 가진 두 강연

백 마디 말보다 강력한 행동의 심리학

으로, 18분 정도 길이였다. 강연을 한 두 연사는 모두 이 분야의 전문가였다. 두 강연의 차이점이라면 한 강연은 조회 수가 당시 2,500만을 넘었고, 다른 강연은 72만을 겨우 넘었다는 것이다. 이러한 차이는 어디에서 오는 걸까?

⟨TED Talks⟩의 많은 강연을 비교해 본 결과 조회 수가 높은 강연에서는 평균 465번의 손짓이, 조회 수가 낮은 강연에서는 평균 272번의 손짓이 사용되었다는 것을 알 수 있었다. 그중에서도 TOP 조회 수를 자랑하는 강연의 연사들은 18분의 강연 동안 600번 이상의 손짓을 사용하고 있었다.

나는 첫 번째 저서인 《스피치가 두려운 당신, 어떻게 말해야 하는가》에서 스티브 잡스의 스피치 바디랭귀지를 분석했는데, 그가 3분 10초 동안의 스피치에서 21가지 종류의 몸짓을 무려 72번에 걸쳐 사용했다는 것을 확인했다. 2.5초마다 제스처를 사용하고 9초마다 새로운 제스처를 사용했다는 결론이다. 어떤 이야기를 해도 사람들이 귀 기울일 것 같은 스티브 잡스조차도 그의 몸짓과 행동에 이렇게 심혈을 기울인 까닭은 무엇일까? 그는 사람들이 입으로 하는 말이 아니라 몸으로 하는 말을 더욱 신뢰한다는 것을 아주 잘 알고 있었기 때문이다.

조회 수가 높은 연사들의 비언어적 행동 특징은 사람들에게 개방성과 수용성을 드러내는 동시에 전문성을 나타내는 몸짓을 아주 잘 사용한다는 것이다. 이들은 본인의 입으로 "내가 최고입니다"라고 말하지는 않지만 자신감이 있고 확신이 있을 때 사용하는 행동을 전략적으로 사용해 본인의 카리스마와 전문성을 자연스럽게 녹여내는 방법을 아주 잘 알고 있었다.

Part 3에서는 전문성뿐만 아니라 카리스마와 리더십을 보여주는 행동에 대해 알아본다. 특히 여기에서는 기업인과 정치인, 연예인들이 전문성을 드러내기 위해 어떤 행동들을 사용하는지 알아보고, 이를 업무와 일상생활에 적용하는 방법을 알아본다.

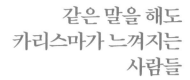

같은 말을 해도
카리스마가 느껴지는
사람들

초등학생으로 보이는 아이들 셋이 식당에서 장난을 치며 뛰어다닌다. 아이들이 식당의 테이블 사이를 헤집고 뛰어다니자 손님들이 인상을 찌푸리기 시작한다. 일행들과 이야기를 나누느라 정신이 없었던 아이들의 부모는 그제야 상황을 깨닫고 아이들을 향해 "애들아, 뛰지 마!"라고 소리치며 손바닥을 엎은 채로 허공을 두드리는 듯한 손짓을 한다.

업무 미팅이 한창이다. 무언가 마음대로 풀리지 않는지 회의를 진행하던 팀장은 팀원들을 둘러보며 심각한 표정으로 말한다. 이 프로젝트를 제대로 해내지 못하면 어떤 결과가 초래될지를 이야기하며 연신 손바닥으로 테이블을 툭툭 내리친다. 팀장이 손바닥으로 테이블을 칠 때마다 팀원들의 표정은 점점 얼어붙는다.

권력을 드러낼 때 손바닥을 엎는다

우리는 언제 손바닥을 엎을까? 위의 상황과 같이 내가 권력이 있다고 느낄 때 또는 권력을 행사하고자 할 때, 상대가 내 말을 듣고 그대로 행해 주기를 바랄 때, 복종을 원할 때, 단호할 때 그리고 자신 있을 때 손바닥을 엎는다.

손바닥을 엎는 것은 물리적인 힘을 가할 수 있는 상태이자 물리적인 힘을 이용해 내가 원하는 대로 하게 만들겠다는 의지를 담고 있는 무의식적인 행동이다. 아이들이 시끄럽게 떠드는 교실에서 아이들의 이목을 집중시키고 조용히 시키기 위해 교사들은 손바닥으로 교탁을 내리친다. 손등으로 교탁을 내리치는 교사는 없다. 이목을 집중시킬 수 있는 소리를 발생시키기 위해 교탁을 내리쳐 물리적인 힘을 가하려면 손등보다는 손바닥으로 힘을 가해야 더 효율적이기 때문이다.

부드럽지만 단호하게 말하고 싶을 때
손바닥을 엎는다

이렇게 손바닥을 엎는 행동을 팜다운(Palm down)이라고 한다.

백 마디 말보다 강력한 행동의 심리학

팜다운은 자신감을 연결시켜 주는 행동이다. 상대방에게 단호하게 말하고 싶을 때 손바닥을 엎으며 말하면 상대는 반사적으로 그것이 중요한 이야기이므로 잘 새겨들어야 한다는 것을 느낀다. 이는 스티브 잡스가 자주 사용하는 몸짓 중 하나였다.

스티브 잡스가 전 직원들 앞에서 질의응답을 하던 중 한 직원의 질문을 받았다. 이 직원은 그동안 본인의 팀에서 열심히 수행하고 있던 프로젝트를 스티브 잡스가 중단시킨 것에 대해 "그 프로젝트는 어떻게 되는 거냐?"라고 질문했다. 질문을 받은 스티브 잡스의 얼굴에는 불쾌함의 표정이 스쳐 지나갔다. 이미 종료한 프로젝트에 대해 전 직원 앞에서 다시 설명해야 하는 것이 달갑지는 않았을 것이다. 스티브 잡스는 바로 대답을 하지 않고 3초 정도 턱을 비비며 잠시 생각을 하는 듯하더니 이내 직원의 질문에 답을 했다. 스티브 잡스는 3초 동안 질문에 대한 답을 생각했을 것이다. 그런데 그 대답은 그저 상황에 대한 설명에 그치는 것이 아니라 최소 다음과 같은 두 가지 목적을 달성할 수 있는 대답이어야 했다.

첫째, 스티브 잡스의 결정이 결과적으로 회사와 임직원들의 장기적인 이득을 위한 것임을 카리스마 있게 설명하되, 되도록이면 차가운 카리스마가 아닌 따뜻한 카리스마를 전달할 것.

둘째, 그 프로젝트를 중도에 중단시킨 것에 대해(그다지 별로 논

하고 싶지 않은 주제) 다시는 동일한 질문이 나오지 않도록 최대한 명확하게 설명할 것.

이때 스티브 잡스는 질문에 대해 답을 하면서 중요한 내용을 강력하게 말하고 싶은 부분에서 손바닥을 엎으며 말했다. 스티브 잡스는 사람들에게 메시지를 전달할 때 언어와 함께 보여지는 행동이 가지는 중요성을 누구보다 잘 알고 있었던 사람이다. 그는 손바닥을 엎어 부드럽지만 단호하게 본인의 메시지를 전달했다. 손바닥을 엎으며 이야기하는 순간 그 말은 스티브 잡스의 자신감에서 나오는 이야기, 스티브 잡스가 본인이 책임지겠다고 말하는 이야기가 된다.

백 마디 말보다 강력한 행동의 심리학

사람들과 멀어지지 않으면서
전문성을 전달하려면

하지만 이 팜다운 행동을 잘못 사용해 오히려 관계를 딱딱하게 만들고 쉽게 다가가기 어려운 사람으로 보이는 경우도 있다. 그리고 이때 대부분은 본인이 그런 손짓을 사용한다는 것조차 인식하지 못하는 경우가 많다. 더욱 안타까운 것은 손바닥을 엎는 행동을 자주 사용하게 되면 상대방의 얼굴 표정이 점점 어두워지는 데도 상대의 표정 변화를 인식조차 못하거나 인지했다 하더라도 그 이유를 전혀 알지 못하는 경우이다. 특히 직업적으로 권력을 행사해야 하는 사람들 중에는 이러한 손동작이 습관처럼 되어 업무 외에 만나는 사람들에게도 이러한 행동을 끊임없이 사용하기도 한다.

전문가다운 모습을 보여줘라

어느 누구도 상대방의 권력에 휘둘리고 싶어 하지 않는다는 사실을 항상 기억해야 한다. 내가 상대보다 권력이 더 강하다고 자만하는 순간 손바닥만 엎어지는 것이 아니라 고개가 함께 들리며 상대를 내려다보게 된다. 따라서 강력한 카리스마를 전달하겠다는 욕심을 잠시 접고 내 말을 듣는 사람이 반드시 기억해야 할 부분에서 중요성을 강조할 때에만 손바닥 엎기를 사용하면 좋다. 이때 살짝 고개를 숙이는 자세와 함께 사용하면 조심스러움과 신중함의 느낌도 함께 전달할 수 있다.

또 중요한 것 중 하나는 상대와의 유대감이 형성되지 않은 상태에서 손바닥 엎기를 사용하면 오히려 거부감을 일으킬 수 있으니 대화의 초반이나 고객과의 미팅 초반에는 손바닥을 보여주는 팜업 행동으로 충분히 신뢰를 쌓아 유대감을 형성하고 난 후, 팜다운을 통해 전문성을 드러내거나 자신감을 표현해야 한다.

팜다운을 잘 활용하면 당신의 언어를 더욱 강력하고 믿을 수 있는 메시지로 만들어 줄 것이다.

상대의 집중이
필요한 순간

SNS에서 아주 많은 공감을 얻었던 사진이 있었다. 온라인 쇼핑몰에서 모델들이 입고 있는 모습을 보고 옷을 샀는데, 직접 입어보니 전혀 사진 속의 모델 같지 않았던 것이다. 사진 속의 모습들이 재미있기도 했지만 누구나 한 번쯤은 경험해 본 일이었기 때문에 많은 공감을 불러일으켰던 것 같다.

쇼핑몰의 모델들은 어떤 옷을 입어도 멋지게 소화해 낸다. 그 것이 그들의 전문분야이기 때문이다. 모델들은 옷의 어떤 부분을 강조해야 옷의 장점이 잘 드러나는지, 어떤 자세를 지어야 더 몸매가 아름다워 보이는지를 아주 잘 알고 있다. 즉, 옷을 입은 자신이 어떠한 모습을 보여주어야 잠재고객을 설득할 수 있는지 잘 알고 있다. 그래서 실제의 모습보다 더 멋있고 아름다워 보이며, 더 설득력 있어 보인다.

우리가 무심코 사용하는 행동에도 이처럼 사용하는 사람에 따라 전혀 다른 결과를 가져오는 행동이 있다. 이 행동을 잘 이해하고 효과적으로 사용하는 사람들은 멋지게 옷을 표현해 내는 모델처럼 긍정적이고 강력한 카리스마를 전달하지만, 이 행동에 대한 이해없이 무의식적으로 사용하는 경우 주변 사람들에게 부정적인 인상을 전달한다. 바로 '포인터'라고 불리는 손짓이다.

시선을 집중시키고
카리스마를 표현하는 포인터 손짓

주먹을 쥔 채 검지손가락만 펴는 이 손짓은 사람들의 시선을 집중시키고 카리스마를 발산한다. 두 번째 손가락을 쭉 펴서 세우는 손짓은 비언어적으로 강력한 힘, 제압, 이목을 상징한다. 손가락을 치켜들어 몽둥이와 같은 형상을 시각적으로 표현하는 것이다. 몽둥이는 상대를 위협할 때 사용하는 도구이기도 하고 물리적으로 힘을 가하거나 다치게 할 수도 있다. 그래서 상대가 몽둥이를 드는 것처럼 손가락을 치켜드는 모습을 볼 때 우리는 상대에게 집중하게 된다.

그러나 이 손짓이 제압 등 부정적인 메시지만 전달하는 것이

아니다. 어떤 상황에서 어떻게 사용하느냐에 따라 긍정적인 면을 더욱 강화시킬 수도 있다. 포인터 손짓을 전략적으로 잘 사용하는 이들은 사람들의 시선을 집중시키며 강력한 카리스마를 발산한다. 따라서 스피치를 자주 하는 사람들, 중요한 발표를 하는 사람들, 리더들이 반드시 알고 있어야 하는 손짓이다.

정치인들은 포인터 손짓을 긍정적으로 사용한다

정치인들이 특히 이 손짓을 자주 사용하는데, 그들은 부정적인 면을 없애고 긍정적인 방법으로 잘 사용한다. 어느 때에 어떻게 사용해야 하는지를 잘 알고 있기 때문에 전략적인 활용이 가능한 것이다. 이들은 크게 두 가지 방법으로 이 손짓을 사용한다.

첫 번째는 포인터 손짓을 높혀서 사용하는 방법이다. 자칫 손가락질처럼 보일 수도 있는 손짓이지만 비언어적 소통의 이해도가 높은 정치인들은 이 손짓을 유권자의 마음을 사로잡는 방법으로 사용한다. 자신을 향해 환호하는 유권자들에게 환한 미소를 지으며 손가락으로 가리키는 것이다. 이때 반가운 친구를 만났을 때 나타나는 번개눈썹과 환한 미소를 지으며 손가락으로 상대를 가리키면 "당신이군요~!" "당신이 왔군요~!"라고 말하는 것과 같

백 마디 말보다 강력한 행동의 심리학

은 메시지를 전달할 수 있다. 유권자의 입장에서는 본인이 지지하는 그 정치인이 방금 나를 보며 눈을 마주쳤을 뿐만 아니라 나를 알아보며 반가워했다는 인상을 받게 된다.

두 번째는 손가락을 위로 세우는 손짓이다. 이 손짓은 연설을 하는 중간중간 중요한 내용이 나오는 부분에서 손가락을 들며 말하는 것이다. 이야기를 하는 사람이 손가락을 세우면 청중들은 무의식적으로 주의를 집중하게 된다. 상대가 몽둥이와 같은 것을 위로 든 순간 눈을 떼지 않고 주시하는 것과 같다. 다만 실제로 몽둥이를 들었을 때처럼 신체적 위협을 느끼지는 않으며, 지금 하는 말이 중요한 이야기라는 무의식적인 느낌을 받는다.

이 손짓은 강압적이고 부정적인 비언어적 메시지를 전달하기도 하지만 정치인들이나 연사들이 자주 활용하는 이유는 잘 사용되었을 때 그만큼 강력하기 때문이기도 하다. 정치인과 그를 지지하는 유권자와의 관계에서는 부정적인 면보다는 긍정적인 면을 더욱 확대 해석하는 경향이 있기 때문에 더욱 그렇다. 그렇지만 이런 경우여도 손가락의 각도와 사용횟수 등은 주의해서 사용해야 한다.

부정적인 이미지를 줄이고
강력한 카리스마를 만들려면

어떻게 하면 포인터 손짓의 부정적인 면을 줄이고 긍정적인 면을 강화해 강력한 카리스마를 표현할 수 있을까?

중요한 내용을 말하는 순간 언어적 내용과 타이밍을 맞추어 손가락을 위로 세우면 된다. 이때 주의할 점은 손가락이 앞으로 기울어 사람을 가리키지 않도록 하는 것이다. 앞서 정치인의 경우에는 연설을 위해 연단으로 걸어 올라가며, 유권자들이 그 정치인을 향해 환호를 하고 박수를 치는 상황에서 사용되었기 때문에 긍정적인 방법으로 사용되었다는 것을 기억하자. 게다가 정치인은 아주 잘 연습된 환한 미소도 함께 짓는다. 하지만 일반인들은 스피치에서 중요한 말을 할 때 얼굴에 미소를 짓는 경우보다 진지한 표정으로 말하는 경우가 더 많다. 이처럼 미소를 짓지 않는 심각한 표정이 손가락질과 합쳐지는 순간 부정적인 감정을 전달할 수 있다. 그러니 손가락을 세워 시선을 사로잡고 강조하되 손가락이 앞으로 기울어 사람을 찌르지 않도록 주의해야 한다.

◆

무의식적으로 사용하는 포인터 손짓을 체크하자

포인터 손짓이 잘못 사용되는 경우에는 상대를 불쾌하게 만들고 부정적인 이미지를 전달하게 된다. 특히 우리 주변에는 함께 이야기를 나눌 때 부정적으로 반응하고 고집이 세며 상대를 존중하지 않는 것 같은 느낌을 주는 사람들이 있는데, 이들의 특징 중 하나가 이 포인터 손짓을 자주 사용한다.

상대가 말을 하는 동안 손가락으로 테이블을 탁탁 치는 행동, 상대의 대답에 상체(더 높은 경우에는 얼굴)의 위치에서 손가락을 펴서 툭툭 허공을 치는 듯한 행동은 상대를 불쾌하게 만든다. 손가락을 들어 매로 때리는 듯한 시각적 메시지를 전달할 뿐만 아니라 상대의 의견에 대해 비웃음, 무시 등의 온갖 부정적인 메시지를 전달하기 때문이다. 따라서 누군가를 책망하거나 나무랄 때 손가락을 눕히고 손가락을 아래위로 툭툭 치는 행동을 습관적으로 하고 있지는 않은지 확인해 봐야 한다.

특히 평소 일상생활에서 무의식적으로 이러한 손짓을 사용하고 있는지 본인의 행동을 잘 관찰할 필요가 있다. 우리는 상대방이 입은 옷이나 헤어스타일, 그들의 표정이나 행동들에 대해서는 쉽게 판단한다. 하지만 정작 사람들에게 비춰지는 내 행동에 대해서는 그만큼 객관적으로 관찰하지 않는다. 내가 보여지는 모습이 상대방에게 어떻게 보일까에 대해서는 고민하면서 그 원인이 어떤 몸짓과 손짓 또는 표정에서 오는지에 대해서는 자세히 생각하지 않는다. 그래서 다른 사람을 판단하고 바라보는 눈으로 자신을 바라보고 관찰하려는 노력의 필요성조차 인지하지 못한다.

가장 먼저 할 일은 사람들과 이야기를 나누는 중간중간에 나도 모르게 상대를 향해 손가락으로 찌르고 있지는 않은지 인지하는 것이다. 물론 인지했다면 그 순간은 이미 그 손짓이 상대에게 발사되고 난 후일 것이다. 그러나 이전과 다른 점은 이제는 상대를 향해 쭉 뻗은 손가락을 인지했기 때문에 바로 손가락을 둥글게 말아 넣을 수 있게 되었다는 점이다. 이는 나에게 더 잘 어울리는 옷이 어떤 스타일인지를 인지한 것보다 더 중요한 일이다. 우리의 인성과 태도는 입고 있는 옷이 아니라 사용하고 있는 몸짓과 행동을 통해 드러나기 때문이다.

백 마디 말보다 강력한 행동의 심리학

부드러운 카리스마가
필요하다면

우리는 강력하게 카리스마를 표현해야 할 때도 있지만 힘이 아닌 부드러움으로 더욱 기억에 남는 전문성을 전달해야 할 때도 있다. 굳이 손가락을 세워 첨탑을 만들지 않아도, 손가락을 치켜 세우지 않아도 아주 긍정적으로 카리스마를 전달할 수 있는 행동이 있다. 바로 '손가락 첨탑(OK 사인)'이라고 불리는 손짓이다.

손가락 첨탑으로
부드러운 이미지를 전달한다

엄지에 검지를 붙이고 나머지 손가락을 자연스럽게 안쪽으로 말아 마치 OK 사인을 하는 것과 같은 이 자세는 정치인들 또는 유명한 연사들이 아주 애정
하는 손짓이다. 엄지와 검지
를 붙여 무언가 꼬집는 것과
같은 모습을 하고 있지만 동
시에 나머지 손가락을 둥글
게 말아 부드러운 모습을 만
들어 강조와 둥글둥글함을
동시에 표현할 수 있기 때문
이다.

이 손짓은 손가락을 쭉 펴서 말할 때보다 훨씬 더 긍정적인 평
가를 많이 받는다는 연구 결과가 있다. 커뮤니케이션 관련 컨설
팅기관인 피즈 인터내셔널의 조사에 따르면 말하는 사람이 손가
락 첨탑의 손짓과 함께 말을 하면 듣는 사람들이 그 모습에서 더
욱 긍정적인 느낌을 전달받는다고 한다. 또 손가락 첨탑의 모습
을 통해 목표를 위해 단호하게 결정을 내리고 그것을 이루어 내
는 능력이 있으며, 동시에 다른 사람을 배려한다는 이미지를 전
달할 수 있다고 한다.

혹시 나의 손가락이 누군가를 향해 펴져 있다는 것을 인지했다
면 자연스럽게 검지를 오므려 엄지에 붙여보자. 카리스마는 그대
로 유지하면서 훨씬 더 부드러운 인상을 전달할 수 있을 것이다.

백 마디 말보다 강력한 행동의 심리학

당황한 순간을
침착함으로 바꾸는 행동

온라인 강의 플랫폼에 올라와 있는 필자의 '행동심리' 강의 중에서 수강생들의 열렬한 호응을 받았던 내용이 있다. 회사에서 발표를 하다, 회의를 하다, 강의를 하다, 스피치를 하다, 또는 촬영을 하다 곤란한 상황에 처하는 경우가 있는데, 그때 강의에서 배운 내용을 활용해 위기를 모면할 수 있었다며 굉장히 많은 분들이 댓글을 남겨주었다. 예전 같았으면 어찌할 바를 몰라 손에 땀이 나고 얼굴이 빨개졌을 법한 상황이었는데, 그 상황을 단숨에 해결한 것이다. 바로 이번 장에서 알아볼 내용이다.

똑똑해 보이는 사람들에게는 그들이 전략적으로 활용하는 공통적인 행동이 있다. 여기서 똑똑해 보인다는 것은 단순히 지능이 높아 보이는 것이 아니라 다음과 같은 능력을 가진 사람처럼 보인다는 것이다.

- 고민의 시간을 두려워하지 않는다.
- 고뇌의 시간을 인내할 수 있다.
- 어떠한 역경이 오더라도 이겨낸다.
- 어려운 문제에도 가장 훌륭한 해결책을 찾는다.
- 끊임없이 생각하고 발전한다.
- 사고활동을 즐긴다.
- 많은 아이디어를 가지고 있다.
- 가장 좋은 결정을 내린다.
- 심사숙고한다.
- 나의 생각이 가장 강력한 자원이자 힘이다.

그렇다면 이런 능력들을 한 번에 표현할 수 있는 행동은 무엇일까? 바로 다음의 사진들에 힌트가 있다.

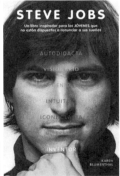

무언가 골똘히 생각할 때
손이 턱으로 올라간다

우리가 무엇인가를 골똘히 생각할 때, 의사결정을 내리기 위해 심사숙고 중일 때 손이 자연스럽게 턱으로 올라간다. 턱으로 올라간 손은 천천히 턱을 문지르기도 한다. 이 행동은 아주 자연스럽게 나오는 무의식적인 행동으로, 강의장·회의실·토론회 등에서 자주 볼 수 있는 행동이기도 하다.

오래된 물건의 가격을 추정하는 TV 프로그램에서 사회자가 패널들에게 질문을 한다. "패널 분들은 이 물건의 가격이 얼마쯤 할 것 같으세요?"라는 질문을 받자마자 3명의 패널 중 2명이 곧장 손을 턱으로 올려 천천히 비비기 시작했다. 이처럼 뭔가 고민을 할 때 무의식적으로 턱에 손이 올라간다. 사고활동에 들어갔기 때문이다. 이제 그 사고활동을 통해 가장 정확하다고 생각하는 대답을 할 준비를 하는 것이다.

턱에 손을 올리면 똑똑해 보인다

비언어적 행동을 전략적으로 잘 사용하는 사람들은 프로필 사진을 찍거나 중요한 순간에 이 행동을 활용하여 자신의 전문성을 드러낸다.

곰곰이 생각할 때 나타나는 이 동작을 의식적으로 목적에 맞게 사용함으로써 지금 처한 문제를 골똘히 생각해 해결책을 제시해 줄 사람, 집중력이 뛰어난 사람이라는 비언어적 메시지를 전달할 수 있다. 그리고 이렇게 시각적으로 전달하는 메시지는 "제가 잘 해결할 수 있어요"라고 말로 하는 것보다 훨씬 더 강력한 설득력을 갖는다.

턱에 손을 올리는 몸짓을
읽으면 실적이 올라간다

고객에게 상품 설명 중 고객이 손으로 턱을 문지르는 것을 인지한 세일즈맨과 그렇지 않은 세일즈맨은 실적에 엄청난 차이가 날 수밖에 없다. 설명을 듣던 고객이 턱을 천천히 문지르기 시작했다는 것은 고객이 결정을 내리기 위한 최소한의 정보가 충족되었다는 의미이고, 고객의 뇌에서는 이미 결정을 내리기 위한 프로세스가 진행되고 있다는 뜻이기 때문이다.

고객의 이러한 행동을 인지할 수 있는 프로 세일즈맨은 잠시

하던 말을 멈추어 고객에게 생각할 시간을 주고 잠시 후 어떻게 생각하는지 질문을 한다. 방금 턱을 비비며 했던 생각을 나에게도 이야기해 달라는 의미이다. 우리는 질문을 받으면 어떤 대답이라도 해야 한다는 의무를 느끼기 때문에 고객은 세일즈맨에게 어떤 대답이라도 해줄 것이다. 이처럼 고객이 본인의 생각을 세일즈맨에게 이야기하고 표현하는 분위기를 만들어 지속적으로 쌓아가다 보면 어느 순간에는 고객이 더욱 적극적으로 질문을 하는 때가 온다. 세일즈맨은 이 순간을 잘 활용해야 한다.

그러나 안타깝게도 고객의 이러한 행동을 인지하지 못하는 세일즈맨은 고객이 어떤 상황인지 이해하지 못한 채 '아직 상품 설명을 반밖에 못했는데…' 하며 급한 마음에 본인의 말만 하는 실수를 범하게 된다. 세일즈맨이 본인이 해야 할 말에만 집중하는 순간 고객과의 소통은 끝난다. 고객은 세일즈맨에게 말로 하지 않지만 그들의 진심은 행동을 통해 드러난다. 고객의 목소리와 함께 고객의 행동을 읽을 수 있어야 한다.

일상생활에서도 당황하지 않고 침착하게

일상에서도 턱에 손을 올리는 행동이 빛을 발하는 순간이 있는데, 사람들과 적극적으로 의견을 나누어야 하는 자리 또는 아이디어 회의 자리이다. 이런 자리에서 당신이 턱에 손을 비비고 있는 행동을 본다면 사람들은 당신이 침묵을 지키고 있더라도 지금 열심히 아이디어를 구하는 중이라고 생각할 것이다.

이 행동을 활용할 수 있는 또 다른 때는 바로 대답하기 어려운 질문을 받았을 때이다. 면접 자리에서, 고객설명회 자리에서, 강연의 질의응답 자리에서 예상치 못한 질문을 받게 되면 대부분의 사람들은 다음과 같은 행동을 한다.

1) 팔짱을 낀다.

2) 한 팔로 가슴을 막고 다른 팔은 수직으로 세워 손가락으로 입 주변이나 입술을 만진다.

3) 위와 같은 자세에서 한 손은 둘째 손가락을 세워 귀 아래의 목 옆쪽에 갖다 댄다.

4) 고개를 살짝 뒤로 젖히고 적당한 대답을 찾는다. 이때 눈동자가 위로 향하는 경우가 많다.

5) 본인도 모르게 반걸음 정도 살짝 뒷걸음질친다.

이러한 행동들은 미처 준비하지 못한 질문을 받았을 때 순간적으로 빠르게 나타나는데, 이 행동으로는 상대방에게 전문적이고 책임감 있는 인상을 전달하기 어렵다.

따라서 질문을 받았을 때에는 부정적인 행동이 나오지 않도록 의식적으로 주의하고, 질문에 대한 대답을 생각할 시간이 필요하다면 팔짱을 끼는 대신 턱에 손을 가볍게 올리는 행동을 취하는 것이 좋다. 그러면 당신이 적절한 대답을 찾지 못해 당황하는 것처럼 보이지 않고 더욱 적절한 대답을 하기 위해 골똘히 생각한다는 비언어적 메시지를 시각적으로 전달할 수 있다. 그리고 그 모습을 보는 사람들에게 당신의 대답이 얼마나 멋질까 기대하게 만들기도 한다.

강연을 하는 사람 중에는 이런 행동을 전략적으로 강연 중간중간에 배치하는 경우도 많이 볼 수 있다. 특히 강조하고 싶은 이야기를 시작하기 전에 2초 정도 뜸을 들이며 턱에 손을 올리고 생각하는 듯한 행동을 하고 나서 말을 시작하는 경우도 있는데, 이럴 때 듣는 사람들은 무슨 이야기가 나올지 더욱 기대하게 되는 효과가 있다.

전문성이 높은 사람들의 행동심리

1) 단호한 표현을 보여주는 손바닥 엎기

부드럽지만 단호하게 말하고 싶을 때 손바닥을 엎으면 상대방은 반사적으로 그것이 중요한 이야기이므로 잘 새겨들어야 한다고 느낀다. 이러한 팜다운 행동은 사람들과 멀어지지 않으면서 전문성을 전달하고자 할 때 활용할 수 있다.

2) 시선을 집중시키는 포인터 손짓

주먹을 쥔 채 검지손가락만 펴는 포인터 손짓을 전략적으로 잘 사용하면 사람들의 시선을 집중시키며 강력한 카리스마를 발산할 수 있다. 특히 중요한 내용을 말하는 순간 손가락을 위로 세우게 되면 부정적인 면을 줄이고 긍정적인 면을 강화할 수 있다.

3) 부드러운 카리스마를 표현하는 손가락 첨탑

부드러운 카리스마를 전달하고자 할 때는 손가락 첨탑을 활용해 보자. 손가락을 치켜세우지 않아도 아주 긍정적으로 카리스마를 전달할 수 있는 손짓이다. 단호하면서도 동시에 다른 사람을 배려한다는 이미지를 손가락 첨탑을 통해 전달할 수 있다.

4) 똑똑한 인상을 주는 턱에 손 올리기

예기치 못한 상황에 당황스럽더라도 곰곰이 생각 중일 때 나타나는 이 행동을 의식적으로 사용할 수 있도록 연습을 해두자. 당면한 문제를 골똘히 생각해 해결책을 제시해 줄 수 있는 사람, 집중력이 뛰어난 사람이라는 메시지를 전달할 수 있다.

5) 몸을 기울이면 상대의 마음이 열린다

사람들과 이야기를 나누는 동안 나의 몸이 언제 앞으로 기울고 언제 뒤로 기우는지를 자세히 관찰해 보자. 내가 말을 할 때는 몸이 너무 앞으로 기울지 않도록 하고 상대의 말을 들을 때는 몸을 앞으로 기울여 보자. 그럼 상대는 더 많은 말을 할 것이다.

PART 4

자신감

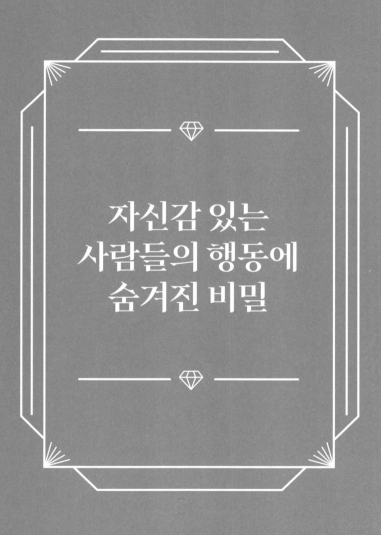

자신감 있는
사람들의 행동에
숨겨진 비밀

'하루하루를 숙제하듯 살 것인가? 아니면 축제하듯 살 것인 가?' 단순한 말장난 같지만 그렇지 않다. 사실 우리가 살아가는 데 있어 너무나 중요한 질문이다. 많은 사람들이 축제처럼 살고 싶다고 말하지만 조금만 자세히 들여다보면 하루하루를 숙제를 하는 모습으로 살아간다.

고개를 떨구고, 양손을 머리에 감싸고, 시선을 바닥에 떨어트 리고, 항상 찡그린 표정으로 살아가는 모습은 학교 다닐 때 하기 싫은 숙제 더미에 쌓여 있을 때의 모습이다. 그러나 반대로 항상 고개를 들고, 어깨를 펴고, 손을 높이 흔들어 인사하고, 항상 미소 를 띠고 있는 사람들의 모습은 방학을 맞이하는 모습이다.

우리 주변을 돌아보면 항상 긍정적으로 생각하고 말하고 행동 하는 사람들이 있다. 이들의 특징은 힘든 일이 있더라도 최선을 다해 부정을 바라보고 있는 고개를 들어 긍정을 향해 의식적으로

백 마디 말보다 강력한 행동의 심리학

방향을 조정한다는 것이다. 그리고 방향의 전환을 비교적 쉽게 만들어 낼 수 있는 요인은 이들이 그동안 해왔던 행동들 속에서 찾을 수 있다. 의식적으로 한 행동이든 무의식적으로 하다 보니 된 것이든 우리의 감정을 바꿀 때 가장 빠르고 확실한 방법은 '행동을 바꾸는 것'이다.

찡그린 얼굴로는 행복한 감정을 느낄 수 없다. 화가 난 얼굴로 애인에게 사랑을 속삭일 수 없다. 피식 하고 한 번 웃고 나면 다시 화를 내기 어렵다. 습관적으로 얼굴을 찡그린다면 그만큼 매일매일 일어나는 행복의 감정을 덜 느끼게 된다. 습관적으로 옅은 미소라도 짓고 다니면 하루가 웃는 만큼 행복해진다.

우리가 정말 자신이 없고 자존감이 바닥을 쳤을 때 방구석에 서나 하고 있을 법한 자세를 하면서 "나는 할 수 있어" "나는 아주 괜찮은 사람이야"라고 백 번을 말해 본들 기운이 나기는커녕 오히려 현실을 부정하고 속이려는 자신에게 더 우울해지고 슬퍼진다. 이때 우리는 얕아진 호흡이 더 가빠지기 전에 심호흡을 크게 하고 숨을 길게 마셨다 뱉어 편안하고 자신이 있을 때와 같은 호흡을 해야 한다. 그러면 긴장이 풀리기 때문이다. 떨린다고 계속 얕은 호흡을 해대면 마음은 절대 편안해지지 않는다.

Part 4에서는 행동의 변화를 통해 스트레스를 이겨내고 자신감을 얻는 방법에 대해 알아본다. 만약 하루하루가 너무 힘겹다면, 그래서 이겨내고 벗어나고 싶은데 그게 잘 안 된다면 고개를 들어 하늘을 보자. 밤하늘에 엄청난 불꽃놀이가 하늘을 환하게 밝히고 있다고 생각해 보자. 굽어 있던 어깨를 펴고 늘어뜨려 있던 팔을 하늘을 향해 들어올리는 것부터 시작해 보자. 몸짓에 따라 그에 맞는 감정이 훨씬 더 쉽게 변하기 시작할 것이다.

자신감을
찾고 싶다면

　당신의 오늘 하루는 어땠는가? 즐거운 일이 가득한 하루였는가? 아니면 스트레스로 가득한 하루였는가? 현대의 많은 사람들이 스트레스로 인한 정신적·육체적 고통을 호소한다. 스트레스로 인해 작은 일에 불같이 화를 내기도 한다. 나중에야 후회를 하지만 이미 담을 수 없는 말을 뱉고 행동들을 해버린 후다. 뿐만 아니라 종이 한 장 들 힘이 없이 무기력해지기도 한다. 주위에서 일어나는 모든 일에 회의적으로 반응하기도 한다.

　스트레스가 쌓이니 주변 사람들의 이야기에 민감하게 반응하고, 화도 나고, 자신감을 잃어버리고, 무슨 일을 하든 즐겁지 않고, 일이 잘못되는 상황이 머릿속에 먼저 떠오른다. 온갖 부정적인 감정이 우리를 휘감는다.

가장 자신감이 넘치고
스트레스가 적은 상황에서의 행동

스포츠 경기가 끝나면 가장 먼저 눈에 띄는 것은 선수들의 표정과 행동이다. 숨 막히는 긴장 속에서 경기를 하던 선수들은 우승이 확정되자 양손을 위로 번쩍 들어올리고 고개를 들어 하늘을 향해 포효한다. 기쁨과 자신에 대한 강한 믿음이 온몸으로 표현되는 것이다. 반대로 경기에서 진 선수들은 이긴 선수들과 정반대의 표정과 행동을 보인다. 고개를 숙이고 머리를 감싸 안는다. 입술은 엎어진 U자 모양이 되거나 굳게 닫는다. 팔은 아래로 축 처져 있다. 처진 팔과 땅을 보며 숙여진 고개가 그들의 땅에 떨어진 자신감을 보여주는 듯하다.

우리가 나 자신에 대한 신뢰가 높고 무엇이든 도전할 수 있다고 믿고 자신감이 넘치는 상태일 때는 다음과 같은 행동들이 자연스럽게 나타난다.

- 양팔을 치켜들어 만세를 한다.
- 허리에 양손을 올린다.
- 의자에 앉아 양손으로 머리의 뒷부분을 받치는 자세를 취한다.

- 테이블 앞에 서서 양손을 테이블 위로 쭉 뻗어 올린다.
- 의자 뒤로 기대어 편안하게 앉는다.
- 고개를 든다.
- 걸을 때 팔을 흐느적거리지 않는다.
- 걸을 때 발바닥이 힘차게 땅을 차는 걸음을 걷는다.
- 걸으며 앞을 본다.
- 자연스럽게 표정을 드러낸다.

자신감이 높은 상황에서는 위의 자세처럼 몸을 확장시키고 공간을 많이 차지하는 자세를 취한다. 이런 자세는 다른 사람들의 눈에 더 잘 띄고 자신을 더 많이 노출시킨다. 이처럼 외부상황에 더 많이 드러난다는 것은 그만큼 위험에 노출될 확률이 더 높아지는 것을 의미한다. 하지만 자신감이 넘치는 상태이기 때문에 충분히 감당할 수 있다는 모습을 한껏 드러내는 것이다.

반면에 우리가 자신감이 없고 무기력하며 그 어떤 것을 하더라도 이루어 낼 수 없을 것이라고 느낄 때에는 다음과 같은 행동들이 자연스럽게 나온다.

- 팔짱을 낀다.
- 발목을 포개고 앉는다.

- 어깨가 앞으로 구부려진다.
- 한 손으로 목의 뒷부분을 쓰다듬는다.
- 얼굴을 양손으로 감싸 안는다.
- 앉아서 양손으로 허벅지를 비빈다.
- 가방을 껴안듯이 든다.
- 고개를 숙이고 걷는다.
- 팔이 축 늘어져 있다.
- 발을 땅에 질질 끌듯이 걷는다.

이처럼 우리가 자신이 없을 때에는 몸을 작게 만들고 최소한의 공간만을 차지하는 행동을 하게 된다. 나 자신을 작게 만들어 그 누구의 눈에도 띄지 않으려는 시도이다. 마치 존재하지 않는 사람처럼 행동하려고 한다.

우리가 자신 있는 삶을 살아가고 싶다면 꼭 알아야 할 것이 있다. 그것은 우리가 자신감이 넘칠 때 무의식적으로 하는 행동이나 자신감이 없을 때 하는 무의식적인 행동이 우리의 호르몬을 변화시킨다는 것이다.

행동을 바꾸면 자신감 호르몬과
스트레스 호르몬이 바뀐다

하버드비즈니스스쿨에서 행동과 호르몬에 대한 실험을 했다. 우리가 만드는 행동이 우리의 감정뿐만 아니라 좀 더 광범위한 상황에서도 영향을 미치는지 궁금했기 때문이다.

그 결과는 아주 놀라웠다. 우리가 만드는 행동에 따라 호르몬의 수치가 변화되었다. 우리가 자신감이 넘치는 자세를 할 때는 자신감 호르몬, 남성 호르몬이라고 알려진 테스토스테론이라는 호르몬의 수치가 증가했다. 불과 2분만에 말이다. 그 결과 좀 더 대범하게 생각하고 행동할 수 있었다. 새로운 시도를 해낼 수 있는 힘이 생겼다고 느낀 것이다.

그러나 반대로 자신감이 없을 때 나오는 자세를 2분만 하고 있어도 테스토스테론의 수치가 감소했다. 그 결과 모든 일에 부정적으로 반응하고 소극적으로 행동하게 되었다. 새로운 시도를 해봤자 결과가 좋지 않을 것이라고 느낀 것이다.

이뿐만 아니다. 자신감에 관여하는 호르몬뿐만 아니라 스트레스에 관여하는 코티졸이라는 호르몬에서도 변화가 생겼다. 자신감 넘치는 자세를 2분만 하고 있어도 스트레스 호르몬의 수치가 감소했지만, 반대로 자신감이 없을 때의 자세를 하니 스트레스 호르몬의 수치가 증가했다.

　이는 우리가 자신감이 넘칠 때 하는 행동을 의식적으로 만드는 것만으로도 실제로 자신감이 생겨날 뿐만 아니라 스트레스에도 영향을 적게 받는 상태가 된다는 것을 밝혀낸 아주 중요한 실험이었다. 우리의 행동이 감정의 변화를 만들어 낼 뿐만 아니라 생물학적 변화까지 가져온다는 것은 아주 큰 의미가 있다. 내가 습관적으로 하고 있는 무의식적인 행동을 의식적으로 긍정적인 자세로 바꾸는 것이 감정의 변화, 호르몬의 변화, 태도의 변화로 이어져 선순환을 만들어 내기 때문이다.

자신감이 필요한 자녀에게, 팀원에게, 그리고 내 자신에게

큰 시험을 앞둔 자녀를 응원하고 싶다면 자녀와 함께 만세를 불러보자. 팀원들의 사기를 북돋우고 싶다면 팀원들과 하이파이브를 해보자. 중요한 인터뷰를 앞두고 있다면 당신은 분명 긴장과 스트레스 상황에서의 자세를 하고 있을 것이다. 그것을 인지한 순간 몸을 펴고 자세를 확장시켜 보자. 자신감 호르몬은 더 많아지고 스트레스 호르몬은 더 줄어들 것이다. 어느 순간 자신감 넘치는 모습으로 당신의 최고의 모습을 편안하게 표현할 수 있게 될 것이다.

중요한 것은 당신이 매일 습관적으로 오랜 시간 동안 자신감이 없을 때의 자세를 한 채로 보내고 있다는 것이다. 고개를 숙이고, 어깨를 앞으로 말아 넣은 채 내려다보고 있는 휴대폰을 내려놓자. 우리의 행복은 내려다보는 휴대폰 안에 있는 것이 아니라 고개를 들어 하늘을 볼 수 있는 순간을 가질 때 생긴다.

하루에 한 번은 고개를 들어 하늘을 보는 습관을 들이길 간절히 바란다. 나는 여러분이 책에서 배운 지식을 반드시 여러분의 삶에 적용시켜 지식이 지혜가 될 수 있게 하는 독자라고 믿는다.

나도 모르게 자신감을
낮추는 행동들

건강한 삶을 살고 싶다면 어떤 음식을 피해야 하는지 아는 것
이 중요한 것처럼, 자신감을 낮추는 자세를 아는 것만으로도 우
리는 평소의 행동을 조심할 수 있다. 다만 여기에서 소개하는 자
세들을 애써 기억할 필요는 없다. 왜냐하면 이러한 행동들은 우
리가 긴장하고 스트레스를 받는 순간 자연스럽게 나타나기 때문
이다. 우리는 그저 그 순간을 인식하고 그러한 모습이 내 자신에
게서 관찰되었을 때 그 자세를 멈추고 더 나은 행동으로 바꾸면
된다.

감정을 숨길 때 입술을 다문다

우리는 생각이나 감정을 겉으로 표출하지 않으려 할 때 윗입술과 아랫입술을 굳게 맞닿아 '앙' 하고 다문다. 새어나가려는 무엇인가를 꾹 눌러 막는 것처럼 말이다. 그러나 이 행동은 불안과 긴장을 높이고 혹시 모를 위험에 대비하기 위해 코로 더 많은 산소를 들이마시게 만든다. 그 결과 몸은 뇌에게 '위험한 상황'이라는 사인을 보내 몸이 더 굳어지게 만든다.

어느 순간 사람들 앞에서 입을 꾹 다문 채 미소 짓는 내 모습을 발견한다면 입술을 살짝 열어 미소를 지어보자. 내쉬는 숨과 함께 긴장도 풀리고 자신감을 회복하는 데에도 도움이 될 것이다.

자신감이 없으면
테이블 밑으로 손이 간다

자신감이 떨어지면 손을 들어 올리는 것조차 버거워진다. 동작이 커지는 것이 부담스럽고 손을 위로 올리는 것이 부자연스러운 행동으로 느껴지기 때문이다. 그래서 손을 테이블 밑에 숨기고 허벅지 위에 올려놓거나 허벅지 아래로 집어넣는다.

특히 자신감이 없는 사람들은 허벅지에 양 손바닥을 문지르기
도 하는데, 이는 접촉행동을 활성화시켜 위안을 얻으려는 행위이
다. 또 허벅지 아래로 양손을 깔고 앉는 자세는 내 몸을 옴짝달싹
못하게 묶는 것과 같으니 주의해야 한다.

긴장이 느껴질 때 목을 움츠린다

상대가 위협적이라고 느껴지거나 자신감이 떨어지면 우리는
목을 몸통 쪽으로 집어넣는다. 이렇게 되면 어깨가 올라가게 된
다. 이는 생명에 위협을 받을 수 있는 목 부위를 보호하려는 자연
스러운 행동이다.

자신감이 낮아지고 긴장이 느껴지는 순간에는 의식적으로 목
을 빼고 어깨를 내려보자. 훨씬 더 편안해 보이는 모습을 연출할
수 있다.

불안하고 두려울 때 발목을 포갠다

양쪽 발목을 포개고 앉아 있는 자세는 불안이나 두려움, 부정

적 감정을 숨기고 있을 때 나타나는 몸짓이다. 면접관 앞에 앉아 있는 지원자들의 경우 양쪽 발목을 포갠 채 양쪽 허벅지에 손을 올려놓고 연신 비비기에 바쁘다. 진료실에 들어가 의사선생님 앞에 앉은 환자도 자연스레 양쪽 발목을 포갠다. 불안이나 두려움이 클수록 발을 의자 아래쪽으로 넣어 발을 포개게 된다. 남성은 다리를 벌린 채 발목을 포개고, 여성은 무릎을 붙힌 채 발목을 포개는 모습으로 나타난다.

자신있는 나를
만드는 행동들

　　자신감이라는 것은 어느 순간에 바로 만들어지는 것이 아니다. 성취가 쌓이고, 경험에 대응하는 방식을 통해 자신에 대한 믿음이 더해지면서 진정한 자신감을 얻을 수 있게 되는 것이다. 여기서 소개하는 행동들은 상대에게 긍정적인 메시지를 전달하면서 동시에 자신감을 높일 수 있는 자세들이다. 일상생활에서 자신감과 긍정적인 에너지를 높일 수 있도록 익혀보자.

턱을 올리면 자신감도 올라간다

　　자신감이 없는 사람일수록 턱도 안쪽으로 말려 들어간다. 그 결과 고개가 숙여지고 걸을 때에는 발끝만 보고 걷게 된다. 반대로 자신감이 넘치는 사람들은 턱을 들어 얼굴을 똑바로 세운다. 반항심 가득한 사춘기 학생들이나 상대를 위협하려는 갱단들이 찍은 사진을 자세히 본 적이 있는가? 사진 속의 그들은 턱을 치켜들어 콧구멍이 다 보일 정도다. 턱을 올려 얼굴을 치켜들면 고개가 뒤로 젖혀지며 자연스럽게 상대방을 깔보듯 내려보게 시선의 위치가 잡힌다. 물론 이렇게까지 과하게 턱을 치켜들 필요는 없다.

습관적으로 고개를 떨구고 길을 걷는다면, 하늘보다는 땅을 더 자주 본다면 의식적으로 턱을 올려 고개를 들어보자. 몇 걸음 가지 못하고 바로 다시 고개가 내려온다면 당신은 거의 습관적으로 고개를 떨구고 있다고 보면 된다. 행동을 먼저 바꾸지 않으면 그에 맞는 감정을 불러올 수 없다는 사실을 명심하자. 의식적으로 고개를 들고 발끝이 아닌 하늘을 바라보자.

당당함을 표현하는 뒷짐 지기

턱을 올리고 고개를 들어 걷는 것이 몸에 배고 나면 다음에 자연스럽게 따라오는 행동이 하나 있다. 바로 뒷짐 지기이다.

뒷짐을 지는 자세는 연세가 있으신 어르신들이나 자신감과 당당함을 가진 사람들에게서 관찰되는 몸짓이다. 어깨를 펴고 뒷짐을 지어보자. 뒷짐을 지면 심장, 폐, 목, 배 등 신체의 주요부위가 노출된다. 따라서 뒷짐을 진다는 것은 현재의 상황이 위협으로 느껴지지 않는다는 것을 의미한다. 그리고 뒷짐을 질 수 있을 정도로 서두를 필요가 없는 사람이라는 메시지를 전달한다. 회사에서도 바쁘게 이리저리 뛰어다니는 사람은 신입사원이지 회사의 대표가 아니다.

그런데 뒷짐을 지는 몸짓은 당당함의 뒷짐 지기와 불안함을 감추는 뒷짐 지기가 있다. 당당할 때의 뒷짐은 등 뒤에서 손을 잡은 채 뒷짐을 지게 된다. 그러나 불안함을 감추려는 의도로 뒷짐을 지게 되면 팔이 자연스럽게 위로 올라간다. 손을 등 뒤에서 잡는 것이 아니라 한쪽 손으로 다른 쪽 팔, 손과 팔꿈치 중간을 잡거나 불안함이 큰 경우에는 더 높은 쪽의 팔(팔꿈치와 어깨 중간)을 잡기도 한다.

자신감을 위해 뒷짐을 지었는데 손을 맞잡은 것이 아니라 팔의 위쪽을 부여잡고 있다면 손의 위치를 바꿔 보자. 어깨가 펴지면서 훨씬 더 자신감이 높아질 것이다.

백 마디 말보다 강력한 행동의 심리학

엄지를 올리면 당당함이 드러난다

엄지는 당당함, 자신감을 드러내는 신체부위이다. 남자들은 엄지를 사용해 본인의 남성성을 드러내기도 한다. 자연스럽게 손을 모으고 있는 상황에서도 당당함을 드러내려는 사람은 두 손을 포개어 모으고 엄지손가락을 치켜들어 맞대고 있는 모습을 볼 수 있다.

엄지척은 인간관계에서도 매우 유용하게 사용할 수 있는 행동이다. 엄지를 치켜올리는 이 행동은 한마디의 말을 하지 않고도 상대에게 최고의 찬사를 보내는 행동이기 때문이다. 대부분은 이렇게 상대에게 칭찬과 격려, 응원의 메시지를 전달하기 위해 사용하지만 나 자신을 위해서도 활용할 수 있다. 회의시간이나 발표를 할 때 자신의 엄지를 살펴보도록 하자. 만약 지금 내가 자신이 없다면 아무리 자신 있는 척을 하려고 해도 말을 하면서 자꾸 엄지를 손바닥 안으로 말아 넣는 자신을 발견하게 될 것이다. 그렇다면 말을 하면서 의식적으로 엄지를 올리는 연습을 해보자. 좋은 실적이나 최고의 결과를 강조하고 싶을 때 엄지를 치켜들기만 하면 된다. 엄지를 들 때는 누가 억지로 시킨 것처럼 살며시 들지 말고 당신의 말과 행동에 믿음을 가지고 엄지에 힘을 꽉 주고 올려보자. 느낌이 달라질 것이다.

허그자세로 가슴을 열어라

자신감이 없는 사람은 다른 이들을 수용하지 못한다. 현재 있는 장소를 즐길 줄 모르고 지금 나에게 다가오는 인연을 환영하지 못한다. 그러면서 팔이 자꾸 앞으로 모이고 가슴을 가로저어 팔짱을 끼고 싶어지고 아니면 몸 앞을 가리고 싶어 한다.

뒷짐을 질 때처럼 가슴을 열어라. 심장을 오픈하고 양팔을 벌려 상대를 맞이할 때와 같은 자세를 취하는 것은 발표를 시작하거나 상대와 만남을 시작할 때 수용성을 높여주고 당신에게 자신감을 불어넣어 준다. 그리고 당신 앞에 있는 그 사람에게 긍정과 환영의 메시지를 시각적으로 전달할 수 있게 된다.

백 마디 말보다 강력한 행동의 심리학

진짜 자신있는 나로
살아가려면

    너무나 긴장해 온몸이 굳어 버린 경험은 누구에게나 한 번쯤 있을 것이다. 웃고는 있지만 긴장으로 얼굴 근육이 굳어져 아주 이상한 미소를 짓고 있는 내 자신을 발견한 적도 있을 것이다.

    우리는 원하는 표정을 짓는 것도 어렵지만 나오는 표정을 숨기는 것은 더 어렵다. 그렇다면 몸은 어떨까? 손의 움직임이나 팔의 동작, 고개나 몸의 각도는 어떨까? 그나마 좀 쉬울까? 내가 관찰한 바로는 '쉽지 않다'이다. 강의장에서 수많은 수강생들에게 실습을 해보았는데, 인사말을 건네면서 자연스럽게 손바닥을 보이는 동작을 막상 해보면 아주 어색하게 느낀다.

    우리의 자세를 잘 인지하고 우리가 하는 행동을 자연스럽게 활용할 줄 안다는 것은 우리 얼굴과 몸에 있는 근육을 자연스럽게 쓸 줄 안다는 것을 뜻한다. 즉, 근육을 움직이는 연습이 필요하다는 것이다. 그렇다면 어떻게 연습하면 좋을까?

스피치 상황에 맞는 연습을 한다

스피치를 하는 경우 어떤 종류의 스피치를 주로 하는지에 따라 상황이 다르다. 대중을 상대로 하는 강연에서와 소그룹을 상대로 하는 강연에서는 부각되어야 하는 행동의 특징들이 다르다. 1:1로 앉아 고객을 응대한다면 표정, 손의 움직임, 상체의 움직임, 몸의 방향 등이 더 강하게 고객에게 전달될 것이다. 대중 앞에 서서 하는 프레젠테이션이라면 동선, 전체적인 몸의 자세 등이 더 중요한 요소가 될 것이다.

내가 주로 활동하는 상황을 우선 생각해 보고 스피치의 특징, 환경적 특징, 업무적 특징에 따라 어떤 행동이 가장 효과적으로 메시지를 전달할 수 있는지 상황별로 연습해 보자.

동영상을 보며 나쁜 몸짓은 버린다

나의 얼굴 표정, 내가 움직이는 모습을 제3자의 입장에서 직접 봐야 한다. 우리는 내 모습을 직접 본다는 것이 얼마나 어색하고 어려운 일인지 잘 알고 있다. 나도 내가 나온 방송들을 직접 볼 수 없었던 때가 있었다. 예능에 출연 중인 나의 모습을 제대로 보지 못할 때도 있었고, 뉴스나 다큐멘터리에 출연 중인 나의 모습을 겨우겨우 실눈으로 본 적도 있다. 이 작업은 정말 손발이 오그라들고 어색하고 불편하기 짝이 없는 작업이지만 이 과정을 꼭 거쳐야 한다. 우선 내 모습을 동영상으로 찍어 보자. 녹화 파일의 퀄리티는 중요하지 않다. 내가 나를 본다는 것이 중요하다. 그리고 찍은 영상을 보며 마음에 드는 몸짓과 마음에 들지 않는 몸짓을 구분해 보자.

그다음 단계가 매우 중요하다. 하지만 많은 사람들이 이 부분에서 포기하고 만다. 바로 다음 단계는 앞의 단계를 반복하는 것이다. 마음에 드는 몸짓과 마음에 들지 않는 몸짓 리스트를 염두에 둔 후 다시 녹화를 하고 다시 보자. 이런 식으로 몇 번이고 반복하다 보면 마음에 드는 자세의 리스트는 늘어나고 마음에 들지 않는 자세의 리스트는 줄어들 것이다.

아이돌 그룹이 실전 무대를 완벽하게 해내기 위해 연습하는 모습을 본 적이 있는가? 그들은 끊임없이 연습하고 찍고 보고 다시 연습하고 찍고 보고 다시 연습하고 이러한 반복의 반복을 거친다. 그래서 그들은 자다가도 음악이 나오면 1초 안에 그 음악의 부분에 맞는 춤을 출 수 있다고 한다. 뿐만 아니라 수많은 그룹 멤버들이 같은 각도로 팔을 뻗고 움직인다는 것이 너무 신기하지 않은가? 이는 단순한 반복이 아니라 본인의 모습(그리고 팀원들의 모습을 함께)을 확인하고 고치고 또 확인하고 고치는 과정이 있었기 때문이다.

그 결과 그들은 가장 두려운 공간, 한치의 실수도 용납되지 않는 무대라는 곳에서 가장 편안하고 즐거운 모습으로 퍼포먼스를 해내는 것이다. 그래서 완벽한 연습이 된 아이돌에게는 무대가 설레이고 기다려지는 곳인 반면, 연습이 되지 않은 아이돌에게는 세상에서 가장 두렵고 무서운 곳이 무대라고 한다. 그런데 이는 단순히 아이돌만의 이야기가 아니다. 우리가 고객을 만나는 순간, 어마어마한 투자금이 달린 프레젠테이션을 하는 순간, 새로운 사람들을 만나고 기회를 만들어 내는 모든 순간이 우리의 무대인 것이다.

학교 다닐 때 시험이 너무 싫고 스트레스인 이유는 어떤 문제가 나올지 모르기 때문이다. 그리고 그 문제에 대한 답을 내가 모를 수도 있다는 막연함 때문이다. 선생님이 미리 문제 몇 개를 알려주기라도 하면 마음이 한결 가벼워진다. 마찬가지로 내가 원하는 나의 모습을 상대에게 전달하기 위해 내가 어떻게 움직이고 있는지를 인식하는 사람과 그렇지 못한 사람의 차이는 상대가 바로 눈으로 확인하게 된다.

행동심리를 공부하고 비언어에 대한 이해를 통해 나를 표현하는 것은 내가 가진 장점을 극대화하고 자유로워지기 위함이다. 행동을 통해 나를 더 잘 표현하고 상대를 더 깊게 이해하기 위함이다. 여기에 맞고 틀리고는 없다. 우리는 로봇이 아니다. 우리는 팜업 행동 하나, 팜다운 행동 하나를 하더라도 그 행동 안에 우리 자신의 모습이 녹아들어 있기를 바란다.

우리는 그 모습 그대로 이미 완벽하고 아름답다. 단지 그 안에 가지고 있던 것을 어떻게 꺼내 놓을지만 알면 된다.

자신감이 높은 사람들의 행동심리

1) 자세만 바꿔도 스트레스가 줄어든다

큰 시험을 앞둔 자녀를 응원하고 싶다면, 팀원들의 사기를 북돋우고 싶다면, 중요한 면접을 앞두고 있다면 그들과 함께 몸을 펴고 자세를 확장시켜 보자. 자세를 바꾸는 것만으로 자신감 호르몬은 더 많아지고 스트레스 호르몬은 더 줄어들 것이다.

2) 자신감을 낮추는 몸짓은 피하라

건강한 삶을 살고 싶다면 어떤 음식을 피해야 하는지 아는 것이 중요한 것처럼, 자신감을 낮추는 자세를 아는 것만으로도 우리는 평소의 행동을 조심할 수 있다. 그 행동들이 나에게서 관찰되었을 때 그 자세를 멈추고 더 나은 행동으로 바꾸면 된다.

3) 자신감을 높이는 몸짓을 익히자

턱을 올리고 뒷짐을 지고 엄지를 올리고 가슴을 여는 자세는 상대에게 긍정적인 메시지를 전달하면서 동시에 자신감을 높일 수 있는 몸짓들이다. 일상생활에서 자신감과 긍정적인 에너지를 높일 수 있도록 익혀보자.

4) 자신감을 보여주는 몸짓, 연습이 답이다

몸짓을 통해 나를 더 잘 표현하고 상대를 더 깊게 이해하고 싶다면 자신감을 보여 주는 몸짓을 항상 연습해야 한다. 우리의 자세를 잘 인지하고 자연스럽게 활용할 줄 안다는 것은 우리 얼굴과 몸에 있는 근육을 자연스럽게 쓸 줄 안다는 것을 뜻한다. 즉, 근육을 움직이는 연습이 필요하다.

5) 손바닥을 비비면 긴장이 풀린다

우리는 긴장을 하면 팔짱을 끼거나 손가락의 깍지를 끼는 등 심리적 안정을 얻으려 고 한다. 이때 손바닥을 빠르게 비비면 긴장 완화에 도움이 된다. 또 손바닥을 비비 면 긍정적인 기대감이 생겨난다.

PART 5

스피치

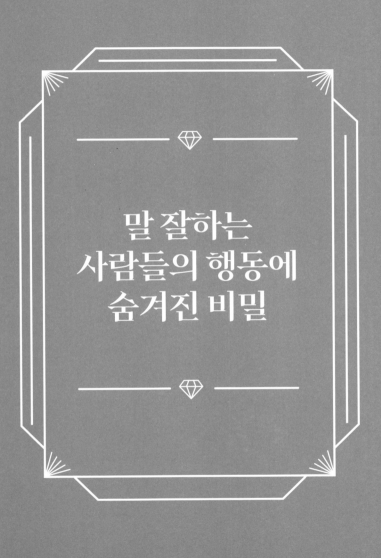

말 잘하는
사람들의 행동에
숨겨진 비밀

사람들 앞에서 말하는 것은 누구에게나 부담스러운 일이다. 대부분의 사람들은 준비되지 않은 상황에서 스피치를 하게 되면 떨리기도 하고 전달하고자 했던 말을 일목요연하게 전하지 못해 안타까워한다. 반면에 어떤 상황에서도 상대방이 아주 이해하기 쉽게 이야기를 풀어내는 능력을 가진 사람들도 있다. 이들의 특징은 말을 일목요연하게 잘하는 것뿐만 아니라 이야기의 내용에 맞는 시각적인 정보를 함께 제공한다는 데 있다. 어떻게 하면 나도 상대방이 더 잘 이해하고 기억에 남는 스피치를 할 수 있을까?

교수들이 사용하는 몸짓이 강의 평가에 어떤 영향을 주는지 알아보기 위해 미국의 대학교에서 실험을 했다. 학생들이 교수들의 강의 영상을 본 후 강의평가서를 작성하도록 했는데, 이 강의 영상은 소리가 나지 않는 영상이었다. 학생들은 교수가 어떤 말을 하는지 들을 수 없으며, 단지 교수가 강의를 하며 사용하는 손짓, 표정, 자세, 움직임 등의 비언어적 단서들만 볼 수 있었다.

그런데 이 실험 결과가 아주 흥미로웠다. 음 소거 처리가 된 강의 영상을 보고 학생들이 내린 강의 평가가 원래의 강의 평가와 동일하게 나타난 것이다. 교수의 행동과 움직임, 손짓, 표정 등에서 좋지 않은 평가를 받은 교수들은 실제 강의에서도 좋지 못한 평가를 받았고, 음 소거 처리된 강의 영상에서 좋은 평가를 받은 교수들은 실제 강의 평가에서도 높은 점수를 받았다.

또 미국의 와튼스쿨 연구 결과, 말로 전달한 정보는 10% 정도만 기억에 남기 때문에 이야기를 하거나 발표를 할 때 상대가 이야기를 잘 기억하게 하기 위해서는 중요 내용을 계속 반복해서 설명해야 한다고 한다. 그리고 이때 시각자료를 함께 보여주며 이야기하는 경우 기억률이나 정보전달 효과가 5배나 상승한다고 한다.

Part 5는 스피치를 좀 더 명료하게 전달하고 싶어 하는 사람들을 위해 준비했다. 여기에서 소개된 몇 가지의 팁만 잘 기억하고 있어도 중요한 내용을 시각적으로 정확하게 전달할 수 있고 상대가 나의 이야기를 명확하게 기억할 것이다. 같은 말을 하더라도 더 많은 사람들과 공감하고 더욱 선명하게 전달할 수 있는 당신이 될 수 있을 것이다.

말을 시작하기도 전에 망쳐버리는 사람들

당신은 사람들 앞에 서서 사람들의 시선을 한몸에 받는 것을 즐기는 편인가? 아니면 사람들 앞에 설 때마다 뒷목이 뻣뻣해지고 손에 땀이 나는 편인가? 둘 중 어떤 타입이든 당신은 준비한 첫마디를 시작하기도 전에 이미 청중들에게 평가받고 있다는 사실을 알아야 한다. 특히 업무상 중요한 스피치를 앞두고 있을 때는 더욱 그렇다. 경쟁 프레젠테이션을 준비 중이거나 고객들에게 설명회를 앞두고 있다면 당신이 준비하고 연습한 스피치의 내용만큼이나 중요한 것이 또 있다. 바로 스피치를 시작하기 전에 당신이 어떤 자세로, 어떤 모습으로 대기하고 있는지 청중들은 다 보고 있는 것이다.

전문성을 드러내고 신뢰를 형성하고 그를 바탕으로 기회를 잡아야 하는데 스피치를 시작하기도 전에 이미 온몸으로 '나는 앞으

백 마디 말보다 강력한 행동의 심리학

로 내가 할 이야기의 내용에 대해 자신이 없어요'라고 외치는 경우가 있다. 몸은 그저 솔직하게 반응하고 있을 뿐이다. 단 한 번의 기회일지도 모른다고 생각하면 더 긴장되고 그 긴장은 온몸을 통해 그대로 외부로 표현된다. 그리고 긴장에 의한 자세와 행동이 불안, 자신 없음, 불신을 나타내는 동안 당신의 몸짓을 보는 사람들도 그 감정을 고스란히 전달받고 있다. 이 얼마나 안타까운 일인가.

여기에서는 내가 지금까지 보아왔던 안타까운 행동들을 모아 봤다. 이 행동들을 인지하고 의식적으로 스피치에 도움이 되는 방향으로 바꾸어 보자.

공손함을 표현하는 것이 아니라 자신이 없는 것으로 보여진다

사람들 앞에 서게 되면 왠지 공손해진다. 누가 시키지 않아도 자연스레 양손을 앞쪽으로 포개어 서게 된다. 허리에 손을 올리고 서는 자세보다는 양손을 포개고 서는 자세가 더 적절한 자세라는 생각이 들고 사실 더 편안함이 느껴진다. 이 자세에 편안함을 느끼는 데는 이유가 있는데, 이 자세는 우리가 위협을 느꼈을

때 내 자신을 보호하려는 행동이기 때문이다. 양손을 앞으로 모아 주요부위를 가려 보호하려는 것이다(이 모양이 무화과 나뭇잎과 비슷해 보여 '무화과 자세'라고도 한다).

특히 사람들 앞에 서게 되면 우리의 뇌는 우리가 예상치 못한 위험에 노출될 수 있는 상황에 있다고 판단한다. 그래서 혹시 모를 공격에 대비해 주요부위를 가리고 보호하는 동작을 취하는 것이다. 공손해 보이기 위해 한 동작이 사실은 공손이 아닌 위협에 방어하는 자세인 것이다. 그래서 양손을 모으고 서 있는 사람을 보면 공손하다는 느낌보다는 '쑥스러워한다' '긴장했다'는 느낌을 더 많이 받게 된다.

백 마디 말보다 강력한 행동의 심리학

공손함을 표현하려는 나의 행동이 긴장과 방어를 표현해 잘못된 메시지를 전달하지 않으려면 두 손을 포갠 채로 그대로 늘어뜨리지 말고 팔을 바깥 방향으로 살짝 들어 몸의 크기를 확장해야 한다. 양손을 포개되 그대로 늘어뜨린 채로 있는 것이 아니라 손을 배꼽의 위치까지 올려 포개고 있겠다고 생각하면 된다.

스트레스 상황이거나 긴장하고 있다는 것을 몸으로 보여준다

부분적 팔짱이라고 하는 이 자세는 팔짱을 낀 자세에서 한쪽 팔로만 팔짱을 끼고 다른 한쪽 팔은 그대로 내린 자세를 말한다. 이 행동은 스트레스를 받거나 위협을 느낄 때 나오는 행동인데, 팔짱을 끼고 싶지만 상대에게 부정적이고 방어적인 모습으로 보이고 싶지 않을 때 팔짱이 변형된 모습으로 나오는 행동이다. 팔짱 또는 부분적인 팔짱을 끼면 우리가 스트레스를 받거나 자신감이 부족할 때 누군가가 나를 껴안아 주는 것과 같은 효과를 가져올 수 있다.

종종 자신감을 드러내기 위해 가슴을 드러내고 뒷짐을 진 채 서 있는 자세를 볼 수 있는데, 그 뒷모습을 보면 이 부분적인 팔짱

을 가슴 앞쪽이 아닌 몸 뒤쪽에서 끼고 있는 경우도 있다. 이 역
시 자신감을 표현하고 싶지만 속으로는 스트레스를 받거나 긴장
된 상황일 때 이런 자세를 하게 된다. 따라서 내가 이러한 자세를
하고 서 있다는 것을 인식한 순간 자세를 바꿔 주는 것이 좋다.

연단 뒤에 서는 것은
소통을 포기한 것이다

무화과 자세를 하거나 부분적 팔짱을 끼는 이유는 하나다. 심장과 폐 등 주요 신체기관이 있는 가슴 부위를 보호해 심리적 안정을 얻으려는 것이다. 그런데 우리는 종종 이런 심리적 안정을 주변의 사물을 이용해 얻기도 한다. 바로 연단이다.

연단 뒤에 서 있으면 팔짱을 낀 것과 같은 효과를 얻는다. 몸 앞에 연단이 듬직하게 서 있으니 연단의 양쪽을 잡을 수도 있는 등 심리적으로 훨씬 더 안정감을 느낀다. 그러나 듣는 사람들은 발표자가 연단 뒤에만 서 있으면 답답함을 느낀다. 특히 발표자가 청자와 소통을 해야 하는 경우 연단은 청자와의 소통을 막는 가장 큰 장애물이 된다.

물론 연단 뒤에 서서 해야 하는 발표도 있다. 발표자가 준비해 온 자료를 설명만 하면 되는 경우에는 연단 뒤에서 내용을 충분히 전달할 수 있다. 하지만 굳이 연단 뒤에 있지 않아도 된다면 연단에서 나와 청중들과 발표자 사이에 아무것도 막혀있지 않은 상태에서 이야기를 하는 것이 훨씬 더 좋다.

연단이든 또는 나의 팔짱이든 나와 청중 사이에 물리적으로 아무것도 막혀 있지 않을 때 심리적으로도 더욱 오픈된다는 사실을 잊지 말자.

불안할수록 청중과 멀어진다

마음의 거리를 몸의 물리적 거리로도 표현한다는 사실을 알고 있는가? 강의에서 어쩔 수 없이 앞으로 불려 나온 사람들을 서로 모아놓으면 그들은 점점 더 뒤로 숨어 들어간다. 뒤에 서 있는 사람을 앞으로 보내고 그 자리에 내가 숨어 들어가려고 한다. 그 결과 모두가 무대 앞쪽이 아닌 스크린(벽) 쪽에 다닥다닥 붙어 있는 모습을 볼 수 있다. 이는 두려움을 느끼면 우리의 뇌가 나의 신체를 두려움의 대상과 멀리 떨어뜨려 놓으려 하기 때문이다.

나는 강의를 의뢰받으면 항상 담당자에게 무대와 청중들이 앉아 있는 자리와의 거리가 얼마나 되는지 묻는다. 내가 청중에게 가까이 다가갈 수 있는 거리인지, 다가가려면 중간에 계단이 있는지, 계단이 있다면 몇 개나 있는지, 무대는 얼마나 높은지를 사전에 체크해 청중과의 물리적인 거리를 좁힐 수 있는지 확인하는 것이다.

당당하게 앞으로 나아가 서도록 하자. 몸의 거리가 한 발 더 다가갈수록 마음의 거리도 가까워진다고 생각하면 용기를 가지기가 훨씬 쉬울 것이다.

부담이 크면 인사 후에
뒷걸음질을 한다

청중들과 물리적 거리를 좁혀 마음의 거리를 좁히려고 노력하는 사이사이에도 두려움과 부담이라는 본능이 고개를 들어 실제 감정을 노출하는 경우가 있다. 이 불안한 심리상태를 보여주는 미세한 행동이 있는데, 바로 뒷걸음질을 하는 경우이다. 특히 인사를 하고 난 후에 자주 관찰되는 이 행동은 본인 소개를 하고 허리를 숙여 인사를 한 뒤 고개를 들며 미세하게 뒷걸음질을 하는 형태로 나타난다. 본인에 대해 거창하게 소개를 하면서도 본인도 모르게 뒷걸음질 치는 몸짓을 볼 때면 우리의 몸이 얼마나 정직하게 속내를 드러내 주는지 놀라울 뿐이다.

특히 중요한 발표에 대한 부담을 많이 가지고 있을수록 뒷걸음질이 더욱 눈에 띄게 드러난다. 그런데 이 뒷걸음질 치는 자세는 인식을 하는 것만으로도 바로잡을 수 있다. 고개를 숙여 인사를 하는 동안 인사 후 뒷걸음을 하지 않겠다는 생각만으로도 그 행동을 하지 않을 수 있다.

상대가 3배 더 잘
기억하는 말하기(1)

우리는 말을 잘하고 싶어서, 조리있게 잘 설명하고 싶어서, 설득력을 높이고 싶어서 어떤 단어를 사용하고 어떤 내용을 이야기할지 고민하고 또 고민한다. 하지만 막상 사람들 앞에 서면 긴장으로 얼어붙는 내 자신을 발견한다. 사람들 앞에 서면 자기소개조차 긴장이 되는데, 중요한 업무와 관련된 스피치나 면접 또는 경쟁사와의 PT 자리에서는 얼마나 긴장이 될까?

문제는 열심히 준비한 내용을 가까스로 전달했다 하더라도 듣는 사람이 나의 이야기를 얼마나 정확하게 이해했는지, 얼마나 오랫동안 기억할지 모른다는 것이다. 그러나 다행히 몇 가지의 행동만 알고 있어도 당신의 이야기를 정확하게 전달할 수 있고 듣는 사람이 더 오래 기억하게 만들 수 있다. 바로 손과 함께 말하는 것이다.

손과 함께 말하면
효과는 배가 된다

사람들 앞에 서서 말하는 사람들을 살펴보면 대부분 세 부류로 나눌 수 있다.

첫째, 긴장감 때문에 말하는 내내 양손을 모으고 손을 꼭 쥔 채로 말하는 사람

둘째, 말을 하면서 자연스럽게 나오는 손짓에 따라 손을 움직이는 사람

셋째, 이야기 내용에 맞는 손짓을 의식적으로 사용하는 사람

여기서 말을 조리있게 잘하고 내용이 정확하게 전달되는 사람들은 바로 세 번째 부류이다. 우리는 대부분 말을 하면서 손을 움직이는 대로 놔두는 편인데, 이 경우는 손의 움직임이 뇌를 활성화시키고 있는 것이다.

영국 맨체스터대학교의 연구진들은 손짓이 기억력에 어떠한 영향을 미치는지에 대한 실험을 했다. 그들은 A그룹의 사람들에게는 이야기의 내용을 묘사하는 손짓과 몸짓을 함께 사용하여 들려주었고, B그룹의 사람들에게는 이야기만 들려주었다. 10분 후 줄거리에 대한 세부사항을 확인해 보았는데, 손짓과 함께 이야기

를 들은 그룹이 그렇지 않은 그룹보다 이야기를 3배나 더 잘 기억하고 있다는 것을 확인할 수 있었다.

이처럼 손을 움직이며 말하는 경우 기억력이 증가한다는 것을 연구 결과가 보여준다. 방금 들은 이야기의 줄거리를 상대에게 그대로 전달할 때에도 손을 움직이지 않고 줄거리를 전달하는 것보다 손을 움직이며 줄거리를 설명할 때 더 효과적이라는 것이다. 그래서 우리는 지속적으로 손을 움직여 이야기를 좀 더 수월하게 전달할 수 있도록 도움을 받는 것이다. 이때 나의 두뇌활동을 활성화시키기 위해 손을 움직이는 것이 아니라 듣는 사람이 더 잘 이해할 수 있도록 의식적으로 손을 움직이는 사람들이 바로 세 번째 부류의 사람들이다.

크기를 표현할 때 양손을 이용한다

"오늘 제안드리는 내용은 여러분의 삶에 '큰' 변화를 몰고 올 것입니다."

"앞으로 '많은' 관심과 사랑을 부탁드립니다."

이런 이야기를 할 때 '큰'과 '많은' 부분에서 양손을 벌려 크기를 시각적으로 표현하면 사람들의 관심을 더 끌 수 있다. 반대로 '작은' 양을 표현할 때에도 활용할 수 있다.

"오늘부터 시작하는 '작은' 노력이 미래에 '큰' 변화를 가져올 것입니다."

이런 이야기를 할 때 '작은' 부분에서는 손가락 첨탑(OK 사인)과 같은 손짓으로 표현하고 '큰'에서는 양손을 벌려 말하면 시각적으로 대비를 표현할 수 있다.

숫자를 표현할 때
손가락을 이용한다

"오늘 기억해야 할 것은 단 '세' 가지입니다."

"오늘은 이것 '한' 가지만 기억하면 됩니다."

여기서 숫자가 나오는 부분은 그냥 말하지 말고 손가락을 세워 숫자를 시각적으로 보여주면 이야기가 더 명료하게 전달된다.

손가락을 펴는 방법에도 여러 가지가 있는데, 첫 번째는 보통 사용하는 손가락을 쭉 펴서 보여주는 방법이고, 두 번째는 손가락을 쭉 펴지 않고 살짝 구부려서 펴는 방법이다.

보통 두 번째 방법이 첫 번째 방법보다 더 부드러운 인상을 남기는데, 주제 문장에서보다는 보조 문장의 내용을 전달하는 방법으로 사용된다. 이야기가 빠르게 전개되는 부분에서 자연스럽게 사용하고자 할 때 손가락을 살짝 구부려 보이면 이야기의 흐름을 막지 않고 자연스럽게 흐르면서 동시에 시각적인 효과를 놓치지 않을 수 있다는 장점이 있다. 또 너무 강력하게 주장하는 것처럼 보이지 않으려 할 때 강사들이 사용하는 방법이기도 하다.

예를 들어 "오늘은 눈에 보이듯 설명하는 몸짓 3가지를 말씀드리도록 하겠습니다"라고 할 때는 손가락 세 개를 정면에서 쫙 펴서 주위를 환기시키고 명확하게 메시지를 전달한다. 그리고 본문 내용이 진행된 후에는 "이렇게 3가지의 손짓에 대해 알아보았는데요~" 하며 정리를 하는 부분에서 손가락을 살짝 구부려 보여주면 시각적 메시지는 전달하되 이야기의 흐름을 끊지 않고 부드럽게 이어갈 수 있다.

그리고 세 번째는 왼손의 손가락을 편 상태에서 오른손의 손가락으로 왼손의 손가락을 하나씩 짚으며 설명하는 것이다. 첫 번째를 설명할 때에는 오른손의 검지를 왼손의 엄지손가락 위에 얹어서 말하고, 두 번째를 말할 때에는 검지손가락에 얹어서 말하는 것이다. 이 방법은 스피치의 마지막 부분에서 정리를 할 때 활용하면 좋다.

양을 표현할 때
손과 손가락을 이용한다

"엄청난 속도로 '증가'하고 있습니다"와 같이 증가나 감소에 의한 양의 변화를 표현하고자 할 때도 손가락을 사용하는 방법과 손을 사용하는 방법이 있다.

손가락을 사용하는 방법은 손가락을 위로 올리거나 아래로 내리는 방법인데, 자칫 포인터 손짓이라고도 불리는 손가락을 드는 손짓은 공격적으로 느껴질 수도 있는 행동이어서 보는 사람들을 불편하게 만들 수 있다. 그러니 사람들과 신뢰관계가 형성되기 전, 유대관계가 충분히 맺어지기 전에 사용할 때에는 주의해서 활용하는 것이 좋다.

손을 사용하는 방법도 있는데, 손은 크기를 표현할 때와 마찬가지로 양손의 간격을 가로로 넓혔다 좁히는 방식으로 표현하는 방법이 있고, 한 손은 기준점으로 두고 다른 손을 움직여 양이 늘어나고 줄어듦을 표현하는 방법이 있다. 두 번째 방법을 사용할 때에는 오른손을 기준 손으로 두고 왼손을 바깥쪽으로 늘리고 안쪽으로 줄이는 방식으로 하는 것이 좋다. 우리가 글을 읽을 때와 마찬가지로 시선이 주로 왼쪽에서 오른쪽으로 흐르기 때문에 증가나 감소도 청자의 시선 방향을 배려하는 것이 좋다.

시제를 표현할 때
한 손 또는 양손을 이용한다

"우리가 사는 것은 '오늘'이지 '어제'가 아닙니다."

"'과거'에 살지 말고 '오늘'을 살아야 합니다."

"'어제' 뿌린 씨앗이 '오늘'의 열매가 됩니다."

시제를 표현하고자 할 때도 양손을 이용하는 방법과 한 손을 이용하는 방법이 있다.

양손을 이용하는 경우 어제(과거)를 표현할 때는 한 손을 앞으로 펴서 보여주고, 오늘(미래)을 표현할 때는 다른 손을 앞으로 펴서 보여준다. 이때에는 시간의 순서와 청자의 시선 흐름 방향에 맞춰 오른손으로는 과거 시제를, 왼손으로는 현재나 미래 시제를 나타내는 것이 좋다.

한 손을 사용하는 경우는 《네 안에 잠든 거인을 깨워라》의 토니 로빈스를 비롯한 외국의 연사들이 자주 사용하는 방법이다. 과거를 나타내는 표현에서는 엄지손가락으로 어깨너머를 가르키고 현재에서는 검지손가락으로 바닥을 찍어 지금과 오늘을 표현하는 방법이다. 이 방법은 자칫하면 건방져 보일 수 있으므로 비즈니스 발표 자리에서는 양손을 활용하는 것을 추천한다.

상대가 3배 더 잘
기억하는 말하기(2)

    우리 회사의 제품과 경쟁사의 제품을 비교할 때 좀 더 명확하게 구분하여 설명할 수 있다면 얼마나 좋을까? 거기에 우리 회사의 제품을 넌지시 좀 더 드러낼 수 있다면 더 좋을 것이다.

    방법이 있다. 그것도 아주 간단하고 쉬운 방법으로 우리 회사의 제품과 경쟁회사의 제품을 구분하여 시각적으로 표현하고 우리 회사의 제품을 넌지시 드러낼 수 있는 방법이 있다. 바로 두 손을 이용하는 것이다.

두 손을 이용해 두 가지를
시각적으로 비교한다

탑 세일즈맨은 자사 제품과 타사 제품을 비교 설명할 때 다음과 같은 방법을 사용한다.

자사 제품에 대한 이야기를 할 때는 오른손을 사용하여 설명한다. 오른손 손바닥을 오픈하여 신뢰를 전달하기도 하고 오른손을 옆으로 내밀어 설명하기도 한다. 긍정적인 몸짓을 사용하고, 표정 또한 살짝 미소를 머금은 표정을 짓는다. 반면, 타사 제품을 설명할 때는 왼손을 사용한다. 방금 전까지 움직이던 오른손을 내리고 왼손을 들어 타사 제품에 대한 설명을 간단히 한다. 그리고 다시 자사 제품의 이야기로 돌아오면 오른손을 들어 다시 설명을 시작한다.

이렇게 이야기의 주제에 따라 오른손과 왼손을 배치하여 일정한 규칙에 따라 설명을 하게 되면 어느새 청자들은 화자의 어느 손이 올라가 있는지만 보고도 어떤 주제를 말하는지 시각적으로 이해하게 된다. 이야기를 듣던 사람이 중간에 필기를 하거나 잠시 다른 생각을 하느라 화자의 이야기를 놓쳤다 하더라도 화자의 어느 쪽 손이 올라와 있는지를 보고 금세 어떤 주제에 대해 이야기하는 중이었는지를 시각적으로 파악하게 된다.

나의 경우 강연에서 우리가 사용하는 몸짓의 중요성을 멋진 옷을 입는 것의 중요성과 비교해 설명을 하곤 하는데, 그때 사용하는 손짓은 다음과 같다. 우선 내용부터 살펴보자.

"우리가 무의식적으로 사용하는 몸짓이 얼마나 중요한지 옷을 입는 것과 비교해 이야기를 나누어 보도록 할까요? 우리는 멋진 옷을 입는 것의 중요성을 잘 알고 있죠. 어떤 스타일이 나에게 잘 어울리는지, 나의 체형을 잘 보완해 주는지 잘 알고 있어요. 어떤 색이 나의 피부색을 더 환하게 만들어 주는지, 어떤 색은 나의 피부색에 잘 어울리지 않는지 잘 알고 있어요.

그런데 몸짓은 어떤가요? 여러분은 어떤 몸짓이 나를 잘 표현해 주는지, 나의 따뜻한 성품을 잘 보여 주는지, 나의 사교성을 잘 드러내 주는지 잘 알고 있나요? 어떤 몸짓이 여러분의 직업적 이미지에 도움이 되고 잘 어울리는지 생각해 본 적 있나요?

가만 생각해 보면 멋진 옷을 입는 것만큼이나 멋진 몸짓을 입는 것도 중요한데 말이에요…. 그렇지 않나요?

우리는 한 회사의 대표와 신입사원이 같은 자리에서 같은 옷을 입고 있어도 누가 회사의 대표이고 누가 갓 취직한 신입사원인지 잘 구별해 내죠? 그뿐인가요? 멋진 옷을 입는 것과 멋진 몸짓을 입는 것 중 지금까지 우리는 무엇을 더 믿고 있었을까요? 멋진 옷을 입고 행동이 바르지 못한 사람? 아니면 옷은 멋지지 않을지 몰라도 자신감과 책임감이 몸짓에 드러나는 사람? 여러분은 누구를 더 믿고 함께하고 싶어 했나요?

우리는 상대를 평가할 때 정작 그들이 입은 옷보다는 그들이 입은 몸짓을 보고 결정했었다는 것을 알 수 있는데요. 그렇다면 여러분이 멋진 옷을 입는 것만큼이나 멋진 몸짓을 입는 것도 중요하지 않을까요? 여러분의 생각은 어떠세요?"

이 내용을 청자에게 좀 더 쉽게 표현하고자 내가 두 손을 이용해 설명하는 방법은 다음과 같다.

"(두 손을 앞으로 모은 채로 또는 두 손을 양 옆으로 내민 채로) 우리가 무의식적으로 사용하는 몸짓이 얼마나 중요한지 옷을 입는 것과 비교해 이야기를 나누어 보도록 할까요?

(오른손을 내밀며) 우리는 멋진 옷을 입는 것의 중요성을 잘 알고 있죠. 어떤 스타일이 나에게 잘 어울리는지, 나의 체형을 잘 보완해 주는지 잘 알고 있어요. 어떤 색이 나의 피부색을 더 환하게 만들어 주는지, 어떤 색은 나의 피부색에 잘 어울리지 않는지 잘 알고 있어요.

(오른손을 가지고 들어오고 왼손을 내밀며) 그런데 몸짓은 어떤가요? 여러분은 어떤 몸짓이 나를 잘 표현해 주는지, 나의 따뜻한 성품을 잘 보여 주는지, 나의 사교성을 잘 드러내 주는지 잘 알고 있나요? 어떤 몸짓이 여러분의 직업적 이미지에 도움이 되고 잘 어울리는지 생각해 본 적 있나요?

(양손을 앞에서 모으며) 가만 생각해 보면

(오른손을 내밀며) 멋진 옷을 입는 것만큼이나

(왼손을 내밀며) 멋진 몸짓을 입는 것도 중요한데 말이에요…. 그렇지 않나요? 우리는 한 회사의 대표와 신입사원이

(오른손을 내밀며) 같은 자리에서 같은 옷을 입고 있어도 누가 회사의 대표이고 누가 갓 취직한 신입사원인지 잘 구별해 내죠? 그뿐인가요? 멋진 옷을 입는 것과 멋진 몸짓을 입는 것 중 지금까지 우리는 무엇을 더 믿고 있었을까요?

(다시 오른손을 내밀며) 멋진 옷을 입고 행동이 바르지 못한 사람?

(왼손을 내밀며) 아니면 옷은 멋지지 않을지 몰라도 자신감과 책임감이 몸짓에 드러나는 사람? 여러분은 누구를 더 믿고 함께하고 싶어 했나요? 우리는 상대를 평가할 때 정작 그들이 입은

(오른손을 빠르게 내밀며) 옷보다는 그들이 입은

(왼손을 빠르게 내밀며) 몸짓을 보고 결정했었다는 것을 알 수 있는데요. 그렇다면 여러분이 멋진 옷을 입는 것만큼이나 멋진 몸짓을 입는 것도 중요하지 않을까요? 여러분의 생각은 어떠세요?"

이렇게 양손을 주제에 맞춰 사용하면 청자들은 어느 순간부터 내가 하는 말만 듣는 것이 아니라 내가 사용하는 손을 통해서도 이야기를 이해하게 된다. 그래서 이야기를 들을 때 주제가 바뀌

는 순간 손짓도 바뀌는 것을 보면서 훨씬 더 쉽게 이해할 수 있게 되는 것이다.

한쪽 손을 강조해
원하는 대답을 유도한다

양손을 사용하여 설명하는 방법은 설명을 명료하게 정리해 준다는 장점만 있는 것이 아니다. 바로 이야기를 듣는 사람에게 넌지시 내가 원하는 대답 쪽으로 다가오게끔 유도할 수 있다.

"어떻게 생각하세요?"라는 질문을 하면서 강조하고자 하는 제품이나 주제·신념을 사용할 때 올렸던 손을 그대로 올리기만 하면 된다. 아주 간단한 방법이지만 아주 강력하기도 하다. 나는 실제로 강연장에서 이 방법을 종종 사용하는데 강의 주제에 대해 자세한 설명을 하기 전에 참석자들에게 질문을 한다.

"여기 선물상자가 2개 있어요. 1번 상자와 2번 상자. 어떤 상자에 어떤 선물이 들어있는지는 저도 몰라요. 어떤 상자를 받고 싶으세요?"

그런데 이 질문에는 함정이 있다. 선물상자는 바로 상상의 상자라는 것이다. 아무것도 없는 허공에 대고 이렇게 손짓과 함께 말한다.

"(양손을 옆으로 내밀며) 여기 선물상자가 2개 있어요.

(오른손을 내밀며) 1번 상자와

(왼손을 내밀며) 2번 상자.

어떤 상자에 어떤 선물이 들어있는지는 저도 몰라요. 어떤 상자를 받고 싶으세요?"

그런데 아주 흥미로운 것은 그다음이다. 내가 "어떤 상자를 받고 싶으세요?"라고 질문하는 순간에 오른손을 살짝 내밀며 질문하면 1번 상자를 받고 싶다고 대답하는 사람이 더 많고, 반대로 왼손을 내밀며 "어떤 상자를 받고 싶으세요?"라고 질문하면 2번 상자라고 대답하는 사람이 더 많아진다는 것이다.

마찬가지로 나는 강연에서 오른손과 왼손을 사용하여 옷을 입는 것과 몸짓을 입는 것을 비교하여 설명할 뿐만 아니라 마지막 질문의 순간에 청자들의 대답을 어느 정도 유도하기도 한다. 바로 다음과 같은 방법으로 말이다.

"(앞부분 생략)

멋진 옷을 입는 것과 멋진 몸짓을 입는 것 중 지금까지 우리는 무엇을 더 믿고 있었을까요?

(다시 오른손을 내밀며) 멋진 옷을 입고 행동이 바르지 못한 사람?

(왼손을 내밀며) 아니면 옷은 멋지지 않을지 몰라도 자신감과 책임감이 몸짓에 드러나는 사람?

(다시 왼손을 내밀며) 여러분은 누구를 더 믿고 함께 하고 싶어 했나요? 우리는 상대를 평가할 때 정작 그들이 입은

(오른손을 내밀며) 옷보다는 그들이 입은

(왼손을 내밀며) 몸짓을 보고 결정했었다는 것을 알 수 있는데요. 그렇다면 여러분이 멋진 옷을 입는 것만큼이나 멋진 몸짓을 입는 것도 중요하지 않을까요?

(다시 왼손을 내밀며) 여러분의 생각은 어떠세요?"

정치인들도 연설할 때 자신의 당에 대해 멋진 말을 할 때와 다른 당에 대해 비판을 할 때 사용하는 손이 다르다. 그리고 마지막에 유권자들의 함성을 유도할 때 어느 쪽의 손을 드는지 살펴보자.

말 없이도
마음을 전달하는 행동

　눈맞춤은 서로의 존재를 인정하고 '그저 아는 관계'에서 '이해하는 관계'로 발전하는데 있어 매우 중요하다. 가장 조용하지만 가장 강력한 방법 중 하나가 아닐까 생각한다. 싫은 사람은 쳐다보는 것조차 힘이 드니 말이다.

　한 사람과 이야기를 나누거나 소그룹에서 이야기를 나눌 때에는 비교적 눈맞춤이나 시선 처리가 쉽게 되는 편이다. 그런데 많은 사람들 앞에서 발표나 스피치를 하다 보면 이 눈맞춤이 만만치 않다는 것을 느끼게 된다. 발표가 끝난 후 자리에 돌아오면 손의 움직임보다 더욱 신경을 쓰지 못했다고 느껴지는 부분이 바로 눈맞춤인 경우가 많다.

사람들 앞에서 시선 처리가 어려운 이유

손짓의 경우는 청중의 반응에 크게 좌우되지 않는다. 발표 내용에 따라 손짓을 일치시키고 주제를 강조하기 위한 손짓 등은 그저 연습한 대로 잘 사용할 수 있다. 그런데 눈맞춤의 경우는 청중의 반응에 따라 많은 영향을 받는다.

사람들 중에는 나의 이야기를 들으며 고개를 끄덕여 주고 미소를 지어주는 등 긍정적이고 적극적인 경청의 반응을 보여주는 사람이 있는가 하면 반대의 경우도 있다. 팔짱을 끼고 미간을 찌푸린 채 이야기를 듣는 사람도 있고, 이야기를 들으며 옆 사람과 귓속말로 속삭이는 사람도 있다.

그런데 스피치 중 그 사람들과 눈이 마주치면 그때부터는 머릿속이 복잡해지면서 뒤죽박죽이 되고 만다. 발표자도 사람인지라 그런 상황에서 대부분 두 가지 반응을 보이게 되는데, 첫째는 적대적인 사람을 피하고자 하는 반응이고 둘째는 정면돌파이다.

적대적인 사람을 피하고자 하는 경우에는 나도 모르게 부정적인 반응을 보이는 그 사람을 피해 긍정적인 반응을 보여주는 사람들이 있는 방향으로 더 자주 가게 되고 더 많이 쳐다보게 된다. 이 경우 적대적인 사람이 있는 쪽에 있던 사람들과는 상대적으로 눈맞춤의 횟수가 적어지게 된다.

반대로 적대적인 사람들과 정면돌파를 선택한 경우는 발표를 하면서도 수시로 그 사람의 반응을 살피는 경우인데, 이 경우 대부분의 발표자들은 말의 속도가 빨라지고 목소리가 커지기도 하며 반대편에 서 있으면서도 한 문장을 마치고 고개를 옆으로 돌려 적대적인 사람이 있는 쪽을 쳐다보기도 한다. 이때 가장 큰 위험은 발표자가 평정심을 잃고 흥분한 상태가 되어 있는 것을 청중들이 눈치챌 수 있다는 것이다.

청중 중에 적대적인 사람이 있는 경우

그렇다면 청중 중에 적대적인 사람이 있는 경우에는 어떻게 하면 좋을까?

우선 두 가지를 염두에 두면 마음이 한결 편안해진다. 첫째는 어디를 가나 적대적이고 부정적인 표현을 하는 사람이 있다는 것이고, 둘째는 그들의 적대적인 표현이 적대적인 것이 아닐 수도 있다는 것이다.

사실 나의 경험상 강연이나 기업 교육을 가면 적대적인 사람이 꼭 한 명씩은 보였다. 특히 기업 교육의 경우 의무적으로 교육에 참석하는 사람들도 있다 보니 강의 시작단계에서부터 적대적인 반응을 보이는 사람들이 가끔 있다. 그러나 다행히도 대부분의 경우 강의가 계속될수록 사람들이 더 많은 관심을 보이고 재미있어 한다는 것은 내가 은근 가지고 있는 자부심이기도 하다.

최근 어느 대기업 연수원에서 금융권 매니저를 대상으로 3시간 동안 강의를 했다. 그런데 그중 한 여성 분이 유독 눈에 띄었다. 40대 중후반으로 보였는데, 나와 5m 정도 되는 거리의 가운데에 앉아 강의시간 내내 팔짱을 낀 채 듣고 있었다. 강의 내용 중에 팔짱이 기억력을 떨어트린다는 연구 결과와 그 외의 부정적인 영향을 설명하는 내용이 있었음에도 그분은 팔짱을 끼고 있었다. 그러다 보니 강의 내내 엄청 신경이 쓰였고, 기분 또한 좋지 않았다. 꼭 일부러 그러는 것 같았기 때문이다. 강의를 마치고 엘리베이터를 타는데, 그분이 함께 타는 것이 아닌가! 그분은 나에게 공손히 인사를 하고 명함을 건네며 강의에서 많은 것을 배웠다고 했다. 너무 유익했고 개인적으로 따로 컨설팅을 받을 수 있는지 물었다. 많은 생각을 하게 하는 시간이었다며 더 깊게 배워보고 싶다고 했다. 당황해하는 나에게 마지막 질문으로 3시간 내내 그녀에 대해 가지고 있던 궁금증에 대한 답을 전해 주었다.

"선생님, 아까 강의에서 팔짱에 대해 말씀하셨는데요···. 저는 항상 팔짱을 끼는 버릇이 있어요···. 자꾸 팔짱을 끼니 이미지가 안 좋아지는 것 같아 안 끼려고 하는 데도 잘 안 되요. 혹시 이 버릇을 고칠 수 있는 방법이 없을까요?"

강의나 발표를 하다 보면 어떤 사람은 내 말에 공감이 되어 고개를 끄덕이기도 하고, 어떤 사람은 내 말에 무언가를 골똘히 생각하느라 미간을 찌푸리기도 한다. 이때 그들의 표정과 행동만 보고 나도 모르게 내 마음대로 해석하는 오류를 범하지 말아야 한다. 그들이 보여주는 행동은 내가 생각하는 그 뜻이 아닐 수도 있다. 그러니 적대적인 반응을 보이는 사람들을 설득시키기 위해 그들에게 매달리거나 굳이 외면하고 피할 필요도 없다.

중요한 것은 긍정적인 반응을 보이는 사람과 그렇지 않은 사람들을 골고루 쳐다보되 긍정적인 반응을 보여주는 사람들에게서 얻은 에너지를 전체 청중에게로 다시 돌려주도록 노력해야 하는 것이다.

청중을 나누어 작은 그룹으로 만들어 시선을 분산한다

긍정적인 반응을 보여주는 사람과 부정적인 반응을 표출하는 사람을 골고루 쳐다보려고 해도 자꾸 긍정적인 반응을 보여주는 사람 쪽을 더 자주 쳐다보게 되고 그쪽에 더 많이 서서 이야기하게 되는 것은 당연한 것이다. 이런 반응은 줌으로 화상 강의를 할 때도 나타난다. 팬데믹 기간 동안 많은 강의가 줌이나 구루미를 활용한 화상 강의로 진행되었다. 화면 가득 학습자들의 얼굴이 보이는데, 화면에 떠있는 수많은 학습자들의 얼굴 중에서도 카메라를 쳐다보며 미소 짓고 고개를 끄덕이는 사람의 얼굴을 더 자주 쳐다보게 된다.

발표자도 사람인지라 부정적인 사람들의 찡그린 미간과 굳게 걸어 잠근 팔짱이 발표자에 대한 존재 자체를 거부하는 것처럼 느껴지기 때문이다. 반대로 고개를 끄덕여 주고 미소를 지어주는 사람들에게서는 존재를 인정받고 공감받는 것 같아 위로가 되고 힘이 난다. 그러니 좋은 쪽을 더 자꾸 쳐다보고 좋아하는 쪽으로

청중의 규모가 작을 때

청중의 규모가 클 때

발이 자꾸 가는 것이다.

많은 사람들 앞에서 발표를 하는 경우에는 전체 그룹을 작은 그룹으로 나누어 놓으면 전체에 골고루 시선을 주는 데 많은 도움이 된다. 청중의 크기에 따라 4그룹에서 6그룹, 많게는 9그룹까지도 나눌 수 있다.

나누어진 작은 그룹 단위로 차례대로 천천히 시선을 맞추게 되면 그 그룹 안에 있는 각각의 사람들은 발표자와 눈을 마주친 듯한 효과를 얻는다. 이런 식으로 차례를 정해 놓으면 청중들에게 골고루 눈맞춤을 할 수 있다.

주의할 점은 한 구역을 적어도 5초 이상은 쳐다봐야 청중의 입장에서 제대로 된 눈맞춤으로 인지할 수 있다는 것이다. 그리고 구역을 옮길 때에는 옆의 근접한 구역으로 천천히 옮겨가는 것이 좋다. 그렇지 않고 왼쪽 끝에서 오른쪽 끝으로 계속 옮겨 다니게 되면 오히려 분위기가 산만해지고 만다.

PPT를 함께 사용하는 경우의 눈맞춤

자료를 찾기 위해 어느 유명한 강사의 동영상을 찾아보던 중 몇 년 전 강의 모습을 볼 수 있었다. 그런데 그 동영상 안의 그는 지금 알고 있는 모습과 사뭇 달랐다. 영상에서 그는 자신감이 없고 생각이 정리되지 않은 듯한 모습이 자주 보였는데 지금의 똑똑하고 자신감 넘치는 이미지와는 굉장히 다른 모습이었다. 그의 예전 모습에 신기해하며 흥미롭게 영상을 보던 나는 곧 그 이유를 알 수 있었다. 바로 프레젠테이션을 하며 그가 스크린과 청중을 바라보는 방식 때문이었다.

PPT는 청중의 시각적 이해를 돕는데 아주 활용도가 높은 도구이기는 하지만 양날의 검과 같아서 이해를 돕는 동시에 시선을 분산시키기도 한다. 이는 이야기를 듣는 사람에게나 이야기를 하는 사람에게나 모두 마찬가지다.

청중은 PPT 화면과 발표자를 보아야 하고, 발표자는 PPT 화면과 청중을 보아야 한다. 이때 청중의 시선은 좌우로 나누어지기는 하지만 화면과 발표자가 둘 다 정면에 있기 때문에 고개 자체를 돌릴 정도로 분산되지 않는다. 그러나 발표자의 경우 스크린은 발표자의 후측면 또는 뒷면에 있고 청자는 앞에 위치해 시선이 앞뒤로 분산되는 특징이 있다. 여기서 중요한 것은 시선으로 인한 분산을 최소화하고 청중들과 시선의 연결을 유지하면서 PPT 화면을 체크해 가며 발표를 할 수 있느냐는 것이다.

가장 좋은 방법은 스크린에 비치는 화면과 동일한 화면을 발표자의 전방에도 배치해 발표자가 뒤를 돌아보지 않고도 스크린

화면의 상황을 확인하는 것이다. 그렇지 않을 경우에도 방법은 있다. 《MBA에서도 가르쳐주지 않는 프레젠테이션》의 저자이자 커뮤니케이션 코치로 활동하는 다이앤 디레스터는 '터치' '턴' '토크'의 방법을 활용해 청중들의 흥미를 분산시키지 않으면서도 발표자와 청중 간 눈맞춤의 위력을 지속할 수 있다고 한다. 다이앤의 '터치' '턴' '토크'의 방법은 다음과 같다.

1) **터치 단계** : 관련 PPT를 청중들에게 소개하는 단계이다. 이때 발표자는 몸과 고개를 돌려 PPT를 쳐다보는 방식 또는 몸짓을 이용해 청중들이 PPT에 관심을 가지도록 유도한다.

2) **턴 단계** : 청중에게서 관심을 다시 가져오는 단계이다. 고개를 돌려 다시 청중에게 시선을 집중시킨다.

3) **토크 단계** : PPT에 대한 이야기를 진행하는 단계이다. 이때는 청중을 바라본 채로 PPT의 내용을 이야기해야 한다.

이렇게 현재 PPT에 대한 이야기를 마치고 나면 다음 PPT로 넘어가면서 다시 첫 번째 터치 단계부터 반복하면 되는 것이다. 이때 중요한 것은 토크 단계에서 PPT 내용에 대한 이야기를 하는 도중에는 뒤를 돌아 PPT를 보지 말아야 한다. 발표자가 고개를 돌리거나 몸을 옆으로 돌려 PPT를 쳐다보는 순간 청중들도 PPT

를 쳐다보게 되기 때문이다. 발표자가 이야기를 할 때 긴장을 하거나 또는 습관적으로 후면의 PPT를 돌아보고 자주 쳐다보며 말할수록 청중들의 신뢰도가 떨어지고 단순히 교재를 읽는 사람으로 전락하게 된다.

그리고 두 번째 PPT로 넘어가기 전에 첫 번째 PPT에 대한 이야기를 다 마칠 때까지 청중을 바라봐야 한다. 첫 번째 PPT에 대한 설명이 끝나갈 때쯤 되면 이야기를 하면서 몸의 상체 부분을 뒤로 돌려 첫 번째 PPT를 보며 마지막 문장을 마치고 두 번째 PPT로 넘어가는 경우가 대부분이다. 이 모습은 필자가 중요한 방송이나 발표, 강의를 앞둔 분들을 컨설팅을 할 때도 자주 보았던 모습인데, 두 번째 PPT를 청중들에게 집중시키기 전에 반드시 그들과 눈을 맞춘 채 첫 번째 PPT에 대한 설명을 마치는 것이다. 그래야 다시 고개를 돌려 청중을 바라보았을 때도 청중과의 유대를 이어갈 수 있다.

눈맞춤을 할 때는
마음을 다해야 한다

눈맞춤에서 중요한 것은 양보다 질이라는 것이다. 모든 사람을 다 처다보는 것이 중요한 것이 아니라 눈을 맞춘 그 사람과 마음을 다해 눈을 맞추었냐는 것이다.

오늘 이 자리에서 만난 청중들이 너무나 반갑다면, 나와 함께 이야기를 나누는 이 시간 후에 그들의 인생이 조금이라도 더 나아질 거라는 희망에 설레인다면, 나를 믿고 이 시간을 투자해 준 청중들이 너무 감사하고 멋져 보인다면 당신은 그들을 그저 바라보는 것을 넘어 눈맞춤을 통한 마음마저 마주할 수 있게 될 것이다.

1) 스피치를 망치는 몸짓이 있다

불안, 자신 없음, 불신 등 긴장에 의한 몸짓과 자세가 당신의 몸짓을 보는 사람들에게도 고스란히 전달되고 있다는 사실을 기억해야 한다. 항상 몸을 펴고 당당하게 앞으로 나아가자. 몸의 거리가 한 발 더 다가갈수록 마음의 거리도 더 가까워진다.

2) 손과 함께 말하면 효과는 배가 된다

이야기의 내용을 잘 전달하기 위해서는 내용에 맞는 손짓을 함께 사용하면 좋다. 특히 크기를 표현할 때는 양손을 이용하고, 숫자를 표현할 때는 손가락을 이용한다. 그리고 시제를 표현할 때는 한 손 또는 양손을 이용하면 효과적이다.

3) 두 손을 이용해 한쪽을 더 돋보이게 한다

이야기의 주제에 따라 오른손과 왼손을 배치하여 일정한 규칙에 따라 설명을 하게 되면 어느새 청자들은 화자의 어느 손이 올라가 있는지만 보고도 어떤 주제를 말하고 있는지 시각적으로 이해하게 된다.

4) 눈맞춤은 양보다 질이다

눈맞춤은 청중의 반응에 따라 많은 영향을 받는다. 많은 사람들 앞에서 발표를 할 때 전체 그룹을 작은 그룹으로 나누어 놓으면 전체에 골고루 시선을 주는 데 많은 도움이 된다. 이때 눈을 맞춘 사람과 마음을 다해 눈을 맞추는 것이 중요하다.

5) 몸을 움직이면 감동이 따라온다

이야기를 듣는 사람의 마음에 감정이 발생하면 그 감정은 자국을 남긴다. 더 오래 기억하게 되고 더 자주 생각하게 된다. 그래서 스피치를 할 때 기억에 남기고 싶다면 손을 움직이고 표정을 지어 청중들이 공감할 수 있도록 감정을 움직여야 한다.

6) 상대의 시선을 유도한다

앞에 앉은 상대가 시선을 자꾸 피하며 눈을 마주치지 않으면 매우 답답하다. 이때 상대와 나의 거리가 가까운 경우에는 펜을 이용해 시선을 유도하고, 거리가 먼 경우나 발표·강의 등의 자리에서는 손을 이용해 시선을 유도할 수 있다.

PART 6

긍정력

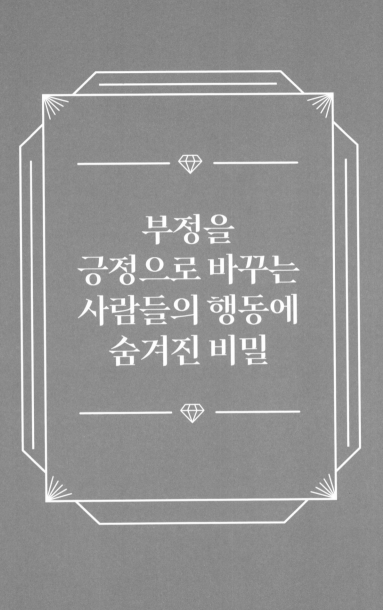

부정을
긍정으로 바꾸는
사람들의 행동에
숨겨진 비밀

우리 주변에는 눈치가 빠른 사람들이 있다. 이들은 상대의 표정과 행동, 말투에서 감지되는 변화뿐만 아니라 주변에서 일어나는 변화에 대해서도 빠르게 인지하고 행동하는 사람들이다. 보통 '직감'이라는 단어를 사용하기도 하는데 종종 이런 경우이다.

"얼마 전 사업설명회를 듣고 왔는데…. 이론상으로만 들었을 때에는 그 말이 맞는 것 같은데…. 뭔가 찜찜해."

이런 경우 대부분은 상대가 들려주는 말과 보여지는 행동 사이의 불일치를 보았을 때이다. 단지 '그 사람이 말하면서 자신의 이야기에 본인도 자신이 없을 때 하게 되는 행동을 계속 사용하더라고. 그의 몸짓은 확실히 불안과 긴장을 나타내는 행동이었어.' 하고 그가 어떤 행동을 했는지, 그가 손을 어떤 식으로 움직였는지 등 우리의 무의식은 평소 사용하던 몸짓을 토대로 상대의 말과 행동을 통해 정보를 수집하고 있었던 것이다.

백 마디 말보다 강력한 행동의 심리학

하지만 상대의 행동을 냉철하게 관찰하고 해석할 줄 아는 사람은 직관에 의존하는 사람보다 훨씬 더 정확한 판단을 내릴 수 있다. 그 결과 본의 아니게 상대에게 실례를 범하는 일을 줄이고 동시에 상대가 나에게 구구절절 많은 설명을 하지 않아도 상대를 더 잘 이해할 수 있다.

Part 6에서는 우리가 반드시 알고 있으면 좋겠다고 생각하는 행동과 그 심리, 감정상태들을 위주로 정리했다. 그리고 상대의 행동을 관찰하고 해석할 때 꼭 알아 두었으면 하는 몇 가지가 있어 당부하고 싶다.

첫째는, 상대의 행동을 읽을 때는 '내가 당신을 읽을 수 있어' 하는 나의 우월성을 증명하려 함이 아니라 '내가 당신에 대해 모르는 것은 무엇일까' 하는 겸손의 마음을 가지고 임해주기 바란다.

둘째는, 마크 트웨인의 '나를 위기에 빠트리는 것은 내가 모르는 것이 아니라 내가 안다고 생각하는 것들이다'라는 말을 항상 마음에 두기 바란다. 내가 읽은 몇 개의 행동을 가지고 그 사람 전체를 판단하는 오류를 항상 경계해야 한다.

셋째는, 행동을 통해 상대를 보려는 시선을 어느 순간부터는 내 자신으로 돌려 나의 행동을 관찰하고 나를 더 이해하려는 시도로 활용해 주기를 바란다.

상대의 진심을
알고 싶다면

사람들을 만나다 보면 그들은 나에게 이런 질문을 많이 한다.

"제 남자 친구가 이를 꽉 무는 행동을 자주 하는데요~ 이건 무슨 의미인가요?"

"직원 중 한 명이 제가 말할 때마다 눈을 깜빡깜빡 거리는데요. 왜 그러는 건가요?"

이런 질문을 받을 때마다 아직도 많은 사람들이 상대의 행동을 해석하는 데 있어 하나의 몸짓만 가지고 사람 전체를 해석하려고 하는구나 싶어 안타까울 때가 많다. 그래서 여기에서는 상대의 행동을 읽을 때 반드시 기억해 두어야 하는 규칙들을 설명하고자 한다.

규칙 1) 행동들의 조합을 본다

유의미한 몸짓 하나가 관찰되었을 때 그 뜻을 의미하는 다른 행동들도 관찰되는지 함께 보아야 한다. 하나의 행동만 가지고 상대방의 상태를 단정지으면 안 된다는 뜻이다.

행동을 해독하는 과정에서 가장 쉽게 저지르는 실수가 거짓말에 대한 몸짓이다. 대표적인 거짓말의 행동으로 코를 슬쩍 문지르는 행동이 있는데, 우리가 거짓말을 하게 되면 콧속의 모세혈관이 확장되고 간지러움을 느끼게 되어 코를 만지게 된다. 그런데 어떤 친구는 비염이 있어 수시로 코를 만지는 경우도 있다. 이런 점들을 염두에 두지 않고 일반적인 몸짓 하나로 전체를 해석하려 한다면 아주 큰 실수를 저지를 수도 있다.

코를 문지르는 행동이 거짓말의 단서 몸짓으로 해독되려면 거짓말을 의미하는 다른 몸짓들, 예를 들면 입 가리기, 손 숨기기, 갑자기 행동이 커지거나 작아지기, 눈 깜빡이는 속도의 변화 등 다른 행동들이 함께 나타나는지를 보아야 한다.

규칙 2) 몸짓은 맥락과 함께 본다

몸짓은 문장을 이루는 단어와 같다. '배'라는 단어는 과일 배, 바다에 떠다니는 배, 신체의 한 부분인 배와 같이 여러 의미를 가지며, '배가 아프다'라는 말에서는 신체의 한 부분인 배를 나타낸다. 이와 마찬가지로 몸짓도 사용되는 환경과 맥락을 함께 고려해야 한다. 팔짱을 끼고 있는 동일한 행동도 네트워크 파티와 같은 곳에서 팔짱을 낀 사람과 추운 겨울날 잔뜩 몸을 웅크린 채 팔짱을 낀 사람의 의미는 다르기 때문이다.

따라서 상황에 따라 다르게 해석을 해야 한다. 어느 장소에 있는지, 함께 대화하고 있는 사람과의 관계는 상하관계인지, 처음 만나는 관계인지, 자주 만나는 관계인지 또 사적인 자리인지, 공적인 자리인지 등을 모두 고려해야 한다.

규칙 3) 스트레스 상황과 일반적인 상황을 구별한다

편안함을 느끼는 상황과 스트레스를 받는 상황에서는 다른 행동이 나온다는 것을 이해하는 것이 중요하다. 이는 상대의 행동을 해독하는 과정에서 가장 중요한 과정이기도 하다. 평소 편안할 때 보여지는 자세와 행동들을 기준으로 '기준행동'이라는 것을 잡아야 동일한 사람이 어느 순간에 전혀 다른 행동들을 보이는지를 비교해 정확하게 해독할 수 있기 때문이다.

얼마 전 방송 녹화 현장에서 운동선수들을 인터뷰하는 현장을 지켜보던 중 아주 흥미로운 장면을 보았다. 선수 중 한 명이 카메라 앞에서 이야기를 할 때마다 자꾸 왼쪽 어깨를 들썩였다. 한쪽 어깨를 들썩이는 행동은 '본인의 이야기를 자신도 신뢰하지 못할 때' 나타나는 행동이다. 그래서 이런 행동은 고객을 설득할 때나 광고와 같은 곳에서 관찰되면 안 되는 행동 중 하나이다. 운동선수의 어깨를 들썩이는 그 장면을 인상 깊게 지켜본 나는 촬영을 쉬는 중간중간에 그 운동선수가 다른 사람들과 이야기를 나눌 때도 똑같이 어깨를 들썩이는지 확인하기 위해 그를 관찰했다. 그러나 그가 편안한 상황에서 이야기를 할 때는 어깨가 단 한 번도 들썩이지 않았다.

이처럼 상대방이 어떤 상황에 있는지, 그 특수한 상황이 스트레스를 유발했기 때문에 관찰되는 행동이 아닌지 함께 고려해 봐야 한다.

규칙 4) 언어와 비언어의
일치성을 확인한다

사람들과 이야기를 나누면서 항상 상대의 언어적 정보와 비언어적 정보를 함께 해석하는 연습을 하면 더욱 정확하게 상대를 이해할 수 있게 된다. 우리의 뇌는 들은 정보와 본 정보가 일치하지 않을 때 본 정보를 더 신뢰하도록 프로그램되어 있는데, 한 연구에 의하면 그 영향력이 5배나 차이가 난다고 한다. 그럼에도 불구하고 우리는 종종 말과 다른 몸짓들을 보이기도 한다.

나는 강사들의 개인 컨설팅 의뢰를 많이 받는다. 강의력을 높이고 청중들과 잘 소통하고 더 높은 강의 평가를 받기 위한 강사들의 노력을 보면 존경스러운 마음이 든다. 그런데 강사들의 강의 모습이 녹화된 영상을 분석하다 보면 공통된 모습을 발견하게 된다. 강사가 강의를 시작하며 당당하고 자신감 있는 모습으로 본인을 소개한 뒤 고개를 숙여 인사를 한다. 이때 고개를 들면서 한 발짝 뒷걸음질 치는 모습을 보이는 것이다. 말로는 자신감을 드러내지만 몸으로는 한 걸음 뒤로 물러나고 있었던 것이다. 이 점을 강사에게 알려주면 본인도 의식하지 못했던 그 모습에 깜짝 놀라곤 한다.

행복하다고 말하는 사람이 정말로 행복한 미소를 짓고 있는지, 편안하다고 말하는 고객이 정말로 편안한 자세를 하고 있는지, 이번 사안을 적극적으로 해결해 나갈 것이라고 강력하게 외치는 정치인이 그 말이 끝남과 동시에 뒷짐을 지고 뒷걸음질 치지는 않는지 등 상대의 말과 몸짓이 일치하는지를 보는 것은 행동을 해독하는 과정의 기본이다.

규칙 5) 문화의 차이에서 오는 몸짓을 이해한다

몸짓은 문화에 따라 다르게 해석될 수 있다. 같은 몸짓도 문화에 따라 의미가 확대될 수도 있고 축소될 수도 있다. 즉, 자라온 환경과 문화권에 따라 사용하는 몸짓이 영향을 받는다는 것을 이해할 필요가 있다. 어느 문화권에서 어느 환경에서 자라왔는지에 따라 접촉의 빈도, 강도, 공간의 활용방법, 걸음걸이 등이 모두 다르기 때문이다.

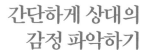

간단하게 상대의
감정 파악하기

표정은 우리가 느끼는 감정을 가장 먼저 표현해 준다. 얼굴이 신체부위 중 가장 높은 곳에 있고 다른 사람들이 잘 볼 수 있는 위치에 있는 것은 상대의 표정을 인지하고 이해하는 것이 그만큼 중요하기 때문이다.

표정은 가짜로 만들 수도 있고 확대하거나 축소할 수도 있다. 그렇지만 0.5초보다 짧은 시간에 빠르게 나타났다 사라지는 미세한 표정은 감정이 내부에서 생긴 순간을 놓치지 않고 외부로 드러내 준다. 물론 이렇게 빨리 나타났다 사라지는 표정을 읽기란 쉬운 일이 아니다. 그럼에도 불구하고 우리가 표정에 대해 좀 더 잘 이해하려고 노력해야 하는 중요한 이유는 가공된 표정들조차도 나름의 메시지를 가지고 있기 때문이다.

비언어 커뮤니케이션 분야의 세계적 전문가인 폴 에크만 교수

는 환경이나 문화, 교육의 정도, 성별, 장애와 관계없이 전 세계적
으로 공통된 모습으로 발현되는 7가지 표정을 찾아냈다.

• 기쁨

가장 쉽게 알 수 있는 표정이다. 양쪽
입술이 바깥쪽으로 당겨지며 올라간
다. 감정의 크기에 따라 입을 다문 채
미소를 짓기도 하고 입을 벌린 채 미
소를 짓기도 한다. 큰 미소의 경우 광
대가 두드러지게 올라가고 눈이 초승달 모양이 된다. 눈가 옆
으로는 주름이 생긴다.

• 슬픔

눈썹의 안쪽이 위로 올라가며 입술
의 양쪽 끝이 아래로 내려온다. 감정
의 크기에 따라 입술의 모양이 엎어
진 알파벳 U자 모양으로 크게 나타
난다.

· 화남

눈썹은 아래쪽으로 강하게 당겨지고 미간에 주름이 생긴다. 눈두덩이에 힘이 들어가고 눈 아래쪽은 위로 올라가면서 강력한 시선을 만들어 낸다. 입술은 굳게 닫혀 있거나 소리를  지를 경우 윗입술과 아랫입술에 모두 힘이 들어가 있다.

· 놀람

눈썹이 위로 올라가고 눈이 커진다. 동시에 입이 자연스럽게 벌어진다. 입술에는 힘이 들어가 있지 않다. 입 모양은 '하'를 발음할 때와 유사하다.

· 두려움

놀람의 표정과 같이 눈썹이 위로 올라가기 때문에 자주 혼동되는 표정이다. 두려움에 눈썹이 올라갈 때는 놀람보다 눈썹이 더 일자가 된다. 눈이 커지고 입이 벌어지지만 가장 큰

특이점은 벌어진 입이 팽팽히 옆으로 당겨지며 벌어진다는 것
이다. 입 모양이 '으'를 발음할 때와 유사하다.

・ 역겨움

언뜻 보면 '화남'의 표정과 비슷해 보
이지만 역겨움의 표정에서는 윗입
술의 양쪽 끝이 위로 올라간다. 입을
살짝 벌린 채로 윗입술만 위로 올라
가는 경우도 있고 감정의 정도에 따
라 입술이 닫힌 채로 위쪽으로 올라가기도 한다. 입 주변의 팔
자주름이 더 잘 보이게 된다. 시선의 강력함은 '화남'의 감정만
큼 강하지는 않지만 코가 찡그려지고 주름이 잡힌다.

・ 경멸 / 비웃음

미소와 비슷해 보이지만 입술의 한쪽
만 위로 올라간다. 눈에는 미소가 없
는 상태에서 입술만 올라가는 경우도
있고, 옅은 미소와 함께 한쪽 입술만
올라가는 경우도 있다.

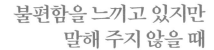

불편함을 느끼고 있지만
말해 주지 않을 때

긍정적이고 행복한 상태는 상대가 잘 표현해 주기도 하고 알아 차리기도 쉽지만, 부정적인 감정과 불편한 상태를 정확히 이해하는 것은 쉽지 않다. 특히 몸짓들이 미세하게 변형되어 나타나는 행동들의 경우에는 더욱 알아차리기가 어렵다. 그렇지만 이러한 행동들에 대해 한 번 생각해 보는 것만으로도 실제로 그 몸짓을 보게 되었을 때 훨씬 더 인지하기 쉬워진다.

친구에게 좋은 일이 생겼을 때 함께 기뻐해 주지만 슬프거나 힘든 일이 있을 때 더욱 함께 있어주고 힘이 되려고 하는 것처럼 감정도 마찬가지이다. 가까운 사람들이 느끼는 부정적인 감정, 불편함이 드러나는 행동을 이해하는 것만으로도 그들의 슬픔을 함께 나누고, 그들의 어깨를 짓누르던 고통을 나눌 수 있을 것이다.

위로가 필요할 때
양팔 잡기 팔짱을 낀다

팔짱 끼기에는 우리가 일반적으로 알고 있는 방어적인 의미 외에도 적대심을 드러내는 팔짱 또는 불안한 자기 자신을 위로하는 팔짱 등 다양한 감정이 들어있다.

양팔 잡기는 언뜻 보면 일반적인 팔짱 끼기의 자세와 같지만 양손이 팔에 끼워져 있기보다는 팔을 손바닥으로 감싸고 있어 자기 자신을 껴안는 듯한 자세에 더 가깝다. 우리가 불안하고 위로가 필요할 때 엄마나 친구들이 안아주며 위로해 주고 안정시켜

주는 것처럼 스스로가 자기 자신을 껴안아 주고 있는 것이다.

상대가 이러한 몸짓을 보이면 이는 상대가 초조하거나 불안함을 느껴 스스로를 보호하려는 행동을 하고 있는 중일 확률이 높다.

불안하거나 초조할 때
미세하게 변형된 팔짱을 낀다

불안하거나 초조할 때 또는 내 자신을 보호하고자 할 때 심장·폐와 같이 생명에 중요한 장기가 있는 앞쪽 가슴을 가리는 방법으로 팔짱을 끼게 된다. 이 자세는 부정적인 느낌을 주기 때문에 의식적으로 안하려고 하지만 불안함과 초조한 감정이 들면 팔을 가로질러 가슴을 가로막는 큰 몸짓보다는 미세하게 변형된 동작으로 같은 효과를 얻으려는 시도를 한다.

남자들은 한쪽 손으로 다른 쪽 팔의 소매 끝이나 소매의 커프스 링크, 시계, 반지, 팔찌 등을 만지는 행동을 통해 팔을 가슴 앞쪽으로 자연스럽게 가로막는 자세를 취한다. 여자들은 들고 있는 핸드백을 이용해 방어막을 만드는 경우가 많다. 이러한 행동은 상대가 잘 알아차리지 못하도록 미세하게 변형된 것이지만 그들이 불안해하고 있음을 드러내 준다.

뜻대로 되지 않을 때
옷깃을 잡아당긴다

드라마에 멋진 남성이 나온다. 멋진 슈트를 입은 남자배우는 깔끔한 흰색 셔츠에 남색의 넥타이를 매고 있다. 비즈니스 미팅 중인 그는 뭔가 잘 풀리지 않는 듯 살짝 찡그린 얼굴로 넥타이의 매듭 부분을 잡고는 좌우로 당겨 넥타이를 느슨하게 한다. 화가 나거나 실망 또는 불안한 경우 혈압이 올라가며 목에 땀이 차게 되고, 목의 예민한 부분들이 따끔거리고 가렵기 시작한다. 그래서 남성들은 넥타이를 잡아당겨 느슨하게 하는 것이다.

그러나 대부분의 경우 이러한 동작이 좀 더 알아차리기 어려운 동작으로 변형되어 나타난다. 한 손으로 옷의 목 앞부분을 살짝 당기기도 하고 양손으로 어깨 부분의 옷 양쪽을 잡고 살짝 들어 옷을 뒤로 댕기거나 앞으로 밀어 옷매무시를 가다듬는 것처럼 보이도록 하는 경우도 있다. 옷깃을 한 손으로 살짝 당기거나 양손으로 깃을 세우거나 가다듬는 것처럼 목 주변을 환기시키기도 한다.

여성들의 경우 목 옆의 머리를 손을 이용해 살짝 넘기는데 이때 흥미로운 사실은 머리를 묶고 있는 여성들도 머리를 풀고 있는 경우와 마찬가지로 목 옆의 머리를 뒤로 넘기는 시늉을 한다는 것이다. 그녀들이 넘길 수 있는 머리는 몇 가닥 삐져나온 잔머

리뿐인데도 같은 동작으로 나타난다.

스트레스를 받았을 때
천돌 부분을 만진다

가슴 쪽 쇄골뼈 사이의 움푹 들어간 부분(천돌)을 가리거나 만
지는 행동은 스트레스를 받았을 때 나타나는 행동이다. 천돌 부
분을 만져 불안감을 해소하고 걱정거리로부터 안정감을 찾으려
는 행동이지만 알아차리기 어려운 이유는 변형된 모습으로 나타
나기 때문이다. 여자는 목걸이 펜던트 부분을 만지는 모습으로,
남자는 넥타이의 매듭 부분을 살짝 당기는 행동으로 나타난다.

불안함을 느끼고 있지만
말해 주지 않을 때

보기 싫거나 듣기 싫거나 말하기 싫을 때 무의식적으로 나오는 행동들을 관찰하다 보면 너무나 정직하게 모든 걸 다 드러내고 있어 종종 놀라기도 한다. 굳이 말로 설명하지 않아도 온몸으로 속마음을 다 드러내기 때문이다. 누군가를 외면하고 싶을 때, 싫은 소리를 들었을 때, 하면 안 되는 말이 입 밖으로 튀어나왔을 때도 마찬가지이다.

이러한 행동들은 아주 순식간에 몸 밖으로 튀어 나와 대부분의 경우 몸짓을 먼저 해버리고 난 후에 인식하는 경우가 많다. 그만큼 제어하기 어려운 동작이다.

보고 싶지 않을 때
무의식적으로 눈을 가린다

영화에서 무서운 장면이 나오면 우리는 양손으로 눈을 가린다. 차마 볼 수 없을 정도의 잔인한 장면이 나오면 눈을 감는다. 길을 가다 역겨운 것을 보게 되면 고개를 빠른 속도로 돌린다. TV에서든, 길에서든, 보기 싫은 것을 보았든, 싫어하는 사람을 보았든 우리는 싫어하는 것을 보면 눈을 찡그린다. 이 모든 행동들은 보이는 것, 시각적 정보를 차단해 나의 뇌를 보호하려는 무의식적이고 본능적인 행동이다.

구토를 유발할 것 같은 더러운 쓰레기, 정신적 충격을 안겨줄 것 같은 잔인한 장면, 심장마비를 불러일으킬지도 모르는 무서운 모습, 정신적 스트레스를 유발하는 보기 싫은 사람 등 이 모든 상황으로부터 내 자신을 지키고 보호하려는 생존 메커니즘인 것이다.

그런데 눈을 가리는 행동은 이렇게 극적인 상황에서뿐만 아니라 일상생활에서도 다양하게 나타난다. 싫어하는 것, 불쾌한 것, 죄책감으로 차마 쳐다볼 수 없는 순간, 피하고 싶은 순간에도 우리는 눈을 가려 '보고 싶지 않음'이라는 무의식적 메시지를 외부로 표출한다. 손을 올려 눈두덩이를 비비고 안경 안으로 손가락을 넣어 눈 아래 또는 옆부분을 문지른다. 여성들은 화장이 지워

지지 않게 속눈썹을 살짝 건드리거나 눈 끝 쪽을 만지는 형태로 나타난다. 단지 두 눈을 양손으로 가리는 극단적인 행동 대신에 슬쩍 나타났다 사라지는 변형된 동작들로 대체되어 나타나지만 그 몸짓들이 전달하는 메시지는 동일하다. 불쾌, 회피를 의미하는 것이다. 그리고 그 이유는 상대를 속이거나 본인의 진심을 드러내고 싶지 않기 때문일 수도 있다. 따라서 행동이 관찰되는 상황과 다른 행동들의 조합을 함께 관찰해야 한다.

거짓말을 하거나 불편할 때
코를 만진다

'거짓말을 하는 사람은 코를 만진다'라는 말을 한 번쯤은 들어봤을 것이다. 하지만 이는 반은 맞고 반은 틀린 말이다. 후각과

미각 치료에 대한 연구를 진행하던 과학자들이 우리가 거짓말을 할 때 카테콜아민이라는 화학물질이 분비된다는 사실을 알아냈다. 이 화학물질은 코 내부의 조직을 부풀어 오르게 하는데, 이를 보면 피노키오가 거짓말을 할 때마다 코가 길어진다는 것이 전혀 근거 없는 말은 아니었다. 실제로 미세하게나마 우리의 코가 부풀어 오르니 말이다. 단지 그 변화의 크기가 눈으로 확인할 수 없을 만큼일 뿐이다. 뿐만 아니라 혈압이 상승하고 미세혈관들이 확장되며 코끝의 신경조직이 자극을 받아 코가 간지러운 것이다.

그런데 중요한 것은 이러한 현상은 거짓말을 할 때뿐만 아니라 화가 나거나 혹시 상대에게 오해를 받지 않을까 하고 걱정을 할 때도 나타나는 행동이다. 따라서 괜한 오해를 하지 않으려면 이러한 행동이 관찰되었을 때 그에 해당하는 다른 몸짓들이 묶음으로 관찰될 때까지 섣불리 거짓말을 하고 있다고 판단해 버리는 실수를 하지 않기를 바란다.

그러나 내가 고객을 만나거나 많은 사람들 앞에서 중요한 이야기를 하는 경우라면 비염이나 알러지로 인해 코가 간지럽더라도 코를 만지지 않는 것이 신뢰성을 높이는데 도움이 된다. 상대가 말을 하면서 자꾸 코를 만지는 것을 보면 점점 내가 거짓말을 하거나 불편할 때 코를 만지는 것처럼 상대도 지금 거짓말을 하고 있거나 불편해하는 상황이라는 느낌을 받기 때문이다. 알러지가 너무 심해 코를 만지지 않고는 도저히 견딜 수 없다면 이야기를 시작하기 전에 미리 슬쩍 언질을 줘 처음부터 오해의 소지를 없애는 것도 좋은 방법이다.

속마음을 숨기고 싶을 때
입을 가린다

턱에 손을 올린 듯하지만 손가락으로 입을 가린 자세, 입술에 손가락을 세워 "쉿!"이라고 말하는 것과 같은 자세, 윗입술과 아랫입술을 엄지와 검지로 집는 자세처럼 손이나 손가락으로 입을 가리는 행동은 자신의 속마음이나 감정 또는 생각을 드러내지 않으려고 할 때 나타나는 행동이다. 말실수를 했다는 것을 깨닫는 순간 손을 입으로 가져가 입을 막는 것과 같이 우리는 말뿐만 아

니라 감정, 생각까지도 밖으로 드러내지 않으려 할 때 무의식적
으로 손을 입으로 올린다.

듣기 싫을 때
귀를 만진다

우리는 시끄러운 곳에 있으면 자연스럽게 귀를 막는다. 이어
플러그를 이용해 소음으로부터 내 자신을 차단하기도 하고, 양손
으로 귀를 막고 얼굴을 찡그리기도 한다.

소음이란 듣기 싫은 소리, 지금 나에게 도움이 되지 않은 소리
를 의미한다. 하지만 아름다운 노랫소리도 때와 상황에 따라서는
소음이 될 수 있다. 또 친구가 영화를 보고 와서 영화의 중요한 결
말 부분을 폭로하려 할 때 우리는 그 정보를 차단하기 위해 양손
으로 귀를 막는다. 그리고 '라라라라라라라라라라~' 등의 소리를 내
어 나의 소리로 그 소리를 덮으려 한다.

이렇게 귀를 막아 듣고 싶지 않은 소리를 차단하려는 행동은
일상에서도 자주 나타난다. 그러나 그 동작이 변형되어 아주 미
세하고 빠르게 나타나게 되면 놓치기 쉽다. 이는 보통 고객과 세
일즈맨의 대화에서, 부모와 자녀의 대화에서, 선생과 학생의 대

화에서, 연인들의 말다툼에서 귀를 만지는 형태의 동작으로 자주 나타난다. 대놓고 귀를 양손으로 막아버리기에는 앞에 앉은 세일즈맨에게 매너가 아닌 것 같고, 엄마 앞에서 그런 행동을 했다가는 잔소리가 더 길어질 것 같으니 손을 올려 귓불을 만지거나 귓바퀴를 주무르는 동작, 여성들의 경우에는 귓불을 만지려 손을 올렸다가 귓불에 달린 귀걸이를 발견하고는 반가운 마음으로 귀걸이를 만지는 형태의 동작으로 나타나는 것이다. 가끔 여자 친구의 이야기에 듣기 싫다는 표현을 하는 남자 친구는 대놓고 손가락으로 귓구멍을 파는 시늉을 하기도 한다.

곤란한 상황일 때
목을 긁적인다

상사의 부탁에 거절을 하지 못하고 있을 때, 친한 친구에게 어려운 이야기를 해야 할 때, 실수를 한 것 같을 때, 속으로 '아, 이거 곤란한데…'라고 생각할 때 우리는 신체 어딘가를 긁적인다. 이마를 긁적이기도 하고, 눈 옆과 관자놀이 사이를 긁적이기도 하고, 뺨을 긁적이는 등 검지손가락을 세워 얼굴의 측면 중 어딘가를 긁적인다.

그런데 얼굴의 어딘가를 긁적이는 행동이 눈에 띄지 않게 나타나는 경우가 있다. 바로 목의 옆부분을 긁적이는 몸짓이다. 귀 뒤쪽에서 쇄골이 있는 곳까지 세로로 쭉 뻗어있는 근육, 목빗근이라고도 하는 흉쇄유돌근의 부분에 손가락을 대고 긁적이는 이 몸짓은 간지러워 힘을 주어 긁는 것이 아니라 손가락을 살짝 댄 채 가볍게 긁적이는 동작으로 나타난다.

감추고, 불편해하는
상대를 만났을 때

무엇인가 누설하지 않으려는 행동, 감추려는 행동, 그리고 불편함이 표현되는 행동이 관찰되었을 때에는 간단한 방법으로 부정의 상황을 해제할 수 있다. 부정적 행동들을 인지하고 해제해야 하는 가장 중요한 이유는 부정적 행동을 할 때의 몸짓에서는 긍정적 정서가 생기기 어렵기 때문이다.

이처럼 상대의 방어적이거나 부정적인 감정을 해제하려면 그 몸짓과 행동을 먼저 해제하는 것이 순서이다. 방법은 간단하다. '질문'을 하는 것이다. 상대에게 질문을 던지는 간단한 행동만으로 엄청난 효과를 가져올 수 있다. 우리가 '질문'을 하지 못했던 이유는 첫째 몸짓 자체를 인식하지 못해 상대가 어떤 행동을 하고 있고 어떤 감정을 느끼고 있는지 알 수 없었기 때문이고, 둘째 상대의 행동을 인지했지만 행동을 먼저 해제하지 않으면 감정이

해제되지 않는다는 사실을 간과하고 있었기 때문이다.

감추려는 몸짓 해제하기

당신의 이야기에 상대가 감정이나 의견을 감추려는 몸짓을 보인다면 하던 말을 멈추고 질문을 해보자.

"어떻게 생각하시나요?"

상대에게 빈 손바닥을 펼쳐 보이며 다음과 같이 질문하는 것도 좋은 방법이다.

"같이 나누고 싶은 의견이 있으신 것 같은데요~"

말하는 사람이 빈 손바닥을 상대에게 내밀며 "솔직한 의견을 말해 주세요"라고 말하면 '나도 당신을 솔직한 마음으로 대하니 당신도 나에게 솔직히 대해 주세요'라는 비언어적인 사인을 보내는 것이다. 그러면 상대는 당신이 관심 많고 배려를 잘하는 사람이라고 느끼게 될 것이다. 그리고 당신의 이러한 태도는 상대에게 아주 강력한 장점으로 작용할 것이다.

불편한 몸짓 해제하기

누가 봐도 불편해 보이지만 '불편하지 않다'고 말하는 사람들을 우리는 주변에서 많이 본다. 이 경우 상대의 불안하고 불편한 마음만 잘 알아줘도 인간관계가 훨씬 더 포근해질 수 있다.

그들이 심리적 안정을 취할 수 있도록 주변을 둘러보고 배려하도록 하자. 쿠션을 안고 있는 것만으로도 사람들은 엄청난 심리적 안정을 얻는다. 따뜻한 찻잔을 손으로 잡고 호호 불어가며 마시는 것만으로도 마음이 편안해진다.

지루한 몸짓 해제하기

　지루함의 감정은 좀처럼 숨기기 쉽지 않다. 그래서 이야기를 나누고 있는 상대가 내 말에 슬슬 지루해하는 것 같으면 마음이 불안해지기 시작한다. 고객과 이야기를 나누고 있는 중이라면 더욱 그렇다. 아직 해야 할 이야기가 더 남아 있는데 상대가 지루해하는 것이 보이니 더욱 불안해진다. 이때 중요한 것은 상대의 지루함이 어느 정도인지를 아는 것이다. 그래야 나에게 주어진 시간이 얼마나 남았는지를 알 수 있기 때문이다.

　지루함이 시작되면 상대는 손을 얼굴 쪽으로 가지고 온다. 처음에는 턱에 손을 살짝 비비며 생각하는 듯한 모습을 보이기도 한다. 이때가 좀 더 깊은 관찰이 필요할 때이다. 상대가 생각할 때와 같은 행동을 했지만 두뇌가 실제로 사고활동을 하고 있지 않다면 고개가 점점 옆으로 기울어질 것이다. 그리고 손은 기울어지는 고개를 받치기 시작할 것이다. 지루함의 강도가 올라갈수록 얼굴과 손의 접촉 면적이 올라가는데, 접촉 면적이 얼마나 증가하고 있는지만 살펴봐도 나에게 주어진 시간이 어느 정도인지 예상할 수 있다.

상대가 지루해하기 시작하면 상대의 행동을 통해 지루함의 강도가 어느 정도인지를 이해하도록 하자. 그러면 상대가 지루함을 이기지 못하고 자리를 박차고 나가기 전에 대화의 내용을 바꾸는 방법으로 간단하게 분위기를 환기시킬 수 있다. 자연스럽게 상대가 관심을 보였던 대화 주제로 연결하거나 잠시 휴식시간을 제안하는 방법으로 무겁게 가라앉았던 분위기를 바꿀 수 있다.

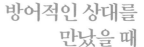

방어적인 상대를
만났을 때

　방어적인 몸짓은 인간에게 가장 중요한 행동이다. 하나밖에 없는 생명을 안전하게 보호하고 유지하려면 조심하고 또 조심해야 하기 때문이다. 그래서 단지 위협의 순간뿐만 아니라 낯선 환경, 낯선 사람에게도 방어적이 된다. 안전하다는 것을 확인하기 전까지 그럴 수밖에 없다. 그리고 이런 방어적인 감정은 다양한 행동으로 나타난다.

　세일즈를 하는 사람들은 고객이 방어적이거나 부정적인 몸짓을 하고 있으면 어떤 서비스나 제품도 오픈하지 말라고 교육받는다. 고객이 괜찮다고, 좋다고 입으로는 말해도 방어적인 행동이 해제되지 않으면 방어적인 감정 또한 해제되지 않는다는 것을 아주 잘 알고 있기 때문이다.

팔짱을 끼는 자세가
편하다고 말하는 사람들

팔짱을 끼고 있는 것이 편하기 때문에 팔짱을 낀다고 말하는 사람들을 종종 본다. 이 경우에는 방어적인 동작이 편하게 느껴지는 이유에 대해 생각해 보아야 한다. 중요한 사실은 신체적 특징으로 인해 일정한 자세가 편한 것이 아닌 이상, 그 동작이 편한 이유는 그에 상응하는 감정을 가지고 있기 때문이다. 평소에 팔짱을 끼는 버릇이 있는 사람일지라도 아주 신나고 즐거운 자리에 가면 자연스럽게 팔짱을 풀게 되는 것을 볼 수 있다.

날씨가 추워 팔짱을 끼고 있는 사람은 따뜻한 곳에서 편안하게 오픈된 자세로 있는 사람보다 상대의 의견을 받아들이는 데 더 어려움을 느낀다. 비록 날씨가 추워서 팔짱을 낀 것인데도 말이다. 팔짱을 끼고 상대의 이야기를 들으면 그렇지 않은 사람보다 이야기의 38%를 더 기억하지 못한다는 연구 결과를 기억해 보자. 팔짱을 끼는 자세가 우리의 감정뿐만 아니라 두뇌활동에까지 영향을 미치는 것이다.

상대가 어떠한 이유에서든 방어적·부정적 자세를 하고 있다면 이야기를 시작하기 전에 그들의 부정적인 행동을 먼저 해제시키도록 하자.

간단한 간식이나 마실 것 건네기

간식이나 차를 마시려면 팔짱을 풀 수밖에 없다. 팔짱을 낀 채로 간식을 먹거나 차를 마실 수 있는 사람은 없기 때문이다. 특히 뜨거운 차를 마실 때는 보통 양손을 사용해야 하기 때문에 팔짱을 풀고 차를 마실 수밖에 없다. 종종 차를 마시고 난 후 다시 팔짱을 끼는 자세로 돌아가는 경우도 있지만 그래도 괜찮다. 전혀 팔짱을 풀 기회가 제공되지 않았을 때보다는 본인도 모르는 사이에 마음의 팔짱이 조금 느슨해지고 있는 중이기 때문이다.

몸이 앞쪽으로 기울어지도록 유도하기

고객을 만나는 중이라면 고객이 읽어야 하는 브로슈어를 고객 쪽 바로 앞이 아닌 나와 고객의 중간 쯤에 놓는 방법이 있다. 고객이 브로슈어를 자세히 보려면 몸을 좀 앞으로 기울어야 볼 수 있는 위치가 가장 좋다. 몸이 앞쪽으로 기울면 팔짱을 끼고 있는 것이 불편하기 때문에 자연스럽게 팔짱을 풀고 테이블 위에 팔을 올려 기대게 된다.

또 다른 방법은 브로슈어를 전달할 때 바로 테이블 위에 올려

놓는 것이 아니라 고객에게 직접 건네어 고객이 손을 뻗어 받도록 하면 자연스럽게 팔짱을 풀도록 유도할 수 있다. 자료나 물건을 잠깐 들어달라고 부탁하는 방법도 있다.

악수하기

악수하기는 팬데믹 이후에 조금 꺼려질 수도 있겠지만 장점에 대해 알고 있는 것은 중요하다. 잘 알고 있다가 활용이 가능한 순간이 오면 적극적으로 활용해 보자.

악수는 팔을 풀고 손을 앞으로 뻗어야 하므로 팔짱을 풀 수 있다는 장점 외에 처음 만나는 경우에도 접촉이 허용된다는 장점이 있다. 우리는 아는 사람, 친한 사람에게만 신체 접촉을 허용하고 모르는 사람과의 신체 접촉이 발생했을 경우 아주 불쾌감을 느끼게 된다. 그러나 악수는 전혀 모르는 사람과도 접촉이 허용되는 유일한 순간이다.

어떤 사람과 신체 접촉이 일어나면 1초도 되지 않는 짧은 순간일지라도 우리의 뇌는 그 사람을 더욱 친근하게 느낀다는 실험 결과가 있다. 접촉이 일어났으니 친한 사람일 것이라고 뇌가 인식하는 것이다.

머무는 장소의 온도에 신경 쓰기

머물러야 하는 장소가 춥거나 싸늘하다면 자연스럽게 몸이 움츠러들고 팔짱을 끼게 된다. 그래서 나는 강의장에 가면 에어컨의 실내온도가 너무 낮게 설정되어 있지는 않은지 꼭 확인한다. 강의를 하는 강사가 덥다고 에어컨을 시원하게 틀어 놓으면 강사는 뽀송하게 강의할 수 있겠지만 강의를 듣는 학습자들은 추울수도 있다. 그러면 추위를 느끼는 학습자들은 팔짱을 끼기 시작할 것이다.

고객을 만났을 때에도 실내온도를 너무 춥지 않게 유지하거나 추운 곳에서 만났다면 따뜻한 장소로 옮긴 후 이야기를 시작하는 것도 좋은 방법이다.

팔걸이가 있는 의자를 준비하기

팔걸이가 있는 의자에 앉아 있을 때보다 팔걸이가 없는 의자에 앉아 있을 때 더 많은 사람들이 팔짱을 낀다. 따라서 고객과 미팅을 하는 사무실이나 강의장의 의자는 팔걸이가 있는 의자로 준비하는 것이 좋다.

질문으로 손들기를 유도하기

강연을 하거나 다수의 청중 앞에서 말을 해야 하는 상황이라면 대부분의 청중이 손을 들 수 있는 가벼운 질문을 던지는 것도 좋은 방법이다.

직접적으로 말하기

"제가 지금부터 하는 말은 아주 중요한 이야기입니다. 그런데 여러분이 팔짱을 낀 채로 제 이야기를 들으시면 이야기의 38%는 기억하지 못할 수도 있습니다."라고 직접적으로 말하는 방법도 있다.

어떠한 방법으로 상대의 팔짱을 풀던 간에 상대의 마음을 열고 싶다면 상대의 자세를 먼저 열어야 한다는 것을 기억해야 한다.

긍정력이 높은 사람들의 행동심리

1) 상대의 몸짓을 읽는 규칙이 있다

행동에 숨겨진 심리를 이해하는 것은 중요하고 흥미로운 일이지만 반드시 알고 있어야 하는 규칙이 있다. 상대의 행동에 대해 분석을 할 때는 같은 의미를 가진 행동들이 조합으로 나타나는지, 어떤 맥락에서 발생했는지, 스트레스 상황은 아닌지, 언어와의 일치성은 어떠한지, 문화적 차이로 발생하는 행동은 아닌지 종합적으로 이해해야 한다.

2) 표정을 읽으면 감정이 보인다

표정은 우리가 느끼는 감정을 가장 먼저 표현해 준다. 특히 빠르게 나타났다 사라지는 미세한 표정을 잘 읽어내는 것이 중요한 이유는 가공된 표정들조차도 나름의 메시지를 가지고 있기 때문이다.

3) 불편한 감정은 속일 수 없다

우리는 위로가 필요할 때 양팔 잡기 팔짱을 낀다. 또 불안하거나 초조할 때에는 미세하게 변형된 팔짱을 낀다. 이러한 몸짓들을 정확히 알기는 어렵지만 이러한 몸짓에 대해 한 번 생각해 보는 것만으로도 실제로 그 몸짓을 보게 되었을 때 훨씬 더 인지하기가 쉬워진다.

4) 불안하면 감추려 한다

보기 싫거나 듣기 싫거나 말하기 싫을 때 무의식적으로 나오는 눈을 가리는 몸짓, 코를 만지는 몸짓, 입을 가리는 몸짓, 귀를 만지는 몸짓, 목을 긁적이는 몸짓 등은 제어하기 어렵다. 따라서 항상 의식적으로 염두에 두면서 행동해야 한다.

5) 감추고, 불편한 몸짓 해제하기

상대방이 부정적 행동을 하고 있다면 먼저 그 몸짓을 해제시켜야 한다. 부정적 사고를 할 때의 몸짓에서는 개방된 마음가짐이 생기기 어렵기 때문이다. 이때 상대의 감추고, 불편해하는 몸짓을 해제하는 최고의 방법은 '질문'이다.

6) 상대의 방어적인 몸짓 해제하기

세일즈를 하는 사람들은 고객이 방어적인 행동을 하고 있으면 어떤 서비스나 제품도 오픈하지 말라고 교육받는다. 상대가 어떠한 이유에서든 방어적인 행동을 하고 있다면 이야기를 시작하기 전에 그들의 방어적인 행동을 먼저 해제시키도록 하자.

참고자료

니시마츠 마코, 《나를 표현하는 최고의 몸짓 테크닉》, 주정은 역, 행간, 2009

다이앤 디레스터, 《MBA에서도 가르쳐 주지 않는 프레젠테이션》, 심재우 역, 비즈니스북스, 2006

데즈먼드 모리스, 《피플워칭》, 김동광 역, 까치, 2004

마이클 엘스버그, 《눈맞춤의 힘》, 변영옥 역, 21세기북스, 2011

마크 냅, 주디스 홀, 《비언어커뮤니케이션》, 최양호 등역, 커뮤니케이션북스, 2014

스튜어트 다이아몬드, 《어떻게 원하는 것을 얻는가》, 김태훈 역, 8.0, 2011

신동선, 《재능을 만드는 뇌신경 연결의 비밀》, 더메이커, 2017

앨런 피즈, 바바라 피즈, 《당신은 이미 읽혔다》, 황혜숙 역, 흐름출판, 2012

에드워드 홀, 《숨겨진 차원》, 최효선 역, 한길사, 2002

에이미 커디, 《프레즌스》, 이경식 역, RHK, 2016

왕하이산, 《하버드 협상수업》, 홍민경 역, 이지북, 2016

웨이슈잉, 《하버드 행동심리학 강의》, 박영인 역, 에쎄, 2016

이안 로버트슨, 《승자의 뇌》, 이경식 역, RHK, 2013

잭 셰이퍼, 마빈 칼린스, 《호감 스위치를 켜라》, 문희경 역, 세종서적, 2017

백 마디 말보다 강력한 행동의 심리학

조 내버로, 마빈 칼린스, 《FBI 행동의 심리학》, 박정길 역, 리더스북, 2010

조 내버로, 토니 시아라 포인터, 《우리는 어떻게 설득 당하는가》, 장세현 역, 위즈

덤하우스, 2012

카민 갤로, 《최고의 설득》, 김태훈 역, RHK, 2017

크리스 앤더슨, 《TED TALKS 테드 토크》, 박준형 역, 21세기북스, 2016

토니야 레이맨, 《몸짓의 심리학》, 강혜정 역, 21세기북스, 2011

폴 에크먼, 《언마스크, 얼굴 표정 읽는 기술》, 함규정 역, 청림출판, 2014

폴 에크먼, 《얼굴의 심리학》, 이민아 역, 바다출판사, 2006

김명주, 나은영, 〈방송 연설 후보자의 비언어적 커뮤니케이션이 고·저관여 시청

자에게 미치는 영향〉, 한국방송학보, 2005

서창원, 〈감성정보로서 비언어 커뮤니케이션이 갖는 의의에 관한 연구〉, 한국기

초조형학회, 2009

신애선, 김영실, 〈6~25개월 영아의 의사소통적 몸짓의 발달 및 기질 간의 관계〉,

열린유아교육학 회, 2013

이정은, 전진리, 박영은, 권익수, 〈미국 공개 대선후보 토론회에 나타난 손짓 언어

- 개념적 은유를 중심으로〉, 담화인지언어학회, 한국사회언어학회, 2016

이춘우, 김선연, 〈교사의 비언어적 의사소통 행동이 학생 개인 특성에 따라 수업

에 미치는 영향〉, 한국엔터테인먼트산업학회, 2016

Ayelett Shani, 〈What It Feels Like to Know What We're All Thinking〉,

Haaretz, 2012

Chartrand, T. L., & Bargh, J. A, 〈The chameleon effect : The perception-behavior link and social interaction〉, Journal of Personality and Social Psychology, 1999

Gary D. Chapman, 〈The Five Love Languages: How to Express Heartfelt Commitment to Your Mate〉, Northfield Pub, 1995

Greg J. Stephens, Lauren J. Silbert, Uri Hasson, 〈Speaker-Listener Neural Coupling Underlies Successful Communication〉, Proceedings of the National Academy of Sciences 107, 2010

Jerry S. Wiggins, 〈The Five-Factor Model of Personality: Theoretical Perspectives〉, Guilford Press, 1996

John M. Gottman, 〈The Science of Trust: Emotional Attunement for Couples〉, W. W. Norton, 2011

John P. Kotter, 〈What Leaders Really Do〉, Harvard Business Review, 2001

Leigh Branham, 〈The 7 Hidden Reasons Employees Leave: How to Recognize the Subtle Signs and Act Before It's Too Late〉, American Management Association, 2005

Patti Wood, 〈Snap: Making the Most of First Impression, Body Language, and Charisma〉, New World Library, 2012

Paul Ekman, Wallace V. Friesen, 〈Nonverbal Leaking and Clues to

백 마디 말보다 강력한 행동의 심리학

Deception〉, Psychiatry32, 1969

Sam Gosling, 〈Snoop: What Your Stuff Says About You〉, Basic, 2009

San Francisco State University, 〈Facial Expressions of Emotion Are Innate, Not Learned〉, ScienceDaily, 2008

Veikko Surakka, Jari K. Hietanen, 〈Facial and Emotional Reactions to Duchenne and Non- Duchenne Smiles〉, International Journal of Psychophysiology 29, 1998

3초 만에 마음을 사로잡는 비밀의 언어
백 마디 말보다 강력한 행동의 심리학

초판 1쇄 인쇄 2023년 6월 10일
초판 1쇄 발행 2023년 6월 20일

지은이 이상은
펴낸이 백광옥
펴낸곳 ㈜천그루숲
등 록 2016년 8월 24일 제2016-000049호

주소 (06990) 서울시 동작구 동작대로29길 119
전화 0507-0177-7438 **팩스** 050-4022-0784 **카카오톡** 천그루숲
이메일 ilove784@gmail.com

기획 / 마케팅 백지수
인쇄 예림인쇄 **제책** 예림바인딩

ISBN 979-11-93000-12-0 (13320) 종이책
ISBN 979-11-93000-13-7 (15320) 전자책

• 책값은 뒤표지에 있습니다.
• 잘못 만들어진 책은 구입하신 서점에서 교환해 드립니다.
• 저자와의 협의하에 인지는 생략합니다.

• 이 책은 《몸짓 읽어주는 여자》의 개정판입니다.